KB116260

민주주의란 무엇인가

WHAT IS DEMOCRACY

이한구 · 이돈희 · 이지순
이병기 · 최병조 · 안병준 · 이정복 공저

학지사

들어가는 말

" 왜 지금 민주주의를 다시 묻는가? "

한 세대 전만 해도 자유민주주의의 최종적 승리를 주장하기도 했지만, 지금은 전 세계적으로 민주주의가 위기에 처했다는 경종이 요란하게 울리고 있다. 10여 년 전부터 민주주의가 후퇴하고 있다는 여러 실증적인 연구조사도 나오고 있다. 왜 민주주의의 위기가 발생했는가? 이런 위기에 어떻게 대응해야 할 것인가? 이 책은 이런 상황에서 민주주의의 참된 의미와 가치가 무엇이며, 왜 이런 위기가 도래했는지, 그리고 그 위기를 극복할 방안이 무엇인지를 여러 분야에서 성찰한 글을 담고 있다.

민주화가 진행되던 과거에도 민주주의의 퇴조나 몰락이 없었던 것은 아니다. 흡사 긴 빙하기 사이에 비교적 짧은 해빙기가 존재하듯이, 민주화의 파도가 한동안 밀려오면, 그 반작용으로 민주주의가 퇴소하는 썰물의 시기가 왔다.

민주주의의 퇴조는 대체로 두 가지 방식으로 전개되었다. 그중 하나가 쿠데타이다. 말하자면 민주주의의 위기나 몰락은 총을 든 군인들의 쿠데타에 의해 야기되었다. 제2차 세계대전 이후 전개된 냉전시대 동안 발생한 민주주의의 몰락 가운데 75%는 쿠데타에 의한 것이었다. 라틴아메리카, 아프리카, 동남아시아의 여러 나라 민주주의가 그렇게 몰락을 맞이했다.

또 하나는 국민이 민주적으로 선출한 지도자에 의해 민주주의가 위기나 죽음을 맞는 것이다. 즉, 민주적 절차를 거쳐 당선된 권력자가 민주주의를 해체해 버리는 것이다. 1930년대 독일의 아돌프 히틀러가 그랬고, 2000년대 베네수엘라의 우고 차베스가 그러했다.

요즘의 민주주의 후퇴는 대체로 후자의 방식으로 진행된다. 쿠데타가 아니므로 군인이 탱크를 몰고 거리를 질주하지도 않고, 투표도 계속되며, 민주주의의 외형적 틀도 그대로 보존된다. 그렇지만 투표로 선출된 후 독재자로 변신한 권력자에 의해 민주주의는 속 빈 강정이 된다. 독재자는 민주주의 제도를 정치 무기로 삼아, 사법부를 비롯한 중립기관들을 입맛대로 바꾸거나 정치 게임의 규칙을 바꿔서 경쟁자에게 치명상을 입히는 일이 빈번하게 일어나기도 한다.

이런 상황이다 보니 선거에 진 쪽도 승복하지 않는 사태가 벌어진다. 당파적 양극화가 너무나 심각하다. 그것은 정책 차이를 넘어서 공존 불가능한 상태로까지 치닫고 있다. 오늘날의 민주주의는 투표장에서 붕괴한다는 주장도 제기되고 있으며, 현 상황을 민주주의의 자살로 보는 관점도 있다.

이런 상황에서 자유민주주의를 지향하던 여러 나라가 다시 권위주의로 회귀하는 현상이 나타나고 있다. 우리가 다시 민주주의란 무엇인가를 물을 수밖에 없는 이유가 여기에 있다.

「열린사회와 민주주의」(이한구)는 열린사회의 관점에서 민주주의를 논의한 글이다. 이한구는 먼저 민주주의 기본원리와 추구하는 가치를 정리한 후, 민주주의와 열린사회가 이념적으로는 모두 인간의 존엄과 기본권을 최고의 가치로 추구함을 밝힌다.

이한구는 인간 존엄과 기본권이 보장된 사회를 '열린사회'라 부르면서 보다 구체적으로 다음과 같이 설명한다. 첫째로 열린사회는 개인의 자유가 보장된 사회이다. 개인의 자유가 보장되기 위해서는 우리가 개인을 독립적이고 자유로운 존재로 보아야 하며, 이런 자율적인 존재들이 모여 사회를 구성하고, 국가라는 정치조직체를 만들었다고 보아야 한다. 이런 관점에서 볼 때 사회란 개인을 넘어서는 어떤 신비한 존재가 아니라 개인들이 생존과 안전을 위해 함께 모여 사는 공동체일 뿐이다. 말하자면 개인이 사회의 존재론적 단위이다.

자유를 소극적 자유와 적극적 자유로 나누기도 한다. 소극적 자유는 권력이나 외부 압력으로부터의 자유이다. 말하자면 개인에게 가해지는 억압이나 구속이 없는 상태이다. 개인이 남의 간섭 없이 마음대로 생각하고, 행동할 수 있는 것은 이런 자유가 존재하기 때문이다. 반면에 적극적 자유는 자신의 욕망이 실현되는 상태이다. 예컨대, 내가 고등교육을 받기를 원하거나, 더욱 수준 높은 문화적 생활을 원할 때, 그런 소원이 실현된 상태가 적극적 자유의 상태이다. 만약 여러 사정상 그런 소원이 좌절된다면, 적극적 자유의 상태가 아니라고 할 수 있다.

고전적 자유주의는 소극적 자유만이 우리가 논의할 수 있는 자유라고 규정했다. 만약 우리가 적극적 자유까지 자유 속에 포함하면, 그것을 실현할 국가의 권력이 비대해질 뿐 아니라, 소극적 자유가 침해될 수 있다고 보았기 때문이다. 소극적 자유만이 중시되는 사회가 자유방임의 사회이다.

열린사회는 자유방임의 사회가 아니다. 자유방임의 사회는 자유의 역설에 의해 유지되기 어렵다. 자유의 역설이란 우리가 남에 대한 배려 없이 무제한으로 자신의 자유만을 추구할 때, 결국 모두가 자유롭지 못한 상태에 빠지고 만다는 것이다. 요즘 문제되고 있는 아파트의 층간소음이 좋은 실례가 된다. 내 집이니까 내 마음대로 떠들어도 된다는 자유방임적 자유는 결국 모두의 불편과 부자유를 초래하고 말 것이다. 때로는 강자가 약자를 위협하여 그의 자유를 강탈하는 상황도 생각할 수 있다. 그러므로 나의 자유는 다른 사람의 자유를 침해하지 않는 범위 내에서의 자유일 수밖에 없게 되고, 마침내 그 범위를 넘어서는 자유에 대해서는 사회나 국가가 제재를 가함으로써 모두의 자유를 보호할 수밖에 없게 된다.

열린사회는 국가 보호주의를 경제적 영역에도 적용하자고 주장한다. 국가가 국민을 물리적 폭력으로부터 보호하더라도, 경제적 힘의 오용으로부터 국민을 보호하지 못한다면, 국민의 자유를 실질적으로 보호할 수 없기 때문이다.

이런 사회가 우리가 소위 말하는 복지국가 사회이다. 그렇지만 복지는 사회구성원 모두가 동의할 수 있는 지속 가능한 복지여야 한다. 복지국가는 자유시장 경제를 배제하지 않는다. 오히려 복지국가는 자유시장 경제의 경제적 번영을 통해서만 지속 가능하다.

열린사회는 윤리적 측면에서 전통적 공리주의를 용인하지 않는 사회이다. 최대 다수의 최대 행복을 추구하는 공리주의의 원리는 전체주의적 독재를 위한 구실이 될 수도 있으며, 다수의 행복을 위해서 소수를 희생해도 되는 것으로 생각할 수도 있기 때문이다. 열린사회는 그러한 원리를 허용하지 않는다. 열린사회는 다수의 행복을 위하여 소수의 고통을 요구하지 않으며, 소수의 행복을 위하여 다수의 고통을 요구하지 않는 사회이다. 누구든지 사회적으로 희생되어야 한다고 전제하는 것은 열린사회의 기본원리인 개인의 불가침성을 부정하는 것이다.

이한구는 정치철학의 관점에서 존 롤스(John Rawls)가 주장한 정의로운 사회가 열린사회라고 해석한다. 존 롤스는 정의로운 사회의 기준이 될 정의의 두 원칙을 제시한다. 제1원칙은 모든 사람은 기본적인 자유를 완벽하게 누릴 수 있어야 한다는 원칙이고, 제2원칙은 가장 빈곤한 사람들의 복지를 우선해서 배려해야 한다는 원칙이다.

열린사회는 민주주의 사회이다. 그렇지만 이때의 민주주의는 자유주의를 바탕으로 한 자유민주주의여야 한다. 자유주의의 기반을 벗어난 비자유민주주의는 열린사회의 기준을 충족시키지 못하기 때문이다.

민주주의를 파멸시키는 최대의 적으로 이한구는 포퓰리즘을 지목한다. 포퓰리즘은 치명적인 문제점을 안고 있다. 그것은 바로 대중을 언제나 통합된 하나의 실체로 간주하는 것과 대중의 판단을 절대시하는 것이다.

포퓰리즘이 공공적 이성을 갖지 못하면, 다수의 횡포나 극렬 소수의 무책임한 전횡과 권력자의 독재적 통치 도구로 전락할 수 있으며 이 경우 포퓰리즘은 민주주의에 대해 최대의 위협 요인이 된다.

「민주주의와 생활양식」(이돈희)에서는 민주주의를 본질적으로 다원적 개방성으로 규정한다. 따라서 민주주의의 개념에 대한 논의도 점차로 조직체의 구조적 특징, 운영의 규칙, 생활양식 등으로 그 범위가 더욱 포괄적으로 확장되어 왔으며, 이와 더불어 '민주주의'란 말은 제도의 형식에 한정되는 것이 아니라, 사고의 규칙, 행동의 규범, 삶의 양식으로 그 개념적 영계가 확장되는 수준에 이르렀다고 본다. 이런 관점에서 이돈희는 민주주의를 크게 다섯 범주, 즉 민중정체, 다원주의, 절차주의, 집단적 협의주의, 생활양식에서 그 의미를 규정하려고 한다.

다원주의의 맥락에서 보면 배려와 관용은 사회적 구성원이 생활 속에서 경험하는 문제 상황을 도덕적 차원에서 해결하는 독특한 방법적 덕목이다. '배려'와 '관용' 두 단어는 모두, 나와 어떤 특정한 타인 사이에 어느 수준의 부담스러운 이해관계가 놓여 있을 때, 타인의 처지를 이해하거나 참작하여 상대방의 심리적 혹은 물질적 부담을 덜어 주려는 마음을 가질 때 사용되는 말이다. 여기서 말하는 심리적 혹은 물질적 부담은 사적인 관계에서 생기기도 하나, 공적인 관계에서는 불특정한 대상에 관한 것일 수도 있다. 어떤 의미에서, 관용과 배려는 '해서는 안 되는', '안 할 수도 있는' 문제를 해결해야 한다는 도덕적 요청에 응한다는 의미에서 문제 상황을 해소하자는 동기에 의한 행위이다. 다원적 요소들로 얽힌 민주주의적 제도와 규칙으로 인하여 발생하는 많은 문제를 해결해 주는 삶의 지혜가 바로 배려와 관용의 덕목이다. 어쩌면 민주주의는 배려와 관용이 없으면 거의 절대로 평화로운 삶을 보장하지 못할 수도 있다.

절차주의의 핵심은 다수결의 방법이다. 로버트 다알(Robert Dahl)은 다수결의 방법이 갖는 장점을 다음과 같이 주장한다. ① 다수결은 집단 결정에서 자체 결정권을 최대화한다. ② 필요한 합리적 요건을 충족시키는 결과를 가져온다. ③ 의사결정의 정확성을 높인다. ④ 공리성의 최대화를 기한다. 이러한 다수결의 방법에 대해 이돈희는 다음과 같이 문제점을 지적한다. 다수결이라는 게임의 규칙은 그 자체로서 일종의 패러독스이다. 해결하기 어려운 문제를 쉬운 방법으로 해결한 것처럼 처리하고, 해결이 불가능한 문제를 해결 가능한 방법으로 해결한 것처럼 처리해 버린다.

집단적 협의주의는 민주주의를 새롭게 이해하기 위한 시도이기도 하고, 민주주의의 개념 자체가 함의한 기본적이고 심층적인 의미를 표면으로 부양시키려는 새로운 노력이기도 하다. 민주주의를 공동체적 협의의 과정으로 이해하려는 것이다. 어쩌면 종래의 절차적 형식주의가 지닌 기계적 과정에 대한 한계에서 그 대안으로 유래한 것으로 여겨지기도 한다.

이돈희는 다원주의의 문화적 바탕에 대해 다음과 같이 지적한다. 우리나라에서는 다른 나라의 경우처럼 특히 종교나 인종이나 계층 간에 다원주의가 특별히 중요하게 논의되어야 하는 사회적·정치적 문제는 거의 없는 수준이다. 지역, 성별, 계층, 노사 간에 다소 잠재적 수준에서 문제가 전혀 없지는 않으나 다른 문화권이나 국가보다 심각한 상태에 있지는 않다. 그렇지만 특히 우리나라에서 다원주의가 유의미하게 검토되어야 하는 문제의 영역은 정치적 이데올로기의 부문이다. 보수니 진보니, 우파니 좌파니 하는 진영 간의 갈등적 관계가 현실적으로 우리의 정치적 생활을 지배하고 있다.

이돈희는 글의 마지막 부분에서 민주주의와 그 적들을 다루면서, 세력화된 독선주의와 절대적 3대 악재를 논의한다. 민주주의는 원래 다원적 가치를 허용하는 체제이다. 복수의 가치는 ① 평화적 공존, ② 경쟁적 관계, ③ 상호의존적 관계, ④ 선택적 대응, ⑤ 전체적 대응 방식으로 존재할 수 있다. 이돈희의 논의에 의하면 ①, ②, ③에서 발생하는 갈등은 조정에 의해 쉽게 해결될 수 있지만, ④의 경우 배타적-공격적 독선주의를 지향하는 광야의 독선주의로, ⑤의 경우 소극적-방어적 독선주의를 지향하는 독선주의로 규정될 수 있다.

그렇다면 절대적 3대 악재란 무엇인가? 절대적 악재란 문제의 활성적 요소가 활성 상태에 있는 한 민주적 삶 자체가 제대로 성립될 수 없는 상태이다. 첫째, 사회적 차원의 악재로서 조직 구성원 간의 통합성이 상실되어 분열이 지배하며 전체가 혼돈의 양상을 보이는 상황적 균열의 양상, 둘째, 도덕적 차원의 악재로서 구성원의 자의식이 미성숙한 수준에 있고, 참여, 준법, 정직, 협동 등의 실천적 동기가 해이해진 '인성적 부실'의 수준, 셋째, 민주주의의 제도적 발전과 성숙한 생활의 개화를 방해하는 의도적 혹은 방만적 우민화(愚民化)가 민주주의의 가장 심각한 악재에 속한다.

「인간해방, 자유시장경제, 자유민주주의」(이지순)에서는 인간해방, 자유시장경제, 자유민주주의 간에 존재하는 상생작용에 관해 고찰하고, 양자가 지닌 불완전성에 대해 살펴본 후, 그중에서 자유시장경제의 문제를 어떻게 수정하고 보완해야 할지 모색하고 있다(자유민주주의의 위기 극복 방안은 이돈희와 이한구의 글에서 다룬다).

이지순은 빈곤과 속박 속에서 노예처럼 살던 평상인이 자유인이 되어 경제 번영에 동참하는 한편 주권자로서 그가 속한 공동체의 미래를 결정할 수 있게 된 것은 호모사피엔스 역사에서 극히 짧은 기간인 최근 300여 년에 일어난 일인데, 그러한 일이 가능했던 것은 영국이 시작한 인간해방의 물결이 전 세계로 퍼져 나간 덕분이라고 설명한다. 이지순에 의하면 누구나 재산을 가질 수 있고 누구나 자유롭게 행동할 수 있게 된 것이 인간해방인데 그게 가능했던 것은 정치, 사회, 문화 그리고 기술의 진전이 절대다수의 기층민을 빈곤과 속박의 굴레에서 벗어나게 한 덕분이다.

인간해방이 개인의 자유를 존중하는 시장경제와 민주주의를 가능하게 만든 결과, 수천 년간 정체되어 있던 경제가 번영을 거듭하게 되었으며, 억압과 속박 속에서 살던 절대다수의 기층민이 자유인이 되었다. 역사상 처음으로 노예처럼 살던 수십억 명의 평상인이 풍요 속에서 자유를 만끽하며 살게 되었다는 것이다.

이지순은, 그러나 인간해방이 낳은 자유시장경제와 자유민주주의는, 소득과 재산의 불평등 확대와 그로 인한 심각한 사회분열 그리고 빈번하게 일어나는 민주주의 전복 사례에서 보듯이, 완전무결하지 않음을 지적한다. 그는 또한 자유시장경제가 낳은 부작용을 치유하지 못하면 현존하는 모든 문제가 자유시장 때문에 생긴 것이라는 오해를 불러와서 불만을 품은 사람들이 풍요와 자유의 기반인 인간해방의 물결을 되돌려 놓으려고 시도할 것이라고 설명한다.

구소련, 개혁개방 이전의 중국, 현재의 북한, 쿠바 등은 처음부터 자유시장경제에 반하는 길로 들어섰다가 경제 실패를 경험한 나라들이며, 그리스, 브라질, 아르헨티나 등은 자유시장경제로 출발했다가 사회주의로 기운 후 경제쇠퇴를 경험한 나라들이다. 이지순은 우리가 자유시장경제의 부족한 점을 보완하지 못하면 대한민국 역시 쇠퇴의 길로 접어들 것이라고 경고한다.

이지순은 성공한 대한민국이 실패한 나라로 전락할 위험을 줄이는 방안은 참된 의미의 민주 경제를 창달하는 것이라고 주장한다. 그에 의하면 참된 의미의 민주 경제란 국민 누구나 동등한 자격으로 주인이 되는 경제를 말한다. 즉, 민이 경제의 주인이 되는 것이 민주 경제이다.

민주 경제를 건설하는 방안으로서 이지순은, ① 차별은 그 어떤 것이건 없앤다. ② 가능한 한 모든 이가 동등한 조건에서 출발할 수 있게 만든다. ③ 경제력이 집중되는 일을 막는다. ④ 집중된 경제력의 오용과 남용을 막는다. ⑤ 자력으로는 주인이 되기 어려운 사회적 약자를 지원해야 한다. ⑥ 가능한 한 많은 일을 시장에 맡김으로써 공권력이 불평등을 확대하지 않도록 하자고 제안한다.

한편, 이지순에 의하면, 사회적 약자를 돕는 방법 중에서 최선책은 능력이 있는 전 국민이 누가 시키지 않아도 기꺼운 마음으로 자기보다 약한 사람들을 돕도록 유도하는 것이라고 주장한다. 재산, 능력, 지식 등 자기가 지닌 것을 나누려고 내놓는 사람을 칭송하고 그러한 행동에 대해 세제상의 혜택을 주는 것이 하나의 방안이 된다.

차선책은 정부가 세금을 거둬서 그것을 재원으로 하여 사회적 약자에게 도움을 주는 방안이다. 자발적인 기여가 충분하지 않으므로 정부가 조세 수단을 활용해서 복지정책을 시행하는 것은 불가피한 일이다. 다만, 과도한 세금으로 납세자의 투자 의욕을 손상하지 않고 과도한 복지로 그 수혜자의 자립심을 손상하지 않아야 한다.

최악의 방안은 강압적으로 타인의 것을 빼앗아 나누는 것이다. 기업의 국유화, 토지의 국유화, 지적재산의 국유화, 기업이익과 부동산 이익의 전면적인 공유 또는 환수는 사유재산을 부정하는 행위이다.

앞서 제시한 세 가지 방안 가운데서 이지순은 최선책을 가장 선호하나 그것만으로는 부족하므로 차선책을 활용하는 게 불가피하다고 본다.

「민주주의와 과학기술」(이병기)에서는 민주주의가 심각한 도전에 직면하게 된 가장 큰 이유가 객관적 사실보다는 감정에 호소하며 진실을 왜곡하는 탈진실 현상과 개개인의 자유를 희생한 채 그가 소속한 집단이 부추기는 대로 따르는 신부족주의가 만연한 데 있다고 한다. 이병기에 의하면 그러한 현상이 생기는 것은 경제사회적인 격차와 불평등에 따른 불만에 기인하지만, 그 배경에는 과학기술의 발전이 있다고 한다. 과학기술의 발전이 인류사회를 변화시킴으로써 결국 탈진실 신부족주의 현상을 초래하는 근본적인 원인을 제공한다는 것이다.

이병기는 우주 만물에 작용하는 원리를 탐구하는 학문인 과학은 '과학적 사고(思考)'와 '과학적 방식(方式)'을 거쳐서 발전한다고 본다. 이병기의 판단으로는, 과학적 사고와 방식이 체화된 과학자가 이룩한 눈부신 과학기술의 발전이 인류사회를 풍요롭고 자유롭게 만드는 데 일조하였으나, 절대다수의 비과학자들도 과학적으로 사고하고 과학적으로 일을 처리하도록 만드는 데는 실패하였다. 전례 없던 번영과 자유의 물결에서 소외되거나 상대적인 박탈감을 가지게 된 다수가 과학적으로 사고하고 과학적으로 일을 처리하는 대신에 탈진실과 신부족주의의 유혹에 넘어가게 되었다는 것이다.

이러한 사회적 병리 현상을 극복하여 진실한 사회, 공화(共和)의 민주주의 정치를 회복하는 일이 가능한가? 이병기는 그것이 가능하다고 믿는다.

과학기술의 발달이 초래한 경제와 사회의 변화가 탈진실과 신부족주의와 같은 병리 현상을 일으키나, 인간은 선의지(善意志)를 지닌 존재이므로, 그가 과학적 사고와 과학적 방식에 익숙해진다면 탈진실·신부족주의의 굴레를 벗을 수 있다. 사회적 불평·불만의 원인을 제거할 수 있도록 문제가 되는 정치·사회 제도의 불비 사항을 정비하고 정치가가 진실한 사회와 공화의 민주주의 정치를 지향한 통합의 지도력을 발휘하여 개인의 선의지 발동에 화답하면 탈진실과 신부족주의의 병폐는 더 빨리 치유될 것이다.

민주주의가 탈진실·신부족주의의 도전에서 벗어나 건강하게 뿌리내리는 데 과학자가 중요한 역할을 담당할 수 있다. 무엇보다도 모든 국민이 과학적으로 사고하고 행동하는 능력을 갖추는 데 도움을 줄 수 있다. 범국민 과학교육 프로그램을 가동하는 게 하나의 방안인데, 그 주안점은 과학적 탐구를 문화적·지적 역사의 관점에서 이해하고, 과학기술이 실생활과 어떻게 연관되는지 이해하고, 과학의 개념과 원칙에 입각하여 사물을 이해하고, 과학적 가치와 자세와 사고를 갖출 수 있도록 교육하는 것이다. 한정된 자원을 효과적으로 사용하려면 우선은 우리의 미래를 열어 갈 소년 소녀와 청춘 남녀를 대상으로 한 과학교육에 집중하는 것이 바람직하다.

이병기는 과학과 기술의 발전이 민주적인 인류사회의 존립을 위협할 가능성에 대해 강한 우려를 표하기도 한다. 디지털 혁명과 초연결 정보통신을 토대로 하는 차세대 과학기술이 미지의 신세계를 만들어 갈 터인데, 그리고 고도로 발달한 알고리듬 기기가 인간을 노예처럼 통제하는 세상이 도래할 위험성이 있는데, 인권·자유·법치·언론의 자유 등 자유민주주의의 기본이 튼튼하지 않은 나라일수록 국민을 통제하여 노예화하는 수단으로 과학기술을 악용할 위험성이 높다는 경고가 그것이다. 이병기에 따르면, 선의의 공동체 의식과 굳건한 시민의식을 토대로 하는 복원력 있는 자유민주주의의 기초를 확고하게 다지는 게, 과학기술의 오남용 위험성을 최소화하는 길이다.

「민주주의와 법치주의」(최병조)는 민주주의와 법치주의에 관한 견해를 담고 있다. 필자는 ① 민주주의와 법치주의 간의 이상적 관계는 무엇인가? ② 대한민국의 실정법은 바람직한 민주주의와 법치주의의 구현을 위해 어떤 규정을 두고 있는가? ③ 민주주의와 법치주의의 이상을 구현하기에 손색이 없어 보이는 우리나라의 실정법 체계가 실제 운영에서 민주주의와 법치주의의 이상을 구현하지 못한다. 그 까닭은 무엇인가? ④ 어떻게 하면 이 땅에 민주주의와 법치주의의 이상이 더 잘 구현되게 할 수 있는가? 등의 질문을 던지고 그에 대한 해답을 찾고 있다.

최병조에 의하면, 민주주의의 본질은 '민이 주인이 되는 것'이다. 이는 이 책에 실린 이지순의 논지와 같다. 최병조는 민이 주인이 다라는 말은, ① 민이 아닌 그 누구도 주인일 수 없고 주인이 되어서는 안 되며, ② 민이 주인이 되는 과정과 절차가 열려 있어야 하며, ③ 훌륭한 치자가 되어야 한다는 말은 곧 훌륭한 피치자가 되어야 한다는 말과 같다고 부연 설명한다.

법치주의란 'Rule of Law', 곧 법의 지배를 번역한 용어로 독일에서는 '법치국가(Rechtsstaat)'라고 한다. 만인이 법 앞에 평등한 게 법치주의이므로, 법을 만든 자를 포함한 최고 권력자도 다른 사람과 마찬가지로 법의 지배를 받는다. 한마디로 말해서 법치는 인치가 아니다. 반면에 법을 이용한 지배란 지배자가 법을 좌지우지할 수 있는 위치에서 합법을 가장한 통치 형태를 지칭한다. 법을 이용한 지배는 독재가 되는 경향이 있다. 형식적인 법치 역시 법을 이용한 지배와 크게 다르지 않다. 제도와 장치만 보면 법치가 맞는데 실제 운영은 대중선동과 가짜 뉴스와 다수의 횡포를 통해서 법치를 무력화시키는 게 형식적 법치이다.

우리나라의 「헌법」을 위시한 실정법은 민주주의와 법치주의의 이상을 구현하는 데 손색이 없을 만큼 잘 만들어져 있다. 무엇보다도 자유민주주의와 시장경제의 원리 및 그것의 구현을 위한 제반 장치와 제도를 완비하고 있다.

그러나 법의 실행 과정에서 법치주의가 제대로 지켜지지 않는다. 법 앞의 평등 원칙(principle of equality before the law)을 무시하고 다수결을 내세워 법의 지배(rule of law)를 법을 활용한 통치(rule by law)로 치환하는 일이 빈번하게 이루어진다. 실질적 법치가 형식적 법치로 후퇴하고 있는 것이다.

법치가 도전받는 경우를 크게 몇 가지로 나눌 수 있다. 하나는 법을 어긴 자를 제대로 처벌하지 않는 사법부의 일탈이다. 힘센 자, 부자, 내 편 등은 우대하고 약자, 빈자, 내 편이 아닌 자는 홀대하는 법 적용은 법치가 아니다. 다른 하나는 「헌법」을 위배하거나 기존의 법률체계와 정합적이지 않은 법을 제정해서 시행하는 것이다. 이는 헌법재판소가 본연의 역할을 하지 못할 때 특히 더 문제가 된다. 다른 하나는 정치인과 법률가의 일탈 행위이다. 부정부패와 공익 편취가 그러한 사례이다.

최병조는 우리 사회에 대해 강한 경종을 울린다. 우리가 민주주의 법치주의가 흔들리는 것을 그냥 두고 본다면, 수천 년 역사상 처음으로 자유민주주의를 근간으로 하여 누구나 사람답게 살아가는 삶의 터전을 건설하는 데 '성공한 나라' 대한민국이 자칫 아프리카의 빈국이나 북한과 쿠바 같은 '실패한 나라'로 전락하는 것을 막기 어렵다는 것이다. 그는 특히 디지털 기술의 역기능이 이성적 민주주의의 정착을 저해하지 않도록 유념하고 디지털 기술의 순기능을 건전한 정치문화와 법문화 형성을 위해 선용하는 지혜가 필요하다고 주장한다. 법치를 담당해야 할 최전선에 있는 정치가와 법률가의 각성과 헌신을 요구하기도 하지만 우리의 현실을 볼 때 여간해서는 그렇게 되기 어렵다.

「민주주의와 국제질서」(안병준)에서는 국제 정치체제를 민족국가 간의 갈등을 중재하는 중앙정부가 없는 무정부 상태에서 힘이 지배하는 것으로 규정한다.

국가 간에 힘이 센 강대국들이 민주주의와 자유주의 국제질서를 추구한다면 민주주의 국가들이 권위주의 국가들을 압도할 수 있을 것이다. 21세기에 중국이 수정주의 국가로 부상해 현상 유지 국가인 미국에 도전하고 있는 현 세계에서 민주주의 체제와 권위주의 체제 간에 경쟁과 갈등이 불가피해질 것이다.

이 두 체제는 각기 장점과 단점을 갖고 있다. 현재는 민주주의가 다소 후퇴하고 있으나 여전히 권위주의보다 더 많은 장점을 지니고 있다. 한국을 포함한 기타 국가들은 이 양자 간에 자기에게 더 유리한 것을 선택하면서 난관을 헤쳐 나가야 할 것이다.

안병준의 국제질서관은 다음과 같다. 20세기 중엽부터 미국은 '자유주의 국제질서'를 추구해 민주주의를 전 세계에 전파했다. 이 질서는 자유주의적 규칙, 제도, 규범 및 관례를 의미한다. 미국이 이 질서를 주도할 수 있었던 것은 당시 전 세계의 군사력과 부의 절반 이상을 보유해 이 방대한 국력으로 그것을 이행했기에 가능했던 것이다. 냉전기(1945~1990)의 국제정치구조는 미국의 자유주의와 소련의 공산주의가 대결해 양극화를 나타냈다. 1990년에 소련이 붕괴하고 냉전이 종식되자 2008년까지 세계는 잠시 단극화를 경험했다. 미국은 이때 이른바 '신자유주의'를 추진해 민주주의와 자본주의를 온 세계에 전파했다.

한편, 국제정치에서는 강대국 정치가 복귀했다. 사실 인류 역사에서 강대국 정치가 떠난 일은 없었다. 다만, 그 형태가 변천해 왔을 뿐이다. 미국이 자유주의 질서에 대해 세계적 리더십을 중단하자 강대국 정치가 더욱 활성화되었다. 저명한 언론인 케이건에 의하면, 미국이 자유주의 국제질서의 리더 역할을 포기하면서, 세상이 정글로 변화하고 있다고 한다. 그는 자유주의 국제질서하의 세계를 잘 가꾼 정원으로, 그리고 강대국들이 치열하게 대립하는 세계를 정글로 묘사한 바 있다. 그동안 미국이 자신의 힘과 재원을 써서 자유주의의 정원을 잘 가꾸어 왔으나 이제 미국이 그런 역할을 포기하자 국제사회가 다시금 넝쿨과 잡초가 무성한 정글로 변해서 맹수가 판을 치는 약육강식의 세상이 되어 가고 있다는 것이다.

21세기에 미·중 패권경쟁은 동아시아에 집중해 자유주의 체제와 권위주의 체제 간의 경쟁으로 지속할 것이다. 이 강대국 정치의 중심에서 미국과 중국이 패권경쟁을 격화하고 있다. 그러나 미국과 중국 어느 편도 세계적 패권을 장악하기는 어려울 것이며, 그들은 동아시아와 인도·태평양에서 지역 패권을 획득하기 위해 경쟁할 것이다.

덩샤오핑이 주도한 개혁과 개방 정책이 풍성한 결실을 낳으면서 중국이 국제무대의 새로운 강대국으로 부상하고 있다. 21세기에 들어와서 미국에 버금가는 국력을 갖추게 된 중국이 그동안 자유주의 국제질서를 주도해 오던 미국에 도전하기 시작했다. 그 결과는 누구도 회피하기 어려운 '신냉전'이다. 이처럼 두 초강대국이 정치 및 군사적으로 대치하는 현상은 미·소의 양극화, 곧 미·소 냉전과 유사하다. 다만, 전 세계를 공산화하고자 혁명 이데올로기를 전파하는 데 주력한 소련과 달리 중국은 과거에 그가 누렸던 '천하의 중심'으로서의 위상을 회복하려는 강렬한 중화 민족주의를 나타낸다는 점이 다르다. 과거의 소련 및 소련 블록 국가는 서방과 거의 완전하게 단절된 경제 관계를 표방하였으나 현재의 중국은 무역, 금융, 정보, 기술 등 거의 모든 분야에서 서방 세계와 아주 깊숙하게 연관되어 있다는 점 역시 다르다.

21세기 정치구조는 양극화보다도 다극화를 지향하고 있다. 아시아에서 일본, 인도 및 기타 중견국들이 미·중 경쟁이 경직된 양극화로 발전하는 것을 지양하고 있기 때문이다. 앞으로 미·중 경쟁은, 전 시기 미·소 간의 냉전과는 다르게, 패권 경쟁, 체제 경쟁, 무역 경쟁, 기술 경쟁을 혼합한 '혼성전(hybrid war)'의 형태로 진행될 것이다.

자유주의 국제질서에서 탄생한 한국 민주주의는 현재의 후퇴를 극복하고 동아시아에서 모범적인 민주주의 국가로 정상화되어야 할 것이다. 그러기 위해서 대한민국은 자유민주주의 국가라는 정체성을 분명하게 천명하고 그것을 행동으로 과시해야 한다. 나아가서 미국이 선도하고 있는 민주주의 운동에서도 주도적인 역할을 수행해야 할 것이다. 그래야 대한민국은 우방국들의 보호와 지원을 확보하고 적대 세력에 효과적으로 대처할 수 있기 때문이다. 이렇게 해야 국가안보, 경제번영, 정체성 확보라는 우리의 핵심 국가이익을 극대화할 수 있을 것이다.

「민주주의의 전복양태」(이정복)에 따르면 자유민주주의가 완벽하지는 않으나 역사 이래 인류가 활용했던 정치제도 가운데서 그것을 능가할 만한 게 현재까지는 없다. 그런데도 현실 세계에서는 민주주의를 전복하는 일이 빈번하게 일어난다.

이정복의 지적에 의하면 민주주의는 역사적으로 세 번에 걸쳐서 무너졌다. 1930년대에 파쇼세력이 민주주의를 전복한 것이 첫 번째이고, 1960년대에 군부가 쿠데타를 통해서 민주주의를 전복하고 정권을 잡은 게 두 번째이며, 근래에 대중영합주의자들이 민주주의를 전복하는 게 세 번째이다.

1930년대에 히틀러의 나치당, 곧 파쇼세력이 바이마르 민주주의를 전복시켰다. 히틀러의 나치당은 1920년대에는 선거에서 3% 정도의 지지밖에 받지 못하는 정당이었으나 1930년대에 당시의 정당 중 가장 많은 득표를 하여 집권하였고, 집권한 다음에는 다수의 악법을 제정하여 민주주의를 전복시켰다. 히틀러의 나치당은 민주적 절차에 따라 집권한 후 곳곳에 자기 편을 심어 놓고서는 합법을 가장한 다수의 횡포를 통해 민주주의를 전복시켰다. 말하자면 형식적으로는 민주적이고 합법적인 절차를 따르면서 실제로는 민주주의를 전복시킨 것이다.

1960년대와 1970년대에는 민주적 선거를 통해 정권을 수립해 오던 다수의 아시아, 아프리카, 라틴 아메리카 국가에서 군부세력이 쿠데타를 통해서 민주주의를 전복시켰다. 그중 군인 독재자가 민간인이 되면서 군사정부를 민간정부로 바꾼 나라도 있고 대를 이어 군부가 통치한 나라도 있다. 그중에서 명실상부한 민주국가로 변신한 곳은 대한민국이 유일하다.

　최근 헝가리, 폴란드, 터키, 베네수엘라에서는 포퓰리스트들이 민주적인 선거로 집권하여 민주주의를 후퇴시키거나 전복시키고 있다. 그들은 선거를 통해 집권하였으나 법치주의, 삼권분립, 인권 보호와 같은 민주주의의 기본원칙을 무시하고, 제도적 권한을 남용하며, 반대자와 야당을 국정의 파트너가 아닌 적대자로 본다.

　세 차례의 민주주의 전복 파동의 공통점은, 민주주의의 전복을 주도하는 세력이 얻는 이득이 아주 큰 상황에서 다수의 국민이 그들의 선전선동에 쉽게 넘어갈 때, 민주주의가 전복된다는 사실이다. 파쇼집단, 군부, 대중영합적 정치집단 모두 민주주의를 전복시키고 일당 독재를 할 때 얻는 금전적 또는 비금전적 이득이 아주 크다. 그런 부류는 언제나 국가와 민족을 앞세우며 그들이 추진하는 것이 진짜 민주주의라고 강변한다. 다수의 국민이 그러한 감언이설에 속는다. 민주시민의 사실이 부족해서 그렇다. 절대다수의 유권자가 깨어 있으면 파쇼집단, 군부, 대중영합적 집단이 민주주의를 전복하기가 어렵다.

　명시적으로 표현하고 있지는 않으나 이정복이 이 글을 쓴 이유는 분명해 보인다. 그것은 대한민국에서 보이는 민주주의 전복 조

짐에 대해 위기경보를 울리기 위함이다. 그는 대한민국의 민주주
의가 전복될 위험에 직면해 있다고 명시적으로 말하지 않는다. 다
만, 민주주의를 전복시키려는 다양한 시도를 구체적인 사례를 통
해 살펴본다. 현재 우리나라에서 일어나는 일들이 그가 말한 '포
퓰리스트들에 의한 민주주의 전복' 양상과 매우 유사함을 보여 줌
으로써, 나날이 커지는 위험성에 대해 경고신호를 보내는 것이다.

이한구, 이지순

┌ 차례

제4장

민주주의와 과학기술 165

이병기

제5장
민주주의와 법치주의 203

◦ 최병조

제6장

민주주의와 국제질서 249

♦ 인병준

제1장

열린사회와 민주주의*

● 이한구(李漢龜)

1. 서론: 문제제기

민주주의는 프랑스혁명 이후 역사적 진보운동의 이정표로서 엄청난 영향력을 행사했다. 특히 제2차 세계대전 이후는 민주주의가 정치세계를 지배한 시대였다. 민주주의 국가가 아니면 현대국가로 취급받기 어려웠고 많은 비민주국가가 '민주화'에 국운을 걸다시피 했다. 80년대 이후 대한민국이 추구해 온 길도 '민주화'의 길 이외의 다른 길이 아니었다고 할 수 있다.

민주주의(democracy)는 고대 그리스어 데모크라티아(democratia)의 번역어이다. 이 말은 기원전 5세기 중엽부터 사용된 것으로 확인되는 복합어이나.[1] 이 말의 앞부분 데모스(demos)는 '국민 모두'나 '국민 다수'를, 뒷부분 크라티아(Kratia)는 '지배'를 의미하는 말이었다. 이런 어원에서 볼 때 민주주의는 '국민의 지배'라는 의미를 갖는다. '국민 모두'의 지배란 한 사람의 지배나 소수의 지배와는 분명히 다르다. 우리는 보통 한 사람이 지배하는 정치체제를

'군주정체'라 부르고 소수가 지배하는 정치체제를 '귀족정체'라 부른다.

군주정체나 귀족정체는 이해하기가 크게 어렵지 않다. 한 사람의 군주나 소수의 귀족이 권력을 쥐고 국민을 다스린다는 의미이기 때문이다. 군집생활을 하는 많은 동물 종에서 이런 유형의 지배형태를 쉽게 확인할 수 있다. 그렇지만 '국민 모두의 지배'라는 것은 설명이 필요한 명제이다. 어떻게 국민 모두가 권력을 가질 수 있으며, 또 그 권력을 행사할 수 있단 말인가? 모두가 한꺼번에 대통령이 되거나 국회의원이나 대법관이 될 수는 없지 않은가? 그렇다면 국민 모두의 지배라는 것은 무엇을 의미하는 것인가?

이런 분명하지 못한 의미 때문에 민주주의는 매우 다양한 의미를 갖게 되었다. 칼 베커(Carl Becker)의 다음과 같은 말은 의미심장하다. "민주주의라는 말은 그 말을 사용하는 사람에 따라 그 의미도 달라진다. 말하자면 그 말은 일종의 개념상의 여행용 가방과도 비슷해서, 약간만 솜씨 있게 다루면 우리들이 집어넣고 싶은 어떤 것도 그 속에 능히 넣을 수가 있다. … 그 내용을 알지 못하는 동안에는 나폴레옹의 제국이건, 스탈린의 소비에트 체제건, 또는 무솔리니나 히틀러의 파시스트 체제건 모두 그 가방 속에 들어 있을 수가 있는 것이다."[2] 그러므로 민주주의에 대한 논의에서는 혼란을 피하기 위해 민주주의에 대한 보다 구체적인 정의가 필요하다.

민주주의는 두 차례의 세계대전에서 공통적인 슬로건이었다.

1918년 제1차 세계대전이 끝난 후 영국, 프랑스, 러시아 삼국협상의 승리는 민주주의의 승리라고 이야기되었으며, 1945년 제2차 세계대전이 끝난 후 독일, 이탈리아, 일본의 추축국에 대한 미국, 영국, 소련의 연합군 승리 역시 민주주의의 승리라고 선언되었다.

'민주주의'란 말의 이런 사용은 그 후 심한 혼란을 야기했다. 미·소 이데올로기 냉전 시대, 공산진영과 자유진영에서 사용한 민주주의의 의미는 완전히 달랐기 때문이다. 공산진영에서는 인민민주주의를 참된 민주주의라고 주장한 반면, 자유진영에서는 자유민주주의만이 진정한 민주주의라고 주장했다. '민주주의'의 의미에 대한 의견의 불일치는 그 후 냉전이 끝날 때까지 계속되었다.

이런 상황에서 UNESCO는 1951년 '민주주의'에 대해 각 분야의 여론주도자들을 중심으로 앙케트 형식으로 의견을 취합하기도 했다.[3] 그때 제기되었던 질문은 크게 네 가지 범주인데, 세부적으로는 30개 문항이었다. 첫 번째 질문은 '민주주의'란 말의 의미를 어떻게 규정할 것인가의 문제였다. 즉, 우리는 '민주주의'라는 말을 어떤 의미로 사용해야 할 것인가? 두 번째 문제는 형식적 민주주의와 실질적 민주주의의 관계에 관한 물음이다. 민주주의는 오로지 보통, 평등, 비밀, 직접 선거권을 비롯한 정치적 권리만을 의미하는가, 아니면 다른 교육상의 권리나 경제상의 권리까지 포함하는 것인가? 세 번째 문제는 관용의 범위에 관한 문제이다. 즉, 관용은 민주주의를 전복시키려는 사람에 대해서까지 관용해야 하는 것을 의미하는가, 아니면 민주주의의 기본적 원리를 받아들이고 있는 사람들 사이의 특수한 쟁점에 대한 이론의 관용을 의미하는 것인가? 네 번째는 의견불일치의 가치적 기초에 관한 문제이다. 민주주의를 둘러싼 의견의 불일치는 공통의 목적지에 도달하기 위한 수단에 관한 것인가, 아니면 본질적으로 추구하는 가치의 차이에서 연유하는가?

이런 여러 질문은 미·소냉전의 대결에서 소련이 붕괴되면서 자연스럽게 해결되는 듯했다. 자유민주주의가 인민민주주의에 대해 승리를 거둠으로써 자유민주주의의 관점에서 민주주의의 여러 문제에 합당한 대답을 할 수 있었기 때문이다. 이런 맥락에서 후쿠야마의 『역사의 종말』도 선언되었던 것이다.

그렇지만 나중에 후쿠야마 자신도 인정했듯이, 자유민주주의가 승리함으로써 이념적 측면에서 역사가 종말에 다다랐다는 주장은 다소 성급한 면이 있었다. 다시금 민주주의의 위기가 논의될 수밖에 없었기 때문이다. 정보사회가 진행되면서 빈익빈 부익부의 사회양극화는 더욱 심해지고, 이런 틈새를 포퓰리즘이 파고들면서 기후위기를 비롯한 환경파괴와, 전 세계적 전염병의 창궐에 민주주의가 제대로 대처하지 못한다는 비판적 상황에 이른 것이다.

민주화가 진행되던 과거에도 민주주의의 퇴조나 몰락이 없었던 것은 아니다. 흡사 긴 빙하기 사이에 비교적 짧은 해빙기가 존재하듯이, 민주화의 파도가 한동안 밀려오면, 그 반작용으로 민주주의가 퇴조하는 썰물의 시기가 왔었다. 이런 민주주의의 퇴조는 대체로 두 가지 방식으로 전개되었다. 그중 하나가 쿠데타이다. 말하자면 민주주의의 위기나 몰락은 총을 든 군인들의 쿠데타에 의해 야기되었다. 제2차 세계대전 이후 전개된 냉전시대 동안 발생한 민주주의의 몰락 가운데 75%는 쿠데타에 의한 것이었다.[4] 라틴 아메리카, 아프리카, 동남아시아의 여러 나라 민주주의가 이렇게 몰락을 맞이했다.

또 다른 하나의 방식은 국민이 민주적으로 선출한 지도자에 의해 민주주의가 위기나 죽음을 맞는다. 즉, 민주적 절차를 거쳐 당선된 권력자가 민주주의를 해체해 버리는 것이다. 1930년대 독일의 아돌프 히틀러가 그랬고, 2000년대 베네수엘라의 우고 차베스 대통령이 그랬다.

요즘의 민주주의의 후퇴는 대체로 후자의 방식으로 진행된다.[5] 쿠데타가 아니므로 군인이 탱크를 몰고 거리를 질주하지도 않고, 투표도 계속된다. 민주주의의 외형적 틀도 그대로 보존된다. 그렇지만 투표로 선출된 후 독재자로 변신한 권력자에 의해 민주주의는 속빈 강정이 된다. 독재자는 오히려 민주주의 제도를 정치 무기로 삼아, 사법부를 비롯한 중립기관들을 입맛대로 바꾸거나 정치게임의 규칙을 바꿔서 경쟁자에게 치명상을 입힌다. 민주주의의 현황에 대해 평과 결과를 발표해 온 프리덤 하우스(Freedom House)는 2018년 연차 보고서에서 "민주주의가 구현하고 있는 선거를 통해 지도자들을 선출할 수 있는 권리와 언론의 자유, 법의 지배가 세계적으로 공격을 받고 후퇴하고 있다"는 진단을 내렸다.

현 상황을 민주주의의 자살로 보는 관점도 있다. 미국 건국의
아버지이면서 현대 민주주의의 설계자이기도 한 존 애덤스(John
Adams)의 경고가 의미심장하게 다가온다. "기억하라. 민주주의는
결코 오래 지속되지 않는다. 빨리 낭비되고, 지치고, 마침내 스스
로를 죽인다."

민주주의의 종주국격인 미국의 민주주의도 대통령 선거를 둘러
싸고 흔들리고 있다. 민주주의의 규범이 붕괴되고 있는 것이다.
규범을 준수하면서 게임에서 승리하려고 하기보다는, 수단과 방
법을 가리지 않고 이기고 보자는 분위기가 팽배하다. 이런 상황
이다 보니 선거에 진 쪽도 승복하지 않는 사태가 벌어진다. 당파
적 양극화가 너무나 심각하다. 그것은 정책의 차이를 넘어서 공
존이 불가능한 상태로까지 치닫고 있다. 이에 오늘날의 민주주의
는 투표장에서 붕괴한다는 주장도 제기되고 있다.

이런 상황에서 자유민주주의를 지향하던 여러 나라가 다시 권
위주의로 회귀하는 현상이 나타나고 있다. 우리가 다시 민주주의
란 무엇인가를 물을 수밖에 없는 이유가 여기에 있다. 이 글에서
나는 유네스코가 제기했던 질문을 우리 시대에 맞게 변형시켜 다
음과 같은 질문에 대답하려고 한다.

① 민주주의는 어떤 요건들을 갖추어야 하는가?
② 민주주의는 어떤 사회를 기반으로 하는가?
③ 민주주의를 후퇴시키는 최대의 적은 무엇인가?

2 민주주의의 의미

민주주의는 기본적으로 '국민의 지배'를 의미하는 말이지만, 이를 좀 더 정교하게 규정하는 일반적인 정의들은 다음과 같은 것들이 있다.[6] "민주주의는 국민에 의해 선출된 대표자나 국민 스스로가 권력을 행사하는 정치체제이다", "민주주의는 국민 간의 자유와 평등을 믿는 정치체제이다", "민주주의는 모든 사람이 동등한 권리와 기회를 가지고 결정을 내릴 수 있는 조직이다", "민주주의는 선거로 지도자를 뽑는 정치형태이다"

민주주의에 대한 정의라고 하기는 어렵지만 민주주의의 특성을 잘 드러내는 명언도 많다. "민주정치는 단순한 통치 이상의 것이나. 그것은 근본적으로 공동생활과 경험교류의 한 양식이다"(존 듀이), "민주주의의 제일원리는 개인의 가치와 존엄성이다. 인간의 평등에서 유래되는 존엄성은 본질적으로 모든 개인에서 동일하며, 그러므로 평등은 민주주의의 절대로 필요한 원리인 것이다"(에드워드 벨라미), "사상은 자유로워야 하며, 언론도 자유로워야 하며, 노동도 자유로워야 하며 그리고 신앙도 역시 자유로워야 한다. 이렇게 자유로워야 하는 것이 민주주의의 이념이다"(데오도어 피커), "민주주의란 피를 흘리지 않고 지배자를 교체할 수 있는 정치체제이다"(칼 포퍼)

이 중에서도 민주주의를 가장 핵심적으로 내린 정의로는 미국 16대 대통령 에이브러햄 링컨이 게티즈버그 연설에서 천명한 "국민의, 국민에 의한, 국민을 위한 정부(government of the people, by the people, and for the people)"일 것이다. '국민의 정부'는 국가의 주권이 누구에게 있느냐는 질문에 대한 답으로, 군주나 성직자나 귀족이 아니라 국민에게 있다는 주장이며, '국민에 의한 정부'는 누가 지배하느냐의 질문에 대해 국민이 지배한다는 주장이다. 그리고 '국민을 위한' 정부는 누구를 위해서 통치가 실행되는가의 질문에 대한 답이다. 이 세 가지가 모두 갖추어져야 민주주의이다.

전제군주시대에도 가끔 성군이 나타나면 백성을 위한 정치를 펼치기도 했다. 예컨대, 세종대왕 같은 분이 그런 예이다. 그렇지만 세종대왕이 민주주의자는 아니다. '국민의 정부'와 '국민에 의한 정부'가 아니기 때문이다. 또한 유학에는 통치권이 백성에 기반을 두고 있다고 하는 사상도 있다. 군주가 정치를 잘못하면 백성이 들고 일어나 군주를 쫓아낼 수도 있다는 혁명사상이 그것이다. 이것은 물(백성) 위에 떠 있는 배(군주)는 파도가 일면(민심을 거스르면) 뒤집어질 수도 있다는 비유로도 사용된다. 그렇다 해서 이런 정치가 곧바로 민주주의가 아닌 이유는 국민 스스로가 통치하는 정치체제가 아니기 때문이다. 간단히 말해, 주권자인 국민이 자유로운 투표행위를 통해 대표자를 뽑고 그들이 국민의 대리인이 되어 국민을 위해 통치하는 정치체제만이 민주주의인 것이다.

3. 민주주의가 추구하는 가치와 기본원리

인간의 존엄은 민주주의가 추구하는 최고의 가치이다. 존엄

(dignity)이란 무엇인가? 존엄은 존귀하고 위엄 있음이다. 이러한 성품은 단순한 수단적 존재가 아니라 그 자체가 목적인 존재가 갖는 성품이다. 수단은 다른 것으로 대체할 수 있으므로 상대적인 가치를 갖는 데 반해, 목적은 대체할 수 없는 절대적 가치를 갖는다.

민주주의가 인간의 존엄을 추구하는 이유는 무엇인가? 그것은 인간을 다른 무엇을 위한 수단적 존재가 아니라 인격의 바탕인 인간성을 그 자체 목적으로 간주하기 때문이다. 이런 점에서 존엄은 인간의 기본권 이전에 기본권을 성립시키는 이념적 전제가 된다.

20세기 중반부터 민주주의의 의미에 관해 대체로 세 가지 보편적 접근법이 논의되기 시작했다. 그것은 ① 정부권위의 원천 ② 정부가 지향하는 목적 ③ 정부를 구성하는 절차의 관점이다.[7] ①과 ②는 민주주의의 이념적 기본원리로서 묶을 수 있고, ③은 절차적 필수요건으로 논의할 수 있다. 이 두 부분이 모두 충족되어야만 진정한 민주주의로 분류될 수 있다.

이렇게 이념적 기본원리와 절차적 필수요건으로 나누어 설명하는 것은 이념적 기본원리만으로는 민주주의와 민주주의 아닌 것이 구별이 어렵기 때문이다. 말하자면 비민주적 국가도 자신을 모두 민주적 국가라고 강변할 수가 있기 때문이다. 고전적 민주주의자들은 이념적 차원에 초점을 맞추어 민주주의를 규정하려 했지만, 1970년대 이후부터는 절차적 필수요건으로 논의의 무게중심이 옮겨졌다고 할 수 있다. 즉, 민주주의는 이념적 차원에서 보면, 국민주권, 권력분립, 법치주의가 확립되었을 때, 그리고 동시에 절차적 차원에서는 자유선거, 정당정치, 평화적 정권교체, 기본권 보장이 이루어졌을 때 가능하다. 이념적 차원의 논의는 이미 일반화된 상식이기에, 즉 국민주권은 사회계약론에 의해서, 권력분립은 권력의 상호견제론에 기반해서, 그리고 법치주의는 국민동의론에 기초해서 민주주의의 공리처럼 이해되기 때문에 여기서는 절차적 필수요건만을 구체적으로 논의하려고 한다.

절차적 필수요건의 중요성은 더욱 커지고 있다. 진정한 민주주의와 유사 민주주의를 구별해야 하는 필요성이 증가하는 상황에서 절차적 필수요건은 구체적인 기준을 제시하기 때문이다. 말하자면, 민주주의가 통과해야 하는 리트머스 시험지라고 할 수 있다.

① 국민은 누구나 보통, 평등, 직접, 비밀선거의 4대 원칙에 따라 선거권을 행사할 수 있어야 한다.

선거의 4대 원칙은 민주주의를 검증하는 가장 중요한 리트머스 시험지이다. 보통선거란 성별, 직업에 관계없이 일정한 연령이 되면 누구나 투표권을 행사한다는 것이며, 평등선거는 남녀, 노소, 교육의 정도에 관계없이 모두가 1표씩 투표권을 행사한다는 것이다. 직접선거는 통치자를 직접 선출한다는 것이며, 비밀선거란 말 그대로 다른 누구도 모르게 투표권을 행사한다는 의미이다. 지금은 당연시된 원칙들이지만, 이 원칙이 보편적 원칙이 되기까지는 오랜 시간의 투쟁이 필요했다.

② 적어도 두 개 이상의 정당이 선거에서 정치 강령과 후보들을 내세울
   수 있어야 한다.

자유로운 상태에서 국민들의 사고방식이나 행동양식은 제각기
다를 수 있다. 또 문제를 바라보는 시각이나 해결 방식, 미래의 비
전들이 각각 다를 수 있다. 부모와 자식 간의 의견도 동일하기는
어렵다. 이런 차이를 자연스럽게 표출시켜 경쟁하도록 하는 것이
민주주의이다. 그러므로 민주사회는 두 개 이상의 정당이 자유롭
게 활동할 수 있는 복수정당제를 채택한다. 단일 정당제도는 민
주주의와 양립할 수 없다.

③ 공정한 선거가 주기적으로 실시되어 정권교체가 평화적으로 이루어
   져야 한다.

적절한 기간제 통치자를 뽑아야만 국민이 자신의 권리를 제대
로 행사할 수 있다. 통치자에게 너무 긴 시간을 부여하면, 국민이
그를 통제할 수 없게 되며, 너무 짧아도 비효율적이다. 또한 모든
선거는 공정성을 생명으로 한다. 공정한 선거에서 패배했는데도
정권교체가 이루어지지 않는 경우, 민주주의의 리트머스 시험지
를 통과하지 못한다.

④ 모든 국민에게 기본권이 보장되어야 한다.

기본권은 가장 기본이 되는 인간의 권리로 누군가가 부여한 권
리가 아니라 인간이 태어날 때 갖는 권리이다. 이런 의미에서 이
것은 자연권(natural right)이나 인권(human right)이라 불리기도 한

다.[8] 기본권은 자유권, 평등권, 행복추구권으로 나뉜다. 우리가 기본권을 자유권, 평등권, 행복추구권으로 나눈다면, 자유권이 가장 포괄적이고 중요한 권리이다. 그 이유는 인간은 옳고 그름, 참과 거짓, 좋음과 나쁨을 스스로 판별하고, 그에 따라 행동할 수 있는 자율적인 존재이기 때문이다. 자율적 존재는 구속이나 억압, 강제와는 양립하기 어렵다. 자유권에는 신체의 자유, 거주이전의 자유, 직업 선택의 자유, 주거의 자유, 사생활의 자유, 사상, 종교, 양심, 학문, 예술의 자유, 언론, 출판, 집회, 결사의 자유, 재산권 행사의 자유 등이 포함된다.

평등권은 누구나 권리에서 동등함을 주장하는 것이다. 아무도 합법적으로 부여된 권리 이외에 특권을 갖지 못한다. 평등권은 가장 먼저 법 앞의 평등으로 나타나며, 다음으로 기회의 평등으로 나타난다. 법 앞에서는 누구나 차별받지 않으며, 누구나 자신의 삶을 성공적으로 이끌 기회를 균등하게 갖는다는 것이다.

행복추구권은 누구나 자신의 행복을 추구할 수 있는 권리이다. 행복추구권은 넓은 의미에서 자유권에 포함되는 것으로 해석되기도 하지만, 인권의 신장과 더불어 인간다운 삶을 영위할 수 있는 더욱 적극적 권리로 주장된다.

4. 민주주의 실현의 역사: 세 차례의 파도

1879년 프랑스 시민혁명은 근대 민주주의의 시발점이었다. 혁명 첫해에 제3신분 대표자들이 새로운 권력기구로서 국민의회 (Assemblee nationale)를 결성했다. 혁명 전 프랑스 사회는 세 계층으로 나뉘어 있었는데, 전체 인구의 0.5% 정도에 해당하는 성직자 집단 제1신분과, 인구의 1.5% 정도를 차지하는 귀족집단인 제2신분, 그리고 두 집단에 속하지 못하는 나머지 98%가 제3신분이었다. 제3신분 중에서도 8% 정도가 유산자 집단(Bourgeoisie)이었고, 90%는 농민이었다. 공무원, 언론인, 기업가, 법률가, 은행가 등으로 구성된 제3신분이 혁명의 주체였다. 이들의 권리 주장이 점차 확대되어, 끝내는 모든 사람이 참정권을 주장하게 되었다. 민주주의는 바로 이런 식으로 시작되었다. 지금으로부터 200여 년 전의 일이다.

그렇지만 어떤 제도나 사상도 처음부터 완전한 형태로 주장되거나 실현되지는 못한다. 민주주의도 진화의 과정을 거치면서 발전해 왔다. 우리가 추구하는 민주주의의 기준에서 보면, 진정한 민주주의는 아직도 실현 과정에 있다고 할 수 있다. 중동의 사우디아라비아에서 여성의 투표권이 부여된 해가 극히 최근인 2015년이라는 사실이 이를 웅변적으로 보여 준다. 또한 현재 전 세계의 반 정도 국가만이 민주주의 국가로 분류되고 있는 실정이다.

물론 넓은 의미에서 보면 민주주의는 2,400여 년 전 그리스의 아테네에서 시작한다. 그렇지만 아테네 민주주의는 기본이념에서는 비슷한 점이 많지만 근대 민주주의와는 많이 다르다. 우선, 아테네 민주주의는 시민들이 광장에 모여 도시국가가 당면한 여러 문제를 직접 결정하는 직접민주주의이며, 이런 결정권을 갖는 시민은 성인 남성으로 제한되어 있었다. 여성과 노예는 참정권이 없었다. 반면에 오늘날의 민주주의는 유권자가 국민의 대표자를 뽑아 그들이 정책 결정을 하도록 하는 대의민주주의이며, 성인남녀는 똑같은 참정권을 갖는다.

민주주의를 출발시킨 프랑스 시민혁명의 「인간과 시민의 권리 선언문」 제1조는 "인간은 권리에서 자유롭고 평등하게 태어났다. 사회적 차별은 공동이익을 근거로 해서만 있을 수 있다."로 되어 있고, 제6조에는 "모든 시민은 법 앞에 평등하므로 그 능력에 따라서, 그리고 덕성과 재능에 의한 차별 이외에는 평등하게 공적인 위계, 지위, 직무 등에 취임할 수 있다."라고 명시되어 있다.

이런 선언에도 불구하고, 모든 사람이 민주주의의 핵심인 투표권을 갖게 되기까지는 오랜 투쟁의 과정을 거쳐야만 했다. 시민 혁명을 성공시킨 프랑스의 경우만 보더라도, 남성이 투표권을 행사하게 된 것은 1795년이었지만, 여성에게까지 확대된 것은 150년이 지난 1944년부터였다. 프랑스 혁명 시절의 여성운동가 올랭프 드 구주는 혁명이 내건 자유와 평등이 남성에게만 해당되자 「여성권리 선언문」을 발표했다. 이 일로 그녀는 '자신의 성별에 적합한 덕성을 잃어버린 사람'으로 단죄되어 1793년 단두대에서 사라졌다. 그때 그녀의 다음과 같은 외침은 민주주의의 정수를 보여준다. "여성이 단두대에 오를 권리가 있다면 의정 단상에도 오를 권리가 있다." 당시 계몽주의 철학자 콩도르세만이 이런 주장을 지지했을 뿐이다.

여성선거권이 인정된 최초의 경우는 1893년 뉴질랜드였고, 민주주의의 본고장인 미국의 경우 1920년, 영국에서는 1928년이 되어서야 실현되었다.

전체적으로 보면 남성의 일부에서 남성 전체로, 그리고 여성의 일부에서 여성 전체로 선거권이 확대되는 과정을 거쳐 민주주의는 발전해 왔다고 할 수 있다. 이런 차별의 근거는 무엇이었는가? 역사적으로 다음과 같은 항목, 즉 성별, 종교, 부, 지식, 인종 등이 참정권 배제의 근거로 활용되었다.

여성에 대한 차별 대우는 부계사회의 특징이라 할 수 있다. 민주주의의 발상지인 아테네에서는 토지를 소유한 성인 남성 시민만이 투표할 수 있었다. 선거권의 남녀평등이 국제적으로 선포된 것은 1948년 UN의 인권선언문이었다. UN 인권선언문 제21조 제1항에는 "모든 사람은 직접 또는 자유로이 선출된 대표를 통해 자기 나라의 정부에 참여할 권리가 있다."라고 되어 있다.

투표권의 제약에는 종교도 한몫을 했다. 종교개혁 이후 유럽의 여러 국가에서는 비주류의 소수 종파자들에게 참정권을 제한하는 것이 일반적인 현상이었다. 영국에서는 오랫동안 성공회가 아닌 사람들에게 참정권이 허용되지 않았고, 기독교가 국교인 나라들에서는 기독교인만이 시민이 될 수 있다고 규정한 경우도 많았다.

19세기까지 서구의 여러 나라는 선거법에 재산 자격을 두고 있었다. 말하자면 재산세를 납부한 토지 소유자에게만 투표권이 부여되었고, 때로는 의결권은 납부한 세금 액수에 따라 가중치가 부과되기도 했다. 이런 현상에 맞서 일어난 영국의 차티스트 운동은 "재산에 상관없이 우리에게도 선거권을 달라"는 외침이었다. 영국의 경우, 처음에는 귀족이나 토지를 가진 부유한 상류층만이 투표권을 가졌다가, 1832년 선거법을 개정하여 도시 산업 자본가와 중산층이 참정권을 획득하게 되지만, 국민대비 유권자 비율은 4.3%에 불과했다.

지식의 정도도 투표권 행사에 영향을 미쳤다. 19세기 전반부에서는 많은 나라가 특정 수준의 교육을 받았거나 특정 시험에 통과한 사람들에게만 투표권을 부여했다. 20세기 들어와서도 많은 나라가 문맹자에 대한 투표를 제한했다. 한때 영국에서는 대학 학위 소지자에게 복수 투표권을 부여하기도 했다.

다민족국가에서는 지배적 민족 외의 소수 민족들은 투표권 행사가 불가능했다. 예컨대, 캐나다와 호주는 1960년대까지 원주민의 참정권을 허용하지 않았고, 미국에서도 1966년에서야 모든 주에서 흑인에게 투표권을 인정했다.

새뮤얼 헌팅턴은 민주주의의 역사를 미국을 중심으로 한 세 차례에 걸친 민주주의 파도로 나누어서 설명한다.[9] 즉, 민주주의는 파도처럼 밀려왔다가 그 반작용으로 다시 후퇴하기를 세 번이나 반복했다는 것이다. 그의 구분에 따르면 1차 민주화 파도는 1828년부터 1926년까지이고, 2차 파도는 1943년부터 1962년까지이며, 3차 파도는 1974년부터 1990년까지이다. 그리고 파도들의 사이사이에 민주화가 후퇴하는 시기가 있다. 이런 시대 구분은 비민주주의 국가에서 얼마나 많은 국가가 민주주의 국가로 전환되었으며, 또 역으로 민주주의 국가가 권위주의 체제로 후퇴하는 실증적 자료를 기준으로 했기 때문에 설득력이 있다.

나는 이 구분을 조금 변형시켜 다음과 같이 민주화 파도 시기를 나누고자 한다.

① 제1의 민주화 파도: 1789~1926년

② 제2의 민주화 파도: 1943~1962년

③ 제3의 민주화 파도: 1974~2012년

제1의 민주화 파도는 비교적 장기적 파도이다. 이 기간에 프랑스를 출발점으로 해서 스위스, 영연방, 영국 등 적어도 30개 이상의 국가가 민주적 제도를 구축했다. 그러다가 1920년대와 1930년대의 정치발전은 민주주의로부터 멀어져 많은 국가가 전통적인 권위주의 체제나 전체주의 체제로 후퇴했다. 아마도 제1차 세계대전의 영향이 컸던 것으로 평가된다.

제2의 민주화 파도는 1940년대부터 20년 정도 계속되었다. 제2차 세계대전에서 연합군이 승리함으로써 서독, 이탈리아, 오스트리아, 일본, 한국 등에서 민주적 제도가 출범되었다. 서구 열강의 식민통치에서 해방된 여러 신생국에서도 민주적 제도를 시도했다. 제2의 역파도도 1960년대와 1970년대에 20년 가까이 몰아쳤다. 이때 이탈의 주된 원인은 군부 쿠데타였다. 1962년 전 세계 13개 정부가 쿠데타의 산물이었으며, 1975년에는 38개국으로 증가했다.

제3의 민주화 파도는 1970년대 중반부터 2010년 초반까지 40년 가까이 밀려왔다. 1974년 독재체제의 종식 이후 15년 동안 유럽, 아시아, 라틴 아메리카에서 약 30여 개국이 권위주의 정권을 청산하고 민주정권을 수립했다. 대한민국의 경우도 이 시기에 다시 민주화의 파도를 타게 되었다.

그렇지만 2010년대 초반 북아프리카 '아랍의 봄'으로 불리던 민주화의 불꽃이 꺼지면서부터 민주화의 세계적인 썰물이 다시 시작된 것으로 보인다. 세계 곳곳에서 민주주의의 위기와 경종이 울리고 있다.

5. 열린사회의 재해석과 기준[10]

20세기 들어와 열린사회와 닫힌사회는 사회철학의 중요 주제 중의 하나였다. 특히 전 세계적인 민주주의의 확산과 더불어 인간 존엄과 인권의 가치가 중요시되면서, 이런 가치를 보장하는 사회로서 열린사회가 많은 사람들의 관심사가 되었다.

열린사회는 이념적으로 자유, 평등, 박애라는 프랑스 시민혁명의 이념을 심화 발전시킨 사회라고 할 수 있다. 특히 자유, 평등의 이념에 비해 상대적으로 소외되었던 박애의 이념을 복원시킨 사회이다. 인권의 측면에서 우리는 인간의 존엄과 기본권이 보장된 사회를 '열린사회'라 부르며, 정치체제로는 민주주의가 그런 사회를 바탕으로 한다.

열림(openness)과 닫힘(closeness)은 원래 심리학적 용어로서 개인의 심성이나 성격의 특성을 설명하는 데 사용하던 개념이다. 어떤 사람이 다른 사람과의 관계에서 권위주의적이고 배타적이고 독단적인 특성을 나타낸다면, 우리는 보통 그를 닫힌 성격이나 폐쇄적 성격이라 규정한다. 이와 반대로 누구든 차별하지 않고, 남을 배려하고, 비판을 수용하는 특성을 나타낸다면, 그는 열린 성격이나 개방적 성격으로 규정된다. 닫힌 성격의 사람일수록 충동에 사로잡히기 쉽고, 논리적 일관성이 부족하며, 다른 사람을 평가할 때 자신의 신념체계와 일치하느냐 불일치하느냐에 따라서만 평가한다. 이와 반대로 열린 성격의 사람일수록 이성적이고, 논리적 일관성에 의해 사고하며, 다른 사람을 평가할 때 신념의 차이에도 불구하고 그들을 객관적으로 평가한다.[11]

열림과 닫힘에 관한 개인적, 심리적 차원에서의 논의는 사회, 문화적 차원으로 확대되어 사용되기도 한다. 즉, 열린정신에 기초한 열린사회와 닫힌정신에 기초를 둔 닫힌사회가 그것이다.

열린사회는 칼 포퍼가 제2차 세계대전 당시, 『열린사회와 그 적들』(1945)에서 전체주의 사회에 대항하여 자유 사회를 정당화하기 위해 정식화하면서 유명하게 되었지만, 앙리 베르그송이 이미 『도덕과 종교의 두 원천』(1932)에서 열린사회에 관한 논의를 집단 이기주의 사회와 대립시키면서 전개하고 있다. 베르그송의 열린사회는 아마도 제1차 세계대전의 경험이 밑바탕에 깔려 있는 것으로 이해된다.

두 철학자의 열린사회의 개념은 다소 상이하지만, 인간의 존엄과 인권이 보장된 사회라는 점에서는 일치하고 있다. 이들이 다소 다른 맥락에서 논의를 전개한 것은 개인적 관심사의 차이 때문이기도 하지만, 시대 상황의 차이이기도 하다. 앙리 베르그송은 윤리와 종교의 관점에서 열린사회의 논의를 전개한 반면, 칼 포퍼는 정치, 사회적 관점에서 열린사회를 논하고 있다.

베르그송은 『도덕과 종교의 두 원천』에서 열린사회란 열린도덕과 동적 종교를 기초로 하는 사회이고, 닫힌사회란 닫힌도덕과 정적 종교를 기초로 하는 사회라고 규정했다. 이때 닫힌도덕은 불변의 도덕, 의무의 도덕, 배타적인 도덕으로서 집단적 통합만을 목적으로 삼는 지성 이하에 기원을 둔 도덕인 데 반해, 열린도덕은 변화를 승인하는 도덕, 호소와 열망의 도덕, 인류애의 도덕으로 지성 이상의 직관적인 것에 근거하고 있는 도덕이다. 정적 종교 역시 본능에 기초하여 사회 전체의 통합을 최고 목표로 삼는 독단적, 배타적 종교인 데 반해, 동적 종교는 생명의 창조적 열망에서 발생하여 존재의 근원을 직관하려고 하는 열린 영혼의 종교이며, 위대한 신비가의 종교이다. 이리하여 결국 베르그송의 닫힌사회는 변화를 거부하는 본능적이고 권위주의적 사회인 데 반해, 열린사회는 독단적이거나 배타적이지 않고 모든 인류를 포괄하는 사회이다.[12]

상당히 많은 유사성에도 불구하고 포퍼의 열린사회는 몇 가지 점에서 이와 성격을 달리한다. 기본적인 차이점은 베르그송의 열린사회가 신비적 정신을 기초로 하는 사회인 데 반해, 포퍼의 열린사회는 합리적 정신을 기초로 하는 사회라는 데 있다.

포퍼는 닫힌사회와 열린사회를 다음과 같이 대비한다: "마술적 사회나 부족사회, 혹은 집단적 사회는 닫힌사회라 부르고, 개인들이 개인적 결단을 내릴 수 있는 사회를 열린사회라 부르고자 한다.",[13] "완전히 닫힌사회는 하나의 유기체에 그대로 비유될 수 있다. 소위 국가 유기체이론이나 생물학적 이론은 상당한 정도로 닫힌사회에 적용될 수 있다."[14]

　나는 이 글에서 열린사회의 개념을 다음과 같이 더욱 구체적으로 재해석하려고 한다.

1) 열린사회의 존재론

　열린사회는 개인주의의 사회이며, 개인의 자유가 보장된 사회이다. 개인의 자유가 보장되기 위해서는 우리가 개인을 독립적이고 자유로운 존재로 보아야 하며, 이런 자율적인 존재들이 모여 사회를 구성하고, 국가라는 정치조직체를 만들었다고 해야 한다. 이런 입장에서 보면 사회란 개인을 넘어서는 어떤 신비한 존재가 아니라 개인들이 생존과 안전을 위해 함께 모여 사는 공동체일 뿐이다.

　개인은 사회의 존재론적 단위이다. 물론 사회나 국가는 개인과는 비교될 수 없는 힘을 갖는 거대한 조직체이다. 뿐만 아니라 사회나 국가는 개인들이 나고 죽더라도 영속되는 조직체이기도 하다. 개인을 초월하는 이런 거대함과 영속성에 압도되어 어떤 사람들은 사회나 국가를 형이상학적 실체로 해석하여 전체주의를 주장하기도 한다. 전체주의에서 진정한 실재는 전체이며, 부분들은 전체를 기반으로 해서만 존재한다. 그러므로 전체가 그 구성 부분보다 우월한 가치를 갖는다. 말하자면 사회나 국가는 개인에 우선하는 가치를 갖고 있으므로 개인은 국가나 사회를 위해 봉사하고 희생해야 한다는 것이다.

열린사회는 이런 전체주의를 거부한다. 오히려 거꾸로 국가는 개인들이 만든 정치조직체이기 때문에 개인의 생존과 권리를 위해 조직되고 운영되어야 한다고 본다. 여기서 우리는 다음과 같은 질문을 던질 수 있다. 개인의 존재를 우선시한다면, 어떻게 국가가 유지될 것인가? 개인주의는 협력이나 협동을 결코 배제하거나 거부하지 않는다. 협력이 상호이익이 된다면, 거부할 이유가 없기 때문이다. 개인들이 자신의 안전을 위해 공동체를 만들었고, 그 공동체의 존속과 번영이 구성원들에게도 이익이 된다면, 왜 공동체를 위해 노력하지 않겠는가?

개인주의는 이기주의와 엄격하게 구별되지 않으면 안 된다.[15] 일상생활에서는 개인주의가 이기주의와 같은 의미로 사용되는 경우도 있지만, 열린사회의 특성을 이루는 개인주의는 집단주의의 반대 의미로만 사용된다. 또한 우리는 집단주의가 이기주의와 대립하는 것도 아니고 이타주의와 동일한 것도 아니라는 것을 기억해야 한다. 계급적 이기주의 같은 집단적 이기주의나 단체적 이기주의는 매우 일반적인 현상이며, 이것은 집단주의 자체가 이기주의와 대립되지 않는다는 것을 명확하게 나타내 준다. 역사적으로 보면 개인주의와 이타주의의 조합이 가장 이상적인 사회였다.

　개인주의의 핵심은 개인의 자유이다. 왜 자유가 최상의 중요성을 갖는가? 그것은 자유가 자율적 존재의 본질이기 때문이다. 자율적 존재는 이성적 존재라 불리기도 한다. 스스로 판단하고 결정을 내리는 이성적 존재와 노예 상태는 양립하기 어렵다.

　우리는 자유를 소극적 자유와 적극적 자유로 나누기도 한다. 소극적 자유는 개인에게 가해지는 억압이나 구속이 없는 상태이다. 개인이 국가나 다른 존재의 간섭 없이 마음대로 생각하고, 행동할 수 있는 것은 이런 자유가 존재하기 때문이다. 반면에 적극적 자유는 자신의 욕망이 실현되는 상태이다. 예컨대, 내가 고등교육을 받기를 원하거나, 더욱 수준 높은 문화적 생활을 원할 때, 그런 소원이 실현된 상태가 적극적 자유의 상태이다. 만약 여러 사정상 그런 소원이 좌절된다면, 적극적 자유의 상태가 아니라고 할수 있다. 소극적 자유와 적극적 자유는 연장선상에 있으면서도 서로 상충하는 특성을 갖고 있다.

　고전적 자유주의는 소극적 자유만이 우리가 논의할 수 있는 자유라고 규정했다. 만약 우리가 적극적 자유까지 자유 속에 포함시킨다면, 그것을 실현시킬 국가의 권력이 비대해질 뿐 아니라, 소극적 자유가 침해될 수도 있다고 보았기 때문이다. 소극적 자유만이 중시되는 사회가 자유방임(laissez faire)의 사회이다.

　열린사회는 자유방임의 사회가 아니다. 자유방임의 사회는 자유의 역설(paradox of freedom)에 의해 유지되기 어렵다.[16] 자유의 역설이란 우리가 남에 대한 배려 없이 무제한으로 자신의 자유만을 추구할 때, 결국 모두가 자유롭지 못한 상태에 빠지고 만다는 것이다. 요즘 문제 되고 있는 아파트의 층간소음이 좋은 실례가 된다. 내 집이니까 내 마음대로 떠들어도 된다는 자유방임적 자유는 결국 모두의 불편과 부자유를 초래하고 말 것이다. 때로는 강자가 약자를 위협하여 그의 자유를 강탈하는 상황도 생각할 수 있다. 그러므로 나의 자유는 다른 사람의 자유를 침해하지 않는 범위 내에서의 자유일 수밖에 없게 되고, 마침내 그 범위를 넘어서는 자유에 대해서는 사회나 국가가 제재를 가함으로써 모두의 자유를 보호할 수밖에 없게 된다.

열린사회는 국가보호주의를 경제적 영역에도 적용해야 한다고 주장한다. 국가가 국민을 물리적 폭력으로부터 보호한다 할지라도, 경제적 힘의 오용으로부터 국민을 보호하지 못한다면, 국가는 국민의 자유를 실질적으로 보호할 수 없기 때문이다. "경제적 강자가 경제적 약자를 괴롭히고 약자로부터 그의 자유를 마음대로 강탈해 갈 수 있는 상황 아래서는, 경제적 자유는 물리적 폭력과 마찬가지로 위험스러운 것이 될 수 있다. 잉여식품을 소유한 사람은 폭력을 사용하지 않고 굶주린 사람을 자발적인 노예 상태로 몰고 갈 수 있기 때문이다. 국가가 그 활동을 폭력의 억압과 재산의 보호에만 제한할 때, 경제적 강자인 소수가 이런 방식으로 경제적 양자인 다수를 착취할 수 있다."[17] 그러므로 우리는 경제적 약자를 경제적 강자로부터 보호하기 위한 사회적 장치를 국가의 힘에 의해 수립하지 않으면 안 된다. 어느 누구도 굶어 죽는 공포나 경제적 파멸의 두려움으로 인하여 불평등한 관계 속에 빠져 들어갈 필요가 없도록 국가는 보살펴야 한다.

이런 사회가 우리가 소위 말하는 복지국가 사회이다. 그렇지만 복지는 사회구성원 모두가 동의할 수 있는 지속 가능한 복지여야 한다. 또한 복지국가는 자유시장 경제를 배제하지 않는다. 우리가 역사적으로 경험한 사실은 복지국가는 자유시장 경제의 경제적 번영을 통해서만 지속 가능하다는 것이다.

2) 열린사회의 인식론

열린사회는 절대적 진리를 거부하는 사회이다. 인간 이성의 오류 가능성을 전제하는 사회이기 때문이다. 오류 가능성이란 누구나 언제든 틀릴 수 있다는 의미이다. 이런 입장을 오류가능주의라 부르기도 한다. 오류가능주의에서 보면 절대적으로 확실한 앎이란 존재하지 않는다.

우리가 만약 절대적으로 확실한 앎을 추구한다면 필연적으로 삼율배반에 빠지고 만다. 즉, ① 보다 확실한 근거를 찾아 끝없이 소급해 올라가는 무한퇴행에 빠지거나 ② 증명의 과정에서 이미 증명이 요구되는 명제로 되돌아감으로써 증명의 논리적 순환에 빠지거나 ③ 어떤 지점에서 앎의 정초작업을 자의적으로 종결해야 한다.

여기서 ①의 무한퇴행이나 ②의 논리적 순환은 명백한 논리적 오류이므로 우리가 선택하기 어렵다. ③은 논리적 오류는 아니지만 항상 독단주의로 귀착하지 않을 수 없다. 그것은 어떤 단계나 상태를 아르키메데스의 기점 같은 앎의 최종점으로 자의적으로 설정하기 때문이다.

오류가능주의에서 보면 경험에 의해서건 이성에 의해서건 절대적으로 확실한 앎에 도달하려는 태도는 결국 진리의 계시이론과 연관되어 있다. 계시란 어떤 특정한 사람에게만 내리는 신의 은총이다. 이런 태도는 사회, 정치적 영역에서 종종 독재적이고 반민주적인 생활양식을 초래한다. 절대적 진리를 주장하는 정치이론이나 이데올로기가 존재할 때는 소수에 의한 진리의 독점현상과 전체주의가 불가피하게 수반되기 때문이다. 그러므로 누구의 판단도 절대적일 수 없다. 절대적 진리란 불가능하기 때문에 누구든 비판적 견해를 밝힐 수 있다.

열린사회는 자유 중에서도 권력자를 비판할 수 있는 자유를 가장 중요시한다. 열린사회는 진리의 독점을 거부하는 사회이기 때문이다. 여기서는 아무도 독단적인 권리를 행사하지 못한다. 누구든 틀릴 수 있고, 그러므로 나도 틀릴 수 있음을 인정하는 것이 민주주의의 시작이다. 비판받지 않아도 좋을 절대적 진리나 주장이란 용인되지 않으며, 그런 한에서 아무도 그 자신의 심판자일 수 없다.

오류가능주의가 인식의 절대주의를 거부한다고 해서 회의주의와 동일시되는 것은 아니다. 오류가능주의와 회의주의는 절대적 앎을 거부하는 점에서는 일치한다. 그렇지만 회의주의가 모든 앎을 상대적인 것으로 바라보는 데 반해, 오류가능주의는 시행착오의 과정을 통해 객관적 진리로 점차 가까이 다가갈 수 있다는 입장이다.

오류가능주의에서 가장 필요한 것은 오류를 조금이라도 수정해
줄 비판이다. 이것은 우리의 앎은 독단에 호소하거나 아니면 끝
까지 회의에 머물러서가 아니라 비판적 시험과 논의에 의해서 증
진되고 개선될 수 있다는 것을 의미한다. 이런 맥락에서 포퍼는
다음과 같이 주장한다: "나는 절대적으로 확실하게 알지는 못한
다. 나는 다만 추측할 뿐이다. 그렇지만 나는 나의 추측을 비판적
으로 검토할 수 있다. 그리고 만약 그 추측이 엄격한 비판을 견디
어 낸다면, 그것 자체가 그 추측이 옳다는 충분히 비판적인 이유
라고 볼 수 있을 것이다."[18]

오류가능주의의 입장에서 보면 내가 틀리고 당신이 옳을 수도
있다. 아니면 우리 모두 틀릴 수도 있다. 그리고 때로는 비판과
토론을 통해 오류에서 벗어날 수도 있다. 열린사회의 최대 덕목
인 관용이나 민주주의의 다수결 원칙이 정당화되는 것도 바로 이
런 이유 때문이다.

3) 열린사회의 사회윤리론

열린사회는 윤리적 측면에서 전통적 공리주의를 용인하지 않는
사회이다. 최대 다수의 최대 행복을 추구하는 공리주의의 원리는
전체주의적 독재를 위한 구실이 될 수도 있으며, 다수의 행복을
위해서 소수가 희생되지 않으면 안 되는 것으로 생각될 수도 있기
때문이다. 열린사회는 그러한 원리를 허용할 수 없다. 열린사회
는 다수의 행복을 위하여 소수의 고통을 요구하지 않으며, 소수의

행복을 위하여 다수의 고통을 요구하지 않는다. 누구든지 사회적으로 희생되어야 한다고 전제하는 것은 열린사회의 기본원리인 개인의 불가침성을 부정하는 것이다.

우리가 도덕적으로 해결해야 할 가장 긴급한 문제는 행복의 증대가 아니라 고통을 줄이는 일이다. 그러므로 최대 다수의 최대 행복을 추구하는 공리주의의 원리는 모두의 최소고통을 추구하는 역공리주의(negative utilitarianism)의 원칙으로 바꾸어지지 않으면 안 된다.[19] 말하자면 이것은 행복의 극대화원칙(maximize happiness)을 고통의 극소화원칙(minimize suffering)으로 수정하는 것이다. 이때 피할 수 없는 고통은 가능한 한 균등하게 감수하지 않으면 안 된다. 예컨대, 흉년이 들어 식량이 부족하다면, 우리는 배고픔을 함께 나누지 않으면 안 된다.

이러한 관점에서 볼 때 행복과 고통은 대칭적으로 취급될 수 있는 도덕적 문제가 아니다. 행복의 증진은 취미의 문제와 매우 관련이 깊은 데 반해, 고통의 감소는 취미의 문제와는 거의 관련이 없는 것이다. 인간의 고통은 직접적인 도덕적 호소가 될 수 있다. 그러나 어떻게든 잘 살아가는 사람의 행복의 증진은 급박한 도덕적 호소력을 갖지 못한다. 그러므로 우리는 고통의 정도를 쾌락의 정도와 반비례 관계로 취급할 수가 없다. 특히 갑의 고통은 을의 쾌락에 의해서 계산될 수 없다.[20] 행복과 고통을 상호반비례의 관계에 있다고 본 것은 공리주의의 치명적인 실수라고 할 수 있다.

공리주의는 우리의 도덕적 의무에 대한 완전한 오해 위에 토대를 두고 있다. "우리의 도움이 필요한 사람을 돕는 것은 우리의 의

무이다. 그러나 타인을 행복하게 만드는 것은 우리의 의무가 될
수 없다."[21] 왜냐하면 그것은 우리에게 의존해 있지 않을 뿐만 아
니라, 많은 경우에 우리의 선의가 오히려 해를 끼치는 것으로 끝
나기 때문이다. 타인의 행복을 보살피고자 하는 것은 의무가 아
니라 오히려 하나의 특권이다. 더 정확히 말하면, 그것은 우리의
가까운 친구에게만 한정된 하나의 특권이다. 왜 행복을 보살펴
주는 행위가 가까운 친구에게만 한정되어야 하는 특권인가? 우리
의 선의가 부담스러울 때는 언제나 거부될 수 있기 때문이다. 말
하자면 이러한 우리의 특권은 우리의 우정이 종말을 고할 수 있기
때문에 존재하는 것이다. 그러나 행복의 증진을 위해 정치적 수
단을 사용하는 것은 매우 다른 문제이다. 이것은 주로 고차적인
가치를 강요하려는 시도로 나타나며, 자기와 다른 것을 용납하지
못하는 종교전쟁과 종교재판을 통한 영혼구제사업으로 귀결된
다. 여기서 우리는 고통과 재난, 부정의 등을 방치하는 문제는 사
회정책의 중요한 목적이 되지만, 행복과 관련된 고차적 가치들은
대체로 자유방임의 영역에 내버려 두어야 한다고 말할 수 있다.[22]

　정치철학적 입장에서 보면 존 롤스가 주장한 정의로운 사회가[23]
열린사회라고 할 수 있다. 존 롤스는 정의로운 사회의 기준이 될
정의의 두 원칙을 제시한다. 제1원칙은 모든 사람은 기본적인 자
유를 완벽하게 누릴 수 있어야 한다는 원칙이고, 제2원칙은 가장
빈곤한 사람들의 복지가 우선적으로 배려되어야 한다는 원칙이
다. 자유의 원칙이라고도 불리는 제1원칙은 사상의 자유와 양심
의 자유, 정치적 자유와 결사의 자유, 인격적 통합성에 의하여 구

체화되는 자유들, 마지막으로 법치에 의하여 포함되는 권리와 같은 기본적 자유는 모든 사람이 평등하게 그리고 가능하면 최대한으로 누릴 수 있도록 해야 한다는 것이다. 그리고 차등의 원칙이라 불리는 제2원칙은 사회적, 경제적 불평등은 가장 불리한 위치에 있는 사람들에게 우선적으로 최대의 이익을 제공하는 경우에만 허용되어야 한다는 원칙이다. 이것은 공익을 위해서라면 불평등이 허용될 수 있다고 하는 프랑스 시민혁명의 인권선언을 다소 변형시킨 원칙이라 할 수 있다.

우리는 우연이 지배하는 자연적 사회와 우연과 최대한 맞서는 이성적 사회를 생각할 수 있다. 자신의 의지와는 상관없이 가난한 집안에 태어난 자는 고등교육을 받을 기회를 갖지 못한다. 그 결과 경쟁에서 이기기 어렵다. 능력을 타고났는데도 사회적 우연 때문에 좌절할 수밖에 없는 사회는 정의로운 사회가 아니다. 여러 종류의 장학제도를 통해 이런 우연을 제거하며 기회의 균등을 제공하는 사회가 정의로운 사회이다.

그렇다고 해도 타고난 능력의 차이는 다시 경쟁에 결정적인 영향을 미친다. 열등한 상태로 태어난 자는 기회가 균등하게 주어진다 해도, 경쟁에서 낙오될 수밖에 없다. 그는 자연적 우연의 지배 아래 놓여 있다. 이 자연적 우연마저도 가능한 한 교정하고자 하는 사회가 정의로운 사회이다.

롤스의 정의로운 사회가 왜 열린사회인가? 롤스의 정의의 두 원칙이 원리적으로 역공리주의와 동등하기 때문이다. 두 원칙 모두 박애의 정신에 기초하고 있다.

6. 자유민주주의 대 비자유민주주의

열린사회는 민주주의 정치체제를 지향하지만, 민주주의를 주장한다고 해서 모두 열린사회인 것은 아니다. 여기서 열린사회와 조화 가능한 민주주의가 어떤 유형의 민주주의인가 하는 문제가 제기된다.

인간의 존엄과 인권을 중시하는 논의에서는 자유주의와의 관계에서 민주주의를 분류하는 방식이 필요하다.[24] 그 이유는 역사적으로 민주주의는 자유주의의 토대 위에서 인간의 권리와 존엄의 실현을 확대 추구해 왔기 때문이다.

근대사회에서 인간의 기본권, 특히 자유에 대한 권리는 민주주의에 앞서 자유주의에 의해 추구되었다. 자유주의는 자유를 인간의 가장 중요한 가치로 보는 입장이다. 말하자면 민주주의가 추구하는 중심 가치를 자유주의가 먼저 제시했던 것이다. 물론 초기의 자유주의는 유산자 계급의 자유만을 추구했지만, 통치자는 피통치자의 동의하에서 통치해야 한다는 자유주의의 이념은 결국 만인의 자유로 확대될 수밖에 없었다. 그러므로 다양한 민주주의를 자유민주주의와 비자유민주주의로 분류하는 것은 진정한 민주주의와 유사민주주의를 구분하는 데 매우 유용할 수 있다. 민주주의가 역사적 흐름의 대세가 되면서 민주주의를 표방하지만 포장만 민주주의일 뿐 실제로는 민주주의와는 거리가 먼 것들이 대체로 비자유민주주의에 속한다.

역사적으로 보면, 민주주의와 자유주의가 처음부터 결합해서 존재했던 것은 아니며, 또 언제나 조화로운 관계였던 것도 아니다.[25] 원래 자유주의자에게는 자유가 중심적인 가치이고, 민주주의자에게는 평등이 중심 가치이기 때문이다. 19세기의 자유주의와 민주주의는 선거권의 확대를 둘러싸고 서로 갈등했다. 민주주의가 보통, 평등의 선거권을 주장한 반면, 자유주의는 이런 주장을 위험하게 바라보았기 때문이다.

공적 영역과 사적 영역 간의 경계를 둘러싸고도 갈등은 계속되었다. 자유주의는 경제적 의제를 정치적 결정의 대상에서 제외해 사적 영역으로 이해하려 한 반면, 민주주의는 사회, 경제적 문제까지도 정치적 결정의 대상에 포함시키고자 했다. 그 이유는 사회, 경제적 문제를 모두 배제하고 정치적 문제만을 다룬다면 민주주의의 이념 자체가 껍질만 남게 된다는 것이다.

국가권력을 둘러싸고도 자유주의와 민주주의의 견해차는 드러난다. 민주주의는 법의 원천은 국민이므로 다수 국민이 지지한다면 그 내용이 무엇이든 좋은 법으로 인정하려고 한다. 따라서 민주주의는 다수가 지지한다면 국가는 무제한의 권력 행사를 할 수 있다고 본다. 반면에 자유주의는 법의 원천과는 관계없이 법의 내용을 중시한다. 다수의 주장이라 해도 절대적일 수는 없으며, 국가의 권력도 천부의 인권을 억압할 수는 없다는 것이다. 따라서 자유주의는 다수결로 결정할 수 있는 의제들의 범위를 명확하게 제한하려고 한다. 이런 쟁점들에도 불구하고 선거권의 확대 문제와 실질적 민주주의의 문제에서는 자유주의가 민주주의 주장을 대체로 수용하고, 법치의 문제에서는 민주주의가 자유주의의 주장을 대체로 수용함으로써 자유주의와 민주주의의 이상적 결합이 탄생하게 된 것이다.

이를 그림으로 그려 보면 다음과 같다.

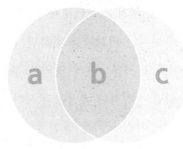

자유주의   민주주의

a는 비민주자유주의이고, b는 자유민주주의이며, c는 비자유민주주의이다.

a 영역에는 고전적 자유주의가 포함될 것이다. 존 로크를 비롯한 17, 18세기의 대다수 자유주의자는 민주주의의 잠재적 성향을 갖고 있었지만, 민주주의를 명시적으로 내세우지는 않았다. 그들이 규정한 시민의 외연에 한계가 있었기 때문이다.

b 영역이 자유주의와 민주주의가 결합된 영역이다. 이들의 결합 때문에 20세기가 민주주의가 번창하는 세기가 될 수 있었다. 그렇지만 자유주의의 전통이 약한 곳에서는 이런 결합이 불협화음을 낳기도 했다.

c 영역, 즉 비자유민주주의 영역에는 민주주의를 표방하는 여러 형태의 독재체제들이 포함되며, 현대 민주주의의 위기는 이 비자유민주주의 영역이 커지는 데서 연유한다고 할 수 있다. 권위

주의 체제와 전체주의 체제가 이 영역을 대표한다.

전체주의는 삶의 모든 측면을 통제하고 개인을 전체의 도구로 보는 입장이다. 개인의 모든 활동은 민족이나 국가라는 전체의 존립과 발전을 위해서만 존재한다는 이념이다. 독일의 나치즘, 이탈리아의 파시즘, 구소련의 스탈린체제 등이 대표적이다.

권위주의는 민주주의적인 의회제를 취하면서 그리고 자본주의적 경제체제를 유지하고 시민사회의 영역도 부분적으로 용인하지만, 권력을 잡은 집단이 의회나 국민을 무시하면서 독재적 지배권을 행사하는 것이다. 이런 국가를 권위주의 국가라 한다. 민주주의의 위기가 심화되면서 권위주의 국가의 수가 세계적으로 증가하고 있다.

우리가 민주주의의 이념뿐만 아니라 민주주의의 절차적 규범까지도 고려한다면, 비자유민주주의가 진정한 민주주의가 아니라는 점은 쉽게 파악된다. 동시에 이런 정치체계의 사회가 열린사회가 아니라는 것도 자명해진다. 열린사회의 기준인 개인주의, 오류가능성과 비판주의, 역공리주의의 어느 기준도 충족시키지 못하기 때문이다.

7. 포퓰리즘과의 대결[26]

기성정치의 부패나 무능에 실망한 사람들은 포퓰리즘을 참여민주주의나 직접 민주주의의 한 형태로 보고 의회 민주주의를 대체할 수 있는 민주주의의 한 모델이라고 주장하기도 한다.[27] 그렇지만 포퓰리즘과 참여 민주주의는 완전히 다르다고 봐야 한다. 참여 민주주의가 기존의 대의제도를 인정하면서 지역 공동체 수준에서의 참여와 공공영역에서의 시민의 정치 참여를 넓히려는 데 반해, 포퓰리즘은 지도자와 대중 사이에 직접적인 관계를 맺음으로써 시민의 참정권을 전면적으로 확대하려 하기 때문이다.

　최근에 몇몇 정치학자는 선출된 독재자가 어떻게 합법적으로 민주주의를 전복시키는가를 설명하면서, 포퓰리즘에 주목한다. 그들은 다음과 같은 일들이 민주주의의 위기를 알리는 신호들이라고 주장한다.[28] ① 기성정당과 정치인들이 포퓰리스트와 연합한다. ② 정치인들이 경쟁자를 적대시하여 반국가 세력이라는 낙인을 찍을 정도로 정치가 양극화된다. ③ 선거에서 패배한 정당이 부정선거를 제기하며 선거결과에 승복하지 않는다. ④ 대통령이 의회를 우회해 행정명령을 남발한다. ⑤ 의회가 석연치 않은 이유로 탄핵을 추진한다. ⑥ 정부가 국가기관을 여당인사로 채우고 비판적인 언론의 입을 막는다. 이 중에서도 가장 중요한 항목이 ①이다. 나머지 항들은 대체로 ①을 기초로 해서 추진되기 때문이다.

　포퓰리즘(populism)이란 매우 다의적인 개념이다.[29] 이 말은 국민투표(referendum)나 국민발의(initiative), 국민소환(recall) 같은 직접 민주주의의 장치나 과정을 가리키기도 하고, 아르헨티나 페론(Peron)의 경우처럼 어떤 형태의 독재체제를 의미하기도 한다. 그것은 때로는 탁월한 카리스마적 지도자에 의존하기도 하고, 때로는 거대한 대중에 의존하기도 한다.

오늘날 문제되는 포퓰리즘은 대중들이 눈앞의 작은 이익만 추구하고 정치 엘리트가 권력을 쟁취하거나 유지하기 위해 이런 대중과 영합하는 것이다. 곧 대중영합이다. 그것은 국가의 앞날이 어떻게 되든 대중이 원하는 것은 곧바로 정책이 되어야 한다는 교설로서, 역사적으로는 1920년대부터 1960년대까지 라틴 아메리카를 중심으로 번성했던 정치 형태이다. 라틴 아메리카의 포퓰리즘은 사이비 좌파 개혁정치가가 한계 상황에 직면한 대중을 동원하여 권력을 쟁취하거나 연장시키는 정치체제라 할 수 있다.[30] 민주주의가 흔들리면서 전 세계적으로 이런 포퓰리즘이 재현되는 조짐을 보이고 있다.

포퓰리즘은 핵심적인 가치를 갖고 있지 않다. 그러므로 이것은 진보주의자나 반동주의자의 도구가 될 수 있으며, 민주주의자, 독재자, 좌파, 우파의 도구도 될 수 있다. 다른 이데올로기들이 자유나 평등, 사회정의 같은 가치들에 명시적이든 암묵적이든 초점을 맞추고 있는 데 반해, 포퓰리즘은 그런 것이 없다. 오직 대중만이 있을 뿐이다. 우리가 포퓰리즘에서 때로는 극우의 매카시즘(McCarthyism)이나 파시즘(Fascism)을, 때로는 극좌의 볼셰비즘(Bolshevism)이나 모택동(毛澤東)의 홍위병을 연상하는 것은 이 때문이다.

이 중에서도 대의제 정치에 대한 적대감이 가장 대표적인 특징이 될 것이다. 포퓰리즘은 대의제 정치의 복잡성을 피하고자 하며, 단순성과 직접성을 옹호한다. 이들에게는 정당과 의회를 포함하는 대의 정치의 장신구들이 혼란스럽고 불필요하게 복잡하다.[31] 포퓰리즘은 기존의 제도를 전혀 신뢰하지 않는다. 지혜는 대중 속에 있고, 정치적 제도는 대중의 의지와 일치하는 한에서만 타당하다고 보기 때문이다.

대의 민주주의는 직접 민주주의가 불가능하기 때문에 차선책으로 채택한 제도가 아니다. 그것은 직접 민주주의와 같은 차원에서 그 자체의 가치를 갖고 있다. 로버트 다알(Robert A. Dahl)의 지적대로 때로는 작은 것이(직접 민주주의) 아름답지만, 때로는 큰 것이(대의 민주주의) 더 낫기도 하다.[32] 밀(J. S. Mill)은 '대의제도'를 '근대의 위대한 발명품'이라고 묘사했다. 이 새로운 발명품은 그리스인들이 불필요할 뿐만 아니라 전혀 바람직하지 않다고 본 정치적 제도, 즉 법률을 제안할 수 있는 권한을 갖는 대표자들의 선거였다. 비유컨대 우리에게 어떤 법률적인 사건이 발생했을 때, 우리가 직접 처리하기보다는 비용을 지불하더라도 유능한 변호사를 찾는 것은 직접이라 해서 언제나 좋은 것은 아니기 때문이다. 어떤 문제가 발생했을 때 나를 위해 일해 줄 유능한 누군가를 찾을 수만 있다면, 무엇이 문제될 것인가?

포퓰리즘이라는 용어는 19세기에 만들어진 것이지만, 고대 그리스 시대에도 대중의 인기를 얻기 위한 정치적 기회주의는 민주주의에 대한 신가한 위협으로 논의되었다. 플라톤은 무절제한 대중과 아첨꾼 정치인이 존재하는 곳에서는 언제나 오늘날의 포퓰리즘과 같은 현상이 발생할 수밖에 없다고 주장했다.

플라톤은 페리클레스를 비롯한 몇몇 칭송받는 정치가까지 비판한다. 그 이유는 이들은 대중에게 진정으로 좋은 것보다 그저 그들이 원하는 것을 주기에 급급했기 때문이다. 진정한 정치가라면 대중이 품고 있는 욕구 중에서 옳은 것은 충족시키려고 노력하지만 옳지 못한 것은 억제해야 함에도 불구하고, 이들은 대중의 비위를 맞추기에 바쁘고 대중의 지지를 끌어내기 위해 그저 그들의 편을 드는 친구인 것처럼 행세하는 아첨꾼들이었다. '자유의 술에 취한' 무절제한 인간들과 그들에게 영합하는 아첨꾼 정치인의 합작은 결국 참주의 등장을 준비하게 된다.[33] 대중의 무지와 정치 지도자의 부정직이 빚은 결과이다.

대의 민주주의자들의 관점에서 보면, 포퓰리즘은 치명적인 문제점을 안고 있다. 그것은 바로 대중을 언제나 통합된 하나의 실체로 간주하는 것과 대중의 판단을 절대시하는 것이다. 포퓰리즘은 대중을 하나의 통합된 실체로서 의인화한다. 대중이 원하는 것이 정책이 되어야 한다는 포퓰리즘의 핵심 논제에서 대중은 한 사람의 인격체와 같이 설정되어 있다. 이것은 루소의 '일반의지(general will)'와 유사하다. 루소의 사회계약은 생명과 의지를 갖고 있는 하나의 도덕적이고 집합적인 실체를 만들어 내는데, 그것이 바로 그 유명한 일반의지이자, 통합된 민중의 의지이며, 주권자이다. 루소나 포퓰리스트들에서 개인의 자유란 이런 주권자에 참여하는 것이다.

그렇지만 이 일반의지를 우리가 어떻게 알 수 있겠는가? 만약 모든 시민이 사적인 이익을 일절 추구하지 않고 공공 이익만을 선택한다면 개별 시민의 선택의 합산이 곧 위대한 인위적 인간인 주권자의 의지일 것이다. 그러나 우리가 만약 조금이라도 사익을

추구한다면 일반의지는 결코 나타나지 못할 것이다. 루소는 일반
의지란 항상 옳고 사회를 위한 객관적인 선을 구체화시킨다고 주
장했다. 포퓰리스트들은 루소가 일반의지에 부여한 것과 같은 권
능을 대중의 여론에다 부여한다.[34] 이것은 저 가공의 인물, 거리의
보통사람, 그의 투표, 그의 목소리에 최종적인 정당성을 부여하는
현대판 신화이다.

　대중의 의견이 단일한 경우란 거의 없다고 해야 할 것이다. 대
중은 언제나 분열된 대중이며, 집단끼리는 서로를 용납하지 않으
려 한다. 똑같은 행위를 놓고도 나는 옳고 너는 그르다고 하는 내
로남불이 횡행한다. 또한 그들이 이야기하는 것이 반드시 현명하
고 사리분별이 있다고 할 수도 없다. 그들은 옳을 때도 있고 잘못
될 때도 있다. 이것은 우리가 시민 사회에 대해 내렸던 평가와 비
슷하다. 부정에 대한 그들의 판단은 대체로 예민하지만, 복잡한
현실에 대한 판단에서는 종종 서툴다고 하는 편이 옳을 것이다.
그것은 선의이긴 하지만 경솔하고 무분별할 수도 있을 것이다.
혹은 선의도 아니고 전혀 분별이 없을 수도 있다. 이런 신화의 배
후에는 '진리란 명백하다'는 철학이 깔려 있다.[35]

　만약 우리의 논증과 같이 대중이 하나의 목소리로 통일되어 주
장하는 것이 아니라면, 그리고 대중의 판단이 언제나 옳은 것이
아니라면, 대중이 원하는 것이 곧바로 정책이 되어야 한다는 포퓰
리즘의 논제는 정당화되기 어려울 것이다. 우리는 대중의 목소리
를 들을 수 있도록 귀를 열어 두어야 한다. 그 목소리가 우리 사회
의 가장 밑바탕에서 나오는 민중의 목소리일 수도 있다. 이런 목

소리에 가장 먼저 그리고 가장 비중 있게 귀를 기울이는 것이 민주주의일 것이다. 그렇지만 그 목소리는 다양할 수 있다. 아니 대체로 다양하다고 해야 할 것이다. 이런 다양한 대중의 목소리는 시민사회나 언론이나 지식인 사회의 진지하고 열띤 논의를 거쳐 구성원 모두가 어느 정도 수긍할 수 있는 공론으로 만들어져야 한다. 이때에야 비로소 대중의 소리는 권위를 갖는다.

이런 과정들이 모두 생략되었을 때 이것은 어떤 결과를 초래할 것인가? 포퓰리즘이 공공적 이성을 갖지 못할 때, 다수의 횡포나 극렬 소수의 무책임한 전횡으로 나타날 수 있고, 때로는 권력자의 도구로 전락될 수도 있다. 이때 포퓰리즘은 민주주의의 가장 큰 위협이 된다. 이것은 합리적인 체제가 아니며, 이때 대중은 우중으로 동원될 가능성이 높다. 중우정치는 민주주의가 타락한 최악의 형태이다.

포퓰리즘 체제는 열린사회가 아니다. 앞서 논의한 열린사회의 여러 기준에 모두 어긋난다고 하지 않을 수 없기 때문이다.

미주

* 이 글은 『Oughtopia』(vol. 36, no. 3)에 기고한 논문 「열린사회와 민주주의에 대한 철학적 성찰」을 기초로 하여 보완한 것이다.

1 나인호 옮김(2021). 코젤렉의 개념사 사전 17: 민주주의와 독재(*Geschichtliche Grundbegriffe*). Brunner, O., Conze, W., & Koselleck, R. 저. 푸른역사, p. 12.

2 이극찬 편(1983). 民主主義. 종로서적, p. 55.

3 위의 책, 219쪽.

4 강문구, 이재영 옮김(2011). 제3의 물결(*The third wave: Democratization in the late twentieth century*). Huntington, S. P. 저. 인간사랑.

5 박세연 옮김(2018). 어떻게 민주주의는 무너지는가(*How democracies die*). Levitsky, S., & Ziblatt, D. 저. 어크로스, p. 7 이하 참조.

6 이극찬 편(1983). 民主主義. 종로서적, p. 109 이하 참조.

7 강문구, 이재영 옮김(2011). 제3의 물결(*The third wave: Democratization in the late twentieth century*). Huntington, S. P. 저. 인간사랑, p. 29.

8 김철수(2021). 인간의 권리. 산지니.

9 강문구, 이재영 옮김(2011). 제3의 물결(*The third wave: Democratization in the late twentieth century*). Huntington, S. P. 저. 인간사랑, p. 38.

10 이 부분은 한국철학회(1984). 비판적 합리주의의 열린사회. 철학 22집을 기초로 다시 쓴 것이다.

11 Shils, D. L. (Ed.). (1980). *International encyclopedia of the social science* (Vol. 15). Macmilan Co & Free Press, pp. 486-494.

12 김진성(1984). 베르그손에 있어서 닫힌사회와 열린사회. 한국사회과학 연구소 편. 社會와 認識. 민음사, p. 220 참조.

13 Popper, K. (1966). *The open society and its enemies* (Vol. I). Princeton University Press, p. 173. (이 책은 다음부터 OS I으로 표기하기로 한다.)

14 OS I, p. 173.

15 OS I, p. 100.

16 OS I, p. 123; Popper, K. (1966). *The open society and its enemies* (Vol. II). Princeton University Press, p. 124. (이 책은 다음부터 OS II로 표기하기로 한다.)

17 OS II, 124f.

18 이한구 옮김(2001). 추측과 논박 1, 2(*Conjectures & refutation: The growth of scientific knowledge*). Popper, K. 저. 민음사, p. 136.

19 OS I, p. 235.

20 OS I, p. 284f.

21 OS II, p. 237.

22 OS II, p. 237.

23 장동진 옮김(1998). 정치적 자유주의(*Political liberalism*). Rawls, J. 저.
  동명사, p. 360.

24 나상원, 이규정 옮김(2004). 자유의 미래(*The future of freedom*). Zakaria,
  F. 저. 민음사, p. 97.

25 최장집, 박찬표, 박상훈(2013). 어떤 민주주의인가: 한국 민주주의를 보는 하
  나의 시각. 후마니타스, p. 152.

26 이 부분은 철학연구회(2004). 디지털 시대의 민주주의와 포퓰리즘에 실린
  논문 「디지털 시대의 다양한 민주주의와 그 정당성」을 기초로 다시 쓴
  것이다.

27 김일영(2004). 민주화, 신자유주의적 포퓰리즘, 그리고 한국. 디지털 시
  대의 민주주의와 포퓰리즘. 철학과현실사, p. 198.

28 박세연 옮김(2018). 어떻게 민주주의는 무너지는가(*How democracies
  die*). Levitsky, S., & Ziblatt, D. 저. 어크로스, p. 33.

29 Hayward, J. (Ed.). (1996). *Elitism, populism, and European politics*.
  Clarendon Press.

30 서병훈(1988). 포퓰리즘의 理念的 位相-참여와 개혁의 문제를 중심으
  로-. 한국 정치학 회보, 22(1).

31 Taggart, P. (2000). *Populism*. Open University Press, p. 11.

32 장문평 옮김(1988). 제3의물결(*The third wave*). Toffler, A. 저. 청목서
  적, p. 258.

33 서병훈(2004). 포퓰리즘과 민주주의: 플라톤의 딜레마. 디지털 시대의 민
  주주의와 포퓰리즘. 철학과현실사, p. 242.

34 Riker, W. H. (1982). *Liberalism against populsim*. W. H. Freeman
  and Company, p. 11.

35 이한구 옮김(2002). 추측과 논박 2(*Conjectures & refutation*). Popper, K.
  저. 민음사, p. 200 이하 참조.

참고문헌

강문구, 이재영 옮김(2011). 제3의 물결(*The third wave: Democratization in the late twentieth century*). Huntington, S. P. 저. 인간사랑. (원저는 1991년에 출간).

김일영(2004). 민주화, 신자유주의적 포퓰리즘, 그리고 한국. 디지털 시대의 민주주의와 포퓰리즘. 철학과현실사.

김철수(2021). 인간의 권리. 산지니.

나상원, 이규정 옮김(2004). 자유의 미래(*The future of freedom*). Zakaria, F. 저. 민음사. (원저는 2003년에 출간).

나인호 옮김(2021). 코젤렉의 개념사 사전 17: 민주주의와 독재(*Geschichtliche Grundbegriffe*). Brunner, O., Conze, W., & Koselleck, R. 저. 푸른역사. (원저는 1982년에 출간).

박세연 옮김(2018). 어떻게 민주주의는 무너지는가(*How democracies die*). Levitsky, S., & Ziblatt, D. 저. 어크로스. (원저는 2018년에 출간).

서병훈(1988). 포퓰리즘의 理念的 位相−참여와 개혁의 문제를 중심으로−. 한국 정치학 회보, 22(1).

이극찬 옮김(1990). 통치론/자유론(*Second treatise of government/On liberty*). Locke, J., & Mill, J. S. 저. 삼성출판사. (원저는 1689년/1859년에 출간).

이극찬 편(1983). 民主主義. 종로서적.

이한구 옮김(2002). 추측과 논박 2(*Conjectures & refutation*). Popper, K. 저. 민음사. (원저는 1966년에 출간).

이한구, 이명현 옮김(2008). 열린 사회와 그 적들(*The open society and its enemies*, Vol. I, II). Popper, K. 저. 민음사. (원저는 1966년에 출간).

장동진 옮김(1998). 정치적 자유주의(*Political liberalism*). Rawls, J. 저. 동명사. (원저는 1993년에 출간).

장문평 옮김(1988). 제3의물결(*The third wave*). Toffler, A. 저. 청목서적. (원저는 1980년에 출간).

철학연구회(2004). 디지털 시대의 민주주의와 포퓰리즘. 철학과현실사.

최장집, 박찬표, 박상훈(2013). 어떤 민주주의인가: 한국 민주주의를 보는 하나의 시각. 후마니타스.

Canovan, M. (1981). *Populism*. Harcount Brace Jova-novich.

Hayward, J. (Ed.). (1996). *Elitism, populism, and European politics*. Clarendon Press.

Riker, W. H. (1982). *Liberalism against populsim*. W. H. Freeman and Company.

Taggart, P. (2000). *Populism*. Open University Press.

제2장

민주주의와 생활양식
- 생활인의 자질과 교육적 과제를 중심으로 -

 이돈희(李敦熙)

우리가 일상적으로 사용하는 '민주주의'라는 말은 맥락에 따라서 여러 가지 의미를 나타낸다. 가장 흔히 이해하는 의미의 민주주의는 전체주의나 독재체제에 반대되거나 이를 거부하는 '통치체제'를 일컫는 말이며, 국가 혹은 조직의 권력이 개인이나 소수에 의해 독점된 상태가 아님을 나타낸다. 그리하여 민주주의는 특정의 개인이나 소수의 의지로 다스리는 것이 아니라, 구성원 모두가 직접 혹은 간접으로 통치의 규칙을 정하는 과정에 참여하고 그 규칙에 의한 통치, 즉 '법치주의적' 특징을 나타낸다. 이와 관련하여 통치를 위한 의사결정의 방법은 원천적으로 구성원의 다수가 찬성 혹은 동의해야 하는 것이므로, 흔히 다수결의 방법 그 자체를 민주주의라고도 한다. 즉, 민주주의는 의사결정의 '절차적 원칙'을 나타내는 말로도 이해된다. 다수가 결정한다는 것은 곧 구성원의 의견과 이해관계가 다양함을 상정하고 있다. 그러나 다수결은 구성원의 하나하나가 얼마나 동의하고 지지하느냐로 가리는 기계적 절차만을 의미하는 것이 아니라, 구성원이 함께 검토하고 숙의하여 최종적으로 합의한 절차적 방법과 결과를 수용하는 것을 바람직하게 여기게 된다. 이러한 수준의 민주주의는 조직 혹은 공동체의 구성원이 생활하는 방식을 뜻하기도 한다.

이 글에서 우리는 생활양식으로서의 민주주의에 대해 체계적으로 검토하고자 한다. 민주주의의 개념에 대한 논의도, 다소 구체적이고 정태적인 특징인 통치제도의 인식에 머물지 않고, 점차로 조직체의 구조적 특징, 운영의 규칙, 생활양식 등의 역동적인 특징으로 관심의 범위가 더욱 포괄적으로 확장되어 왔다. 이러한 맥락에서 '민주주의'란 말은 제도의 형식에 한정되는 것이 아니라, 사고의 규칙, 행동의 규범, 삶의 양식으로 그 개념적 영계가 확장되는 수준에 이르렀다. 그러므로 현재 우리가 생활인의 자질을 두고 포괄적인 논의를 한다면, 민주주의의 세계에 산다든가, 민주주의적 가치를 추구한다든가, 민주주의를 실천한다든가, 민주주의적 삶을 영위한다는 의미의 다원적 차원의 특징에 상응하는 여러 가지의 조건을 폭넓게 언급해야 한다. 그러나 이러한 작업은 엄청난 분석의 부담을 안고 있으므로, 여기서 우리는 역사적으로 새로운 이해방식이 등장한 이정표적 개념들을 중심으로 개략적인 구분에 따라 생활인의 중점적 자질에 관하여 논의하고자 한다.

1. 민주주의의 개념적 진화

본래 민주주의는 원천적으로 적극적-긍정적 가치의 개념, 즉 반드시 이상적인 제도나 체제의 이름이 아니었다. 고대 그리스의 철학자들, 특히 소크라테스, 플라톤, 아리스토텔레스 등은 당시의 고전적 민주주의를 두고 좋은 삶을 위한 이상적인 사회제도를 의미하는 것은 아니라고 생각하였다. 그럼에도 인류의 많은 부분을 차지하는 문명된 세계에서 민주주의의 개념과 이념은 오늘에 이르기까지 존속하고 진화해 왔다. 그리고 여전히 미래의 삶에서도 구현되어야 할 항구적 가치라는 인식이 지배하고 있다.

역사적으로 초기의 민주주의는 주로 국가의 통치체제를 의미하는 것이었다. 한 국가를 한 사람의 통치자가 다스리느냐 혹은 다수로 구성된 통치집단이 다스리느냐에 따라서 특징을 달리하는 국가의 여러 유형 중의 하나가 민주주의였다. 즉, 예컨대 국가를 군주 혹은 귀족집단이 통치하는 것이 아니라, 다수의 민중(demos)이 직접 정치 혹은 대의 정치의 틀에 의해서 결정된 규칙에 의해 통치할 수 있도록 한 법치주의적 체제가 민주주의이다. 이때의 민주주의는 정치의 제도적 형태인 ① '민중정체(民衆政體, democracy)'를 의미한다.

다수의 통치는 곧 다수의 의사에 의한 제도 혹은 정책의 결정과 그 집행을 의미한다. 국가 운영의 의사결정에 다수가 참여한다는 것은 의견의 다양성이 있음을 기본적으로 상정하고, 그것을 존중해 주는 국가를 만들고자 한 것이다. 그 다양성은 개별적인 참여자를 중심으로 생각할 수도 있지만 어떤 맥락에서 이해관계를 공유하는 집단별로 나타날 수도 있다. 이런 점에서, 고전적 개념에서부터 민주주의는 적어도 소박한 의미의 ② '다원주의(多元主義,

pluralism)'를 함의하고 있다.

물론, 이러한 다원주의는 어떤 규범적 기준에 따라 제한적 다원성을 지향할 수도 있고, 어떤 제약의 기준도 없는 개방적 다원성을 추구할 수도 있다. 고전적 민주주의가 태동한 당시의 다원주의는 개인적 혹은 집단별 이해관계에 의한 의견의 다양성 정도가 반영되는 아주 소박한 의미의 제한적 다원주의로 볼 수 있다. 그러나 개방적 다원주의로 확장되어 어떤 제한적 조건도 없는 상태에 이르게 되었을 때, 민주주의는 그 자체가 본질적으로 추구하는 가치의 실현을 보장할 수 있느냐의 불안을 야기할 수도 있다. 그리하여 한편에서는 다원성을 한정하는 노선의 사고, 즉 완전주의(perfectivism)의 반론도 있다.

민주주의 초기에는 의사결정의 일상적 절차나 방법 중에 손쉽게 취할 수 있는 것은 다수의 의사에 의한 결정이었다. 지금도 다수결의 원칙은 민주주의의 가장 초보적이면서도 가끔은 최종적인 결정의 규칙으로 널리 적용되고 있다. 그러나 민주주의는 민중의 참여에 의한 다수의 결정이라는 매우 단순한 구조적 원칙으로 운영되기 어려운 경우가 너무 많다. 플라톤이 우려한 대중의 선동적 폭력도 있을 수 있고, 집권의 중심세력이 지닌 기득권을 교묘히 이용하여 기만적인 포퓰리즘을 유도할 수도 있다. 그러므로 민주주의가 어떤 가치체제를 실현하기 위하여 정책을 결정하는 과정은 전체주의나 독제체제의 경우보다 절차적으로 복잡하고, 따라서 절차를 운영하는 규칙들도 정교하고 엄격할 수밖에 없다. 이러한 관점에서 보면, 민주주의의 핵심은 의사결정의 과정에서 준수해야 할 절차적 규칙의 기반과 그 구조라고 할 수도 있다. 말하자면, 민주주의의 핵심적 원리는 ③ '절차주의(節次主義, proceduralism)'라는 것이다.

　의사결정의 절차는 구조적으로 단순할 수도 있고 복잡할 수도 있다. 그리고 단순화된 규칙에 따른 기계적인 자동적 요식행위의 과정일 수도 있고 진지한 관심과 집요한 반성적 사고를 요구하는 복잡한 문제해결의 과정일 수도 있다. 의사결정의 절차가 단조롭고 부실할 경우에 결정된 결과는 합리적 선택이나 성실한 의사의 반영으로 인정하기가 어렵게 되기도 한다. 경우에 따라서는 결정된 결과 그 자체가 질적으로 타당성을 잃은 것일 수도 있고, 불가피하게 정교한 보완을 필요로 하면 결과적으로 효율적이지 않을 수도 있다. 목소리가 큰 독단이 지배하였거나 부당한 세력이 강압적으로 작용하였다면, 결정된 결과의 민주주의적 가치는 훼손되거나 소실되는 셈이 된다. 오히려 민주주의에 의한 의사결정은 기계적인 단순성의 효과를 의미하는 것이 아니라, 관여한 구성원 각자가 지닌 관심, 능력, 의견, 열정, 책임감 등이 종합적으로 응결된 협의적 과정의 결정체여야 한다. 그러나 민주주의는 결정체 하나하나의 질적 특성에 붙여진 이름이 아니라, 그러한 결정체의 생산과정에 익숙한 공동체의 문화적 바탕을 의미한다고 볼 수 있다. 즉, 민주주의는 ④ 집단적 '협의주의(協議主義, deliberativism)'의 문화라는 것이다.

　이러한 협의문화는 좀 더 심층적으로 검토해 보면, 협의의 과정에 참여하는 개인들에는 능력의 차이가 있지만, 그 차이는 각 개인별로 사안에 따라서, 경험에 따라서, 가치관에 따라서, 때로는 상황적 특성에 따라서 달리 발휘되는 것이다. 우리는 민주적 공동체의 의사결정에 참여할 수 있는 모든 참여자를 문제의 맥락과 성격에 상관없이 '더 유능한' 집단과 '덜 유능한' 집단으로 양분하는 절대적인 구분은 물론이고, 상대적 구분도 수용하기가 어렵다. 장기간의 전문적 교육을 받은 법조인, 의사, 교수 등이 특정한 지역사회의 교통, 보건, 주택, 환경, 복지 등의 모든 문제의 전문가는 아니다. 특정한 문제에 대한 관여는 참여자의 일상적, 전문적, 특수상황적 경험 등의 바탕에 따라 의사결정에 기여할 수 있고, 이해관계가 얽혀 있거나 아니면 헌신적인 동기에 의해서 의무적으로 혹은 자발적으로 참여할 수도 있다. 이러한 참여의 자격, 권리, 의무, 기회 등은 자유와 평등의 이념에 근거하여 합리적이고 공정하게 부여되어야 한다.

　참여란 단지 물리적으로 자리를 차지하는 것이 아니라, 구성원으로서의 정체적 자질, 즉 존엄성, 권리, 의무, 능력(지력), 경험, 의지 등의 가치를 소유한 주체로서 공동체가 직면한 문제해결의 과제에 참여하는 것이다. 이때 문제의 의식은 현재 당면한 사고나 재해나 불편 등의 해결과 같은 소극적 가치의 실현에만 아니라, 삶의 조건에 대한 발전적 기획이나 창조적 구상이나 해묵은 숙원의 실현 등과 같은 적극적 가치의 구현에도 적용된다. 민주사회의 구성원은 이러한 문제의식과 참여의식을 공유함은 물론이고, 각종의 문제해결에 자신의 정체적 자질을 더하여 문제와 가치를 인식하고, 해결하고, 기여하고, 전망하는 대열에, 자유의 의

지와 평등의 원칙에 의해서, 함께하는 삶 그 자체를 영위한다. 이
러한 맥락에서 보면, 민주주의는 ⑤ '생활양식(生活樣式)'으로 개념
적인 확장을 지향한다.

민주주의의 원리를 특징적으로 생활양식의 개념으로 사용한 대
표적인 사상가로는 미국의 프래그머티즘 철학자인 존 듀이(John
Dewey)를 들 수 있다.[1] 듀이는 공동체의 삶을 함께하는 사람들
이 수없이 많은 방식으로 주고받는 관계에 있다는 사실에 여러
가지 의미를 부여하였다. 그는, 민주주의란 단순히 정치제도만
을 의미하는 것이 아니라, 기본적으로 함께 생활하는 공동체의 경
험을 공유하는 삶, 즉 '조직을 이루어 영위하는 생활양식(mode of
associated living)'이라고 생각하였다. '민주주의'는 특별한 「헌법」
이나 법적 체제를 갖춘 정부의 형태에 한정되는 개념이 아니라,
규범적 언어로 말해서, 공동체를 이루어 사는 사람들이 추구하는
이상적인 삶의 형식이라는 말이다. 이러한 의미의 민주주의는 실
제로 여러 형태로 존재하며, 일정하게 고정된 것이 아니라, 더욱
발전된 형태로 계속적으로 진화하는 체제이다.

앞에서 언급한 민주주의의 개념적 진화과정에 나타난 각각의
양상은 그 자체가 기존하는 여러 가지 형태의 문제적 상황에 새
롭게 적응하고 해결하는 데 요구되는 새로운 원리나 규칙을 성립
시키고, 축적된 사회적-문화적 노력의 결과로서 등장한 것으로
볼 수 있다. 그 양상은 점진적으로 개선되고 진화하였다고 평가
할 수도 있다. 그리고 각각의 진화 수준에서 인식된 문제들을 해
결하기 위해서는 이에 대응하는 구성원(생활인)의 독특한 규범적

자질이 요구된다. 여기서는 단지 각각의 양상에 절실히 요구되는 중요한 자질을 검토해 보고자 한다.

2. 공동체 생활의 입법과 준법의 자질

오늘날 민주주의의 개념은 자유와 평등의 가치를 비롯하여 개인의 성장과 공동체적 삶의 원리 등을 포함한 폭넓은 파노라마적 특징에 따라, 여러 가지의 세련된 규범적 체제와 방법적 원리를 보여 주고 있다. 이러한 상황에서도, 민주주의, 특히 자유민주적 기반의 중심축은 구성원들이 지닌 입법의 능력과 준법의 습관이다. 즉, 특히 자유민주적 사회의 구성원은 그들의 삶에 요구되는 규칙을 제정할 수 있어야 한다는 것이다.

발생론적으로나 의미론적으로, 민주주의의 가장 원초적 개념은 그리스어의 dēmokratiā에서 유래한 것으로, 그 말은 민중이라는 말의 dēmos와 통치를 의미하는 kratos의 합성어이며, 그것은 '민중에 의한 통치체제'를 뜻하였다. 기원전 5세기 중반까지 존재했던 고대 그리스의 도시국가인 아테네(Athenai)는 오늘의 기준으로 볼 때 매우 소박하고 단순하지만 민주주의의 통치체제로서 가장 기본적인 제도적 형식을 보여 준다. 민중적 통치체제라고 하면 그 전체가 하나의 통합된 덩어리로 존재하거나, 아니면 조직의 구성원이라고 하더라도 모래알처럼 낱개들이 하나의 그릇 속에 담겨진 상태에 있는 것과 같다고 해야 한다.

 민주주의적 전통에서, 개체들은 자신을 초월한 객관적 힘에 의해서 입법된 규칙의 세계에 사는 것이 아니지만, 타인과의 관계 속에 있으면서 거기서 형성된 규칙의 체제로서 사회적 관계를 가지며 자율적 삶을 사는 존재로 이해된다. 그들이 통치체제에 참여한다는 것은 가장 초보적인 활동으로 사회적 규칙들을 입법하고 준법하는 과정에 참여한다는 것을 의미한다. 고대의 원초적 통치체제의 구성원에게 주어진 입법과 준법의 생활은 오늘의 것과 의미상 많은 차이가 있지만, 통치체제저 특성의 민주주익를 논의하는 맥락에서는 같은 요건이라고 할 수 있다. 그러나 오늘날의 통치체제 그 자체의 구성원이 서로 어떤 관계로 존재하는가는 고전적 통치체제의 경우와는 큰 차이가 있을 수 있다.

 중요한 것의 하나로, 개체들이 어떻게 사회적 존재가 되었으며, 그 사회 자체와 개체들은 '어떤 의미의 관계'에 있는가에 대한 인식에 있어서 중요한 차이를 보일 수 있다. 달리 말하면, 나는 사회의 다른 구성원과 어떤 의미의 관계로 존재하는가의 질문이다. 그 대답에 따라 입법과 준법의 의미가 달라진다. 개체와 개체의 관계, 그 관계로서 사회가 성립하는 원리에 관하여 이미 대립된 이해방식이 오래전부터 있어 왔다. 하나는 '기계적 관계'로 이해하는 방식이고, 다른 하나는 '유기적 관계'로 이해하는 방식이다.

 기계적 관계(mechanic relation)를 주장하는 논자들은 사회를 성립시키는 기본적인 실체는 개체들이며, 개체와 개체의 관계는 필연적인 것이 아니라 우연적인 규칙들이 형성된 결과라고 생각한다. 이때의 개체는 원자적 개체로서 고전적 자유주의자들에게서 볼 수 있는 개인주의적 사고에서 나타나는 개념이다. 개체 혹은 개체 사이에 본연적 관계라는 개념이 없다. 말하자면, 각 개체는 고유하며 그 자체로서 목적적 존재이고 도덕적으로는 절대적 존엄성을 지니며 따라서 스스로는 자유로운 존재이다. 그러한 자유롭고 존엄한 개체들도 사회적 관계 속에서 존재하지만 개체들 간의 관계는 '계약'과 같은 우연적인 것이다.

반대로 개체와 개체의 관계를 유기적 관계(organic relation)로 이해하면, 사회 속에 있는 개체들은 각기의 본질적 특성 속에 이미 다른 개체, 나아가서는 전체와의 관계적 속성을 지니고 있다. 그 관계는 우연적인 것이 아니라 필연적인 것이다. 한 개체와 다른 개체와의 이러한 관계가 필연적으로 주어진 것이라면, 결국 모든 개체는 전체 속에서 서로 내재적으로 지닌 관계 속에 있는 셈이다. 이러한 사회의 개념은 사회유기체설에서 볼 수 있는 견해이다. 특히 사회를 개체들의 유기체라고 상정할 경우에 대개 그 설명의 결과는 개체의 가치를 사회의 가치에 비하여 부차적인 것이라고 평가한다.

앞서 제시한 기계적-유기체적 관계의 개념을 두고 어느 하나로 민주주의를 실천하고자 한다면, 거기에는 필연적으로 특정한 삶을 강요하는 경우가 발생하게 된다. 부모와 자식의 관계처럼, 모든 이웃과 타인을 유기체적 관계로만 보게 되면, 일시적 계약에 의하여 관계가 성립된 직장의 상사와 나의 관계는 설명하기가 어렵게 된다.

이러한 문제와 관련하여 듀이는 제3의 설명을 제시한 바 있다. 듀이는 전형적인 개인주의자들과는 달리 개체를 사회적 개체로 보고, 철저한 유기체설과는 달리 사회를 개체들의 연합체(association)라고 보았다. 듀이에 의하면, 모든 신념과 관습과 제도와 전통은 사회적 과정의 산물이다. 그러한 사회성은 본질적으로 유기체로서 주어지게 되는 필연적인 것이 아니라, 개체들이 참여하는 관계의 망을 통하여 형성된 공동체적 산물이다. 그 개체들을 다시 사회적 맥락 속에 있게 한다는 것이다. 개체와 사회는 모두 그 관계를 통해 특성을 서로 결정한다. 듀이는 사회적 조직이 있다는 것과 거기에는 서로를 맺어 주고 어울리게 하는 어떤 동력과 행위가 있다는 것, 그리고 그것이 개별적인 구성원의 활동에 영향을 미친다는 사실이 특별하게 신비로울 것은 없다고 하였다.[2] 사회의 구조에 관한 듀이의 설명은 다원주의적이며 국가는 공공의 복리에 봉사하는 수단으로 이해된다.

그러나 비록 인간의 모든 사회적 관계가 공동체적 연합의 형식으로 설명된다고 하더라도, 기계적 특징과 유기적 특징이 모두 같은 종류의 것이라고 하기는 어렵다. 분명히 부모 혹은 형제와의 가족관계가 직장 동료와의 사이에 결속되는 관계와 성격상 같은 것이라고 보기는 어렵기 때문이다. 인간은 실제의 생활에서 볼 때, 나와 이웃, 혹은 나와 동료는 때때로 기계적인 관계로 존재하고, 때때로는 유기적 관계로 존재할 수도 있다. 말하자면 수없이 많은 사회적 조직 중에서 어떤 조직은 상대적으로 그 특징이 더욱 유기적인 것이고, 어떤 조직은 성격상 더욱 기계적이라고 해야 할 것이 있다.

상대적으로 더욱 유기적인 조직의 특징을 지닌 대표적인 조직으로는 친족관계, 교우관계가 있다. 말하자면 흔히 사회학에서 1차적 집단이라고 하는 조직이다. 자식은 부모로 인하여 자식인 것이고 부모는 자식으로 인하여 부모이다. 자식의 속성 속에 부모와의 관계가 주어져 있고, 부모의 속성 속에 자식과의 관계가 주어져 있다. 직장에서 상사와의 관계는 가정에서 부모와의 관계와는 질적으로 다르다. 부모는 어떤 상황에서도 부모이지만, 상사는 오직 고용관계에 있는 동안만 상사이다.

사회적 관계의 개념에서 보면, 타인과의 사이에 성립하는 기계적 관계와 유기적 관계는 상대적으로 구분되기도 한다. 더욱 기계적인 조직의 특징을 지닌 대표적인 것으로는 공공기관이나 기업체 등이 있다. 유기체적 조직의 경우에는 함께 지키고 있는 규칙들은 동지적, 정의적, 형제적 유대에 호소하지만, 기계적 조직의 경우에는 합리적, 이지적, 계약적 기준과 관계에 기초하여 운영된다. 일상적인 생활 속에서도 구체적인 행동을 결정하는 순간순간에 우리는 소박한 입법과 준법의 상황에 놓이기도 하고, 국가나 기업이나 단체의 운영에서 경험하는 고도의 합리성과 준엄한 도덕성을 감당해야 하는 상황에 놓이기도 한다.

우리의 일상적 생활에서 유기적 조직의 규칙과 기계적 조직의 규칙을 잘 분별하여 판단하고 생활한다는 것이 그리 쉬운 일만은 아니다. 한순간에 유기적인 관계에 있다가 다음 순간에 기계적인 관계에 놓이기도 하고, 경우에 따라서 두 가지가 팽팽하게 맞서서 갈등하고 고민해야 하는 상황을 수없이 경험하면서 살아간다. 부모에게 효도하기 위하여 나라의 법을 어기는 경우도 있고, 우정 때문에 범행에 동조하는 경우도 있으며, 순수한 인간적 동정심 때문에 회사나 관청의 규칙을 등지는 경우도 있다.

일상적인 생활 속에서나 구체적인 행동을 결정하는 순간순간에 우리는 소박한 입법과 준법의 상황에 놓이게 되기도 하고, 국가나 기업이나 단체의 운영에서 경험하는 고도의 합리성과 준엄한 도덕성을 감당해야 하는 경우도 있다. 이러한 상황에서 탁월한 판단과 지혜로운 결정과 정직한 실천의 생활을 영위하는 자질의 수준을 어떻게 향상시켜 갈 것인가에는 공식화된 원리가 있는 것은 아니다. 다만, 스포츠 선수가 기량을 향상시키고, 바둑이나 장기의 기사가 판세를 운영하는 안목과 기술이 세련되어 가는 것과 같이, 다시 말해서 '게임의 규칙'을 잘 소화하면서 점차적으로 성숙한 선수로 성장하는 것과 같이 입법과 준법의 삶을 세련되게 하는 개인 혹은 사회의 노력과 풍토가 요구된다.

하나의 통치적 체제 속에서 영위하는 삶에는 거의 필연적으로 갈등과 대립의 문제상황이 있게 마련이다. 거기서 생활하고 성장한다는 것은 그러한 문제상황들을 해결하는 법칙이나 원리의 학습을 통하여 획득하는 삶을 살아간다는 것을 의미하는 것은 아니다. 오히려 그러한 상황들에 적응하고 극복하고 해결하는 역량을 향상시키면서 더욱 성장하는 삶을 영위한다는 것, 즉 더욱 향상되고 개선된 입법의 역량을 발휘하고 이와 함께 주어진 준법의 습관도 점차적으로 재구성해 가는 삶을 의미한다.

3. 다원주의 사회의 관용과 배려의 윤리

다원주의 맥락에서 보면 배려와 관용은 사회적 구성원이 생활 속에서 경험하는 문제상황을 도덕적 차원에서 해결하는 독특한 방법적 덕목이다. '배려'와 '관용' 두 단어는 모두, 나와 어떤 특정한 타인의 사이에 어느 수준의 부담스러운 이해관계가 놓여 있을 때, 타인의 처지를 이해하거나 참작하여 상대방의 심리적 혹은 물질적 부담을 덜어 주려는 마음을 가질 때 사용되는 말이다. 여기서 말하는 심리적 혹은 물질적 부담은 사적인 관계에서 생기는 경우도 있지만, 공적인 관계에서는 불특정한 대상에 관한 것일 수도 있다. 어떤 의미에서, 관용과 배려는 '해서는 안 되는', '안 할 수도 있는' 문제를 해결해 주어야 한다는 도덕적 요청에 응한다는 의미에서 문제상황을 해소하자는 동기에 의한 행위이다. 다원적 요소들로 얽힌 민주주의적 제도와 규칙으로 인하여 발생하는 많은 문제를 해결해 주는 생활의 지혜가 바로 배려와 관용의 덕목이다. 어쩌면 민주주의는 배려와 관용이 없으면 거의 절대로 평화로운 삶을 보장하지 못한다고 말할 수도 있다.

그렇지만 배려와 관용은 인간의 삶에서 요구되는 도덕적 의무에 속한다거나 반드시 이행하기를 강요하는 행위의 법칙과 같은 것은 아니다. 말하자면, 배려와 관용은 기본적 질서와 당위적 규칙으로 준수해야 하는 사회적 요구라기보다는, 오히려 실천되면 좋은 것, 바람직한 것, 아름다운 것, 즉 '미덕(美德)'에 해당한다. 말하자면 베풀어 주는 아름다움이 있는 것이다. 강제되지 않은 자발적 의지에 의한 실천을 기대하는 삶의 방식이 요구하는 규범이다. 그런 의미에서 배려와 관용의 덕목은 일차적으로 도덕적 의무와 행위의 법칙을 중심으로 논의하는 '의무론적 윤리학(deontological ethics)'의 관심사라기보다는, 인간의 행복과 선행에 관해서 논의하기를 좋아하는 '목적론적 윤리학(teleological ethics)'의 관심사이다.[3]

의무론적 가치는 반드시 실현해야 하는 도덕적 명령(imperative)과도 같은 것이지만, 목적론적 가치는 실현하면 이로운 것, 덕스러운 것, 바람직한 것, 행복한 삶에 이바지하는 것으로 주로 강제보다는 선의적 혹은 자발적 실천을 권장하고 촉구하는 성격의 것이다. 개념적 특징상 배려와 관용은 상대적으로 목적론적 관심에 더욱 가까운 가치라고 볼 수 있다. 인간사회의 도덕적 삶을 의무론적으로만 치우쳐 규정하면 합리적 질서와 엄격한 정의의 기준이 유지될 것으로 기대할 수는 있겠지만, 실천자의 자발성과 적극성이 수반되지 않은, 불가피하거나 다소 강요된 명령의 수행과 같은 것일 수가 있다. 반면에 목적론적으로만 규정하면 도덕적 요구를 감정이나 정서의 도움으로 해결하고자 하고 당위적 질서나 합리적 사고를 외면하는 경우가 있게 된다. 우리의 삶이 바르게 또한 아름답게 되기를 원한다면, 어느 하나의 선택이 정답을 말해 주는 것은 아니다.

배려와 관용은 나와의 이해관계가 없이도 남에게 베푸는 덕목이다. 일상생활에서 타인, 이웃, 친구에게 베푸는 배려는 가벼운 것이라도 사람과 사람 사이의 정을 돋우고 인간관계를 평화롭고 아름답게 하는 '선행'에 해당한다. 배려의 강도가 특별히 높은 경우에는 자신의 희생이 따르기도 하지만, 우리는 그러한 배려를 고귀한 것으로 여기고 높이 칭송하기도 한다. 관용은 나의 이익이나 주장을 유보하면서 나로 인하여 타인이 불리한 상황에 들지 않도록 마음을 쓰는 소극적 배려의 태도를 의미한다. 나에게 혹은 나를 포함한 많은 사람에게 잘못을 범하였거나 손해를 끼쳤을 때도 이해하고 용서하는 마음을 가질 때 그 태도를 일컬어 '관용'이라고 하는 것이 보통이다.

'관용'이라는 말의 독특한 쓰임새(특히 영어의 tolerance의 뜻)는 때때로 '다른 생각', '다른 의견', '다른 신념', 그리고 '다른 처지'를 존중해 주고 다양성을 포용하는 열린 마음을 뜻하기도 한다. 관용은 다른 사람의 생각과 처지를 함께 고려하여 성찰해 보는 한편, 자신의 이익이나 주장이나 신념을 철저히 관철하려는 태도를 유보하고, 자신과 동등한 처지로 타인을 수용하는 태도라고 할 수 있다. 정치적 이념, 종교적 신념, 지역적-집단적 이해관계 등에서 개방적 태도를 취하는 것도 관용의 개념이 의미하는 바로 이해하기도 한다.

관용으로 말하면, 아마도 우리는 남아프리카공화국의 만델라(Nelson Rolihlahla Mandela, 1918~2013) 대통령을 상기하게 된다. 그는 그야말로 '위대한 용서'를 통하여 남아공을 평화로운 민주국가로 재탄생시킨 영웅적 인물이다. 그는 실로 관용이 어떤 것이며 용서의 힘이 어디까지 미치는지를 보여 준 인물이다. 남아프리카공화국의 첫 흑인 대통령이 되기 전에 만델라는 27년 동안을 정치범으로서 구속상태로 보내기도 하였다. 백인정권의 철저한 흑백차별 정책에 맞서 투쟁하였다. 그러나 대통령에 취임하면서 만델라는 백인사회에 대한 보복을 취하지 않았다. 탄압을 받던 피지배 계층이 권력을 장악한 뒤 압제자들을 대거 숙청하지 않고 평화공존을 도모한 것은 역사적으로도 매우 드문 일이다. 브라운 (Gordon Brown) 전 영국 총리는, 2006년 11월 남아공의 일간신문 프리토리아(Pretoria) 뉴스에 기고한 글에서, "만델라의 위대함은 증오하기를 거부하고 다인종 국가인 남아공을 탄생시킨 것"이며, 유혈사태 없이 평화와 민주주의를 누리고 있는 점을 극찬하였다. 그리고 만델라를 우리 시대의 "생존 인물 중에서 가장 위대한 인물"이라고 칭송한 바 있다.

배려와 관용이 없으면 친구 사이도 언젠가는 서로 적이 될 수 있고, 배려와 관용이 있으면 비록 서로 적이 된 사이라고 하더라도 언젠가는 친구가 된다. 배려와 관용으로 대하면 나와 무관한 사이의 사람도 가까운 이웃이 되고, 가까운 이웃이라도 서로 간의 배려와 관용이 없으면 낯선 사람과 다를 바 없는 사이가 된다. 개인과 개인의 관계에서만 아니라, 조직과 조직, 나라와 나라 사이에도 마찬가지이다. 배려와 관용은 함께 삶을 살아가는 사람들 사이를 평화롭게 하고, 여러 가지로 서로가 보람 있는 것을 성취할 수 있게 하는 터전을 함께 만들어 준다. 그러므로 배려와 관용은 모든 인간관계에서 행해질 수 있는 온갖 가능한 미덕의 전형적인 것에 속한다. 특히 민주주의를 표방하는 국가 혹은 조직에서 지도자 혹은 구성원이 배려와 관용의 덕을 보이지 못하면 민주주의는 결코 성공적으로 정착하지 못한다.

4. 다수결의 절차주의적 특징

민주주의는 제도적 형태의 체제에서부터 점차로 일상적 생활 규범의 기반으로 진화한 것이다. 로버트 다알(Robert A. Dahl)은 그의 저서 『민주주의와 그 비판』[4]에서 이상적이고 완전한 민주정체와 실제로 존재하는 현실적 민주정체를 구별하여 논의하였다. 이런 의미에서, 다알의 이론은 절차주의적 관점에서 민주주의의 양면적 특징인 제도적 정치체제와 일상적 생활양식을 연계하는 개념적 영역을 균형 있게 논의한 작업으로 평가할 수 있다. 실제적인 민주정체를 설명하기 위하여, 그는 '다두정체(多頭政體, polyarchy)'라는 이름으로 이론을 전개하고, 민주정체의 국가로 존재하는 기본적인 전제와 조건을 제시하였다. 다두정체는 1인이 다스리는 군주정체, 소수가 다스리는 귀족정체나 과두정체와는 달리 다수, 즉 민중(dēmos)이 다스리는 정치체제라는 점에서 민주정체 그 자체를 달리 표현한 것으로 이해할 수 있다.

다알의 다두정체 개념은 현실적 여건을 토대로 하여 실천될 수 있는 민주주의의 규범적 원리를 논의한다는 점에서 특이한 이론이다. 정치제도로서 민주주의, 즉 그가 말하는 다두정체는 '정치적 질서'의 요건과 '민주적 질서'의 요건을 모두 포함한다. 먼저, '정치적 질서'의 요건은 구성원이 속한 자신의 정치적 조직이 성립하는 원리를 인지하고 그것에 동의함을 전제로 한다는 것이다. 그 동의란 바로 집단적 결속의지를 지닌 사람들이 한 사회의 정치 체제, 즉 국가 혹은 공동체를 형성한다는 것을 의미하며, 이러한 결속의지는 정부를 구성하는 정치의식이라고 할 수 있다. 다음, '민주적 질서'의 요건은 권리의 행사에 있어서 조직 내부로는 평등의식을 공유하고, 사회의 구성원은 누구도 특수한 이익을 취할 수 없으며, 모든 구성원의 요구는 평등한 법의 적용을 받아 정의롭게 이루어져야 한다는 것이다.

다알이 말하는 다두정체는 전통적 개념의 민주정체, 즉 민중이 통치하는 정치체제 그 자체라기보다는, 구성원(민중)이 국가 혹은 조직을 운영하는 데 있어서 특정한 과정, 즉 민주적 방식을 통하여 창출된 각종의 제도들을 보유한 정치체제를 의미한다. 그는 가능하다면 국민참여의 규모를 충분히 폭넓게 조정하고 사안의 중요성도 충분히 높여 주는 방안을 구상할 필요가 있기는 하지만, 기술적으로 용이한 일이 아니라고 보았다. 그러므로 현장에 실질적으로 작용하는 다수의 의사를 수용하는 것을 불가피한 방안으로 보고 있다. 그는 '다수결의 방법'이 구현할 수 있는 장점을 다음의 네 가지 특징으로 설명하고 있다.[5]

첫째, 다수결은 집단 결정에서 자체 결정권을 최대화한다. 말하자면, 조직 구성원의 최다수가 참여하여 의사결정을 한다는 것이다. 물론 구성원의 전부가 직접 참여하기도 하지만, 적어도 그들이 선출한 대표단에 위임하는 방식으로 참여하는 것이므로, 가장 원초적이고 고전적 의미의 민주주의, 즉 민중의 통치체제에 충실한 규칙이기도 하다.

둘째, 필요한 합리적 요건을 충족시키는 결과를 가져온다. 어떤 방안을 수용할 때 적어도 다음의 네 가지 준거를 충족시킨다면 그 방안은 합리적 요건을 갖추었다고 평가할 수 있다는 것이다. 즉, 결정력(decisive), 익명성(anonymity), 중립성(neutrality), 적극적 대응력(positively responsive) 등이다. 물론 다른 요건들도 언급될 수 있지만, 이러한 준거들은 의사결정의 실제적 과정이 지니는 합리성을 충족시킨다고 인정할 만한 요건이라고 할 수 있다.

셋째, 의사결정의 정확성을 높인다. 일반적인 상대적 다수만이 아니라, 특히 과반수, 3분의 1, 만장일치 등을 포함한 초다수결정의 규칙(supermajority)을 적용하면 소수에 의한 다수의 견제를 가능하게 하는 방식이 된다.

넷째, 공리성(utility)의 최대화를 기한다. 소수가 아닌, 그리고 막연한 다수가 아닌, 최대 다수의 최대 가치를 지향하는 공리주의적 원리를 실현하는 방안이기도 하다.

다알은 이러한 다수결의 원칙을 두고, 약하게 적용할 경우에는 문제해결의 필요조건이며, 강하게 적용할 경우에는 필요충분조건일 수도 있다고 하였다.[6] 그러나 잘 검토해 보면, 그 합법성은 단순히 절차적 합법성일 뿐이다. 다수결의 원칙은, 계수(計數) 이외에는 구성원의 임의적 선택에 그냥 맡겨 버리고 그 결과가 어떻게 되더라도 모두 수용한다. 그러한 임의적 선택의 동기는 각자에 따라서 엄청나게 다를 수도 있다. 어떤 사람은 개인적 취향 때문이고, 어떤 사람은 당장의 이해관계 때문이고, 어떤 사람은 관런자들에 대한 동정심 때문일 수도 있다. 그리고 그것이 차후의 생활에 어떤 영향을 줄 것인가를 두고 염려도 하지만, 일단 의무적으로 받아들이고 문제로 삼지 않는 경향도 있다. 그리하여 다수결은 결국 일종의 관습적 혹은 타성적 적응을 하는 모양새가 되고, 어떤 의미에서 그만큼 다른 대안을 거부하는 맹목적 방법이라고 할 수도 있다.

내가 선호하는 A안이 관철되지 않고 나와 이 안의 지지자들에게 심각한 불이익을 가져다 줄 수도 있는 B안으로 결정된다면, 적수에 대하여 항복해야 하는 결과를 가져온다는 결정적 치명상을 입게 된다. 그러므로 그냥 양보할 수 있는 성질의 것은 아니다. 여러 경우에 더욱 좋은 엄격한 방안임을 확정짓기 위하여 '절대적 다수결'의 규칙을 적용하기도 한다. 단지 기계적인 방법이기는 하지만, 절대적 다수결의 원칙은 사안의 성격에 따라서 적어도 과반수 혹은 3분의 2 이상, 더욱 엄정하게는 만장일치를 원칙으로 정하기도 한다. 그러나 그러한 절대적 기준도 상황적 특징에 따라 정하게 된 임의적 설정일 뿐이다. 이미 유리한 위치에 있는 방안을 좀 더 확실하게 결정짓자는 것이다.

하지만 이러한 문제점에도 불구하고 많은 경우에 우리는 '상대적 다수결'의 원칙으로 결정한다. 그러나 한 가지 더 생각해 보아야 하는 것은 선택의 방안이 3파전 이상이 되었을 때는, 어느 선택도 과반수에 미치지 못하는 경우가 발생한다는 것이다. 이 경우에 '최다수의 선택'은 결국 절대적 다수가 아니라 소수의 지지를 받은 상대적 다수이며 전체적으로 보아 소수에 속하기도 한다. 그러므로 여기에 전체가 합리적으로 다수결의 원칙을 준수했다고 하는 데는 불합리성이 없지 않다. 적어도 다수의 지지를 받지 못하고 소수의 지지를 받은 방안을 선택했기 때문이다. 이러한 사례는 정치적 선거에서 흔히 볼 수 있는 현상이다.

정치적 주도권을 장악하는 다수당이 되기 위하여, 노선상 지향하는 바가 비슷한 소집단들이 협상을 통하여 절대적 혹은 상대적 다수당의 자리를 확보하는 전략적 움직임을 취하는 사례는 드물지 않게 있다. 엄격히 말하면, 이 경우에도 소수로 구성된 집단들이 전략적으로 타협한 것이므로 순수한 절대적 다수라고 평가받기에는 석연치 않은 부분이 있다.

다수결이라는 게임의 규칙은 그 자체로서 일종의 패러독스이다. 해결하기 어려운 문제를 쉬운 방법으로 해결한 것처럼 처리하고, 해결이 불가능한 문제를 해결 가능한 방법으로 해결한 것처럼 처리해 버린다. 결과적으로 문제는 해결했으나 제대로 해결한 것은 아니고 다만 문제를 처리했을 뿐이다. 이러한 해결은 '다수결의 패러독스'라고 할 수 있다. 해결할 수 없는 방법으로 해결(처리)한 것이기 때문이다. 다수결에 의한 해결은 수없이 많은 복잡한 반성적 절차와 협의적 과정을 생략하고 단지 간단한 통계적 방식으로 처리해 버린 것이다. 통계적 방법을 포함하여 여러 형태의 계량적 방법 중에서 다수결의 방법은 가장 손쉬운 방법에 속한다. 문제가 발생한 상황적 조건으로 인하여 불가피한 경우에 사용하는 것이지만, 우리는 때때로 다수결이 마치 진리를 말해 주는 방법인 것처럼 믿어 버리는 경우를 보게 된다.

다수결은 대체적으로 그 과정이나 결과가 기계적 공식이나 규격화된 형식으로 처리된다. 사람들의 반성적 사고의 활동을 그 본질적 특징으로 하는 '민주적 과정'이라기보다는 어떤 공식이나 장치의 형식적 처리에 맡기는 기계적 방법의 한계를 넘어서, 더욱 인격적 요소들이 참여한 담론과 숙의의 방법적 절차에 의하여 문제를 해결하려는 노력의 하나로 우리는 다음에 논의하고자 하는 '집단협의(deliberation)'[7]의 방법을 검토해 볼 필요가 있다.

5. 집단협의와 문화적 바탕

세기의 전환이 있었던 시기를 전후하여 민주주의의 개념적 진화를 일깨우기 위한 움직임이 진행되었다. 그것은 민주주의를 새롭게 이해하기 위한 시도이기도 하고, 민주주의의 개념 자체가 함의한 기본적이고 심층적인 의미를 표면으로 부양시키려는 새로운 노력이기도 하다. 민주주의를 공동체적 협의의 과정으로 이해하려는 것이다. 어쩌면 종래의 절차적 형식주의가 지닌 기계적 과정에 대한 한계에서 그 대안으로 유래한 것으로 여겨지기도 한다. 근년에 와서 이러한 움직임을 적극적으로 주도한 학자인 드라이젝(J. S. Dryzek)의 저술[8] 등이 있으나, 특정한 학파의 조직과 활동이 통합적으로 진행되고 있다기보다는 같은 목소리를 내는 하나의 분위기가 형성되어 있다고 할 수 있다.

협의적 민주주의자들은 주로 집단적 의사결정 과정과 그 결과가 더욱 만족스럽게 이루어질 수 있도록 하는 데 주된 관심을 두고 있다. 그 요지로 말하면 이러하다. 집단적 의사결정에 있어서는 가능한 많은 사람이 참여할 수 있도록 기회를 만들면, 그들은 어떤 방식으로든지 그 결정의 타당성을 높이는 데 영향을 주게 마련이다. 결과적으로 그 결정은 적어도 그들의 기본적인 권리, 그 권리를 행사하는 기회, 그리고 거기서 발휘되는 역량 등이 함께 작용한 메커니즘의 산물이라고 말할 수 있다. 많은 사람이 활발하게 참여하여 결정한 집단적 의사는 함께 숙의(熟議)한 결과이므로 그만큼 민주주의적 결정으로 돋보이게 된다는 것이다.[9]

민주적 협의론이 논의되기 시작하던 초기에는, 협의의 개념은 주로 공공적 합리성의 문제와 관련된 공동선(혹은 공적 합리성)을 실현하는 데 요구되는 소통의 원리에 주된 관심을 두었다. 그러므로 다소 형식적인 절차를 요구한 것이었다. 그러나 지금의 협의론적 민주주의자들은 관심의 폭을 매우 넓게 설정해 놓고 있다. 우선, 서로의 소통에는 강제성이 없어야 한다든가, 적어도 깊은 성찰을 요하는 문제에 관해서는 책임 있게 성의와 관심을 바쳐야 한다든가 등의 기본적인 규칙의 준수를 요구한다. 비록 개인적인 견해라고 하더라도 더욱 넓은 시야와 관련시켜 소신과 의견을 밝히고, 나아가 자신의 주장을 수용하지 못하는 동료를 설득하는 데 있어서 인내와 배려, 그리고 개방적 자세로서 상대방과의 대화에 임할 필요가 있다.

그러나 협의의 과정에 중요한 것은 반드시 어떤 방안을 제안하거나 이를 검토하여 반대하고 지지하는 발언자의 목소리만은 아니라는 것이다. 이에 못지않게 중요한 것은 경청하는 사람들의 반응이다. 경청하는 사람들이 주어진 메시지 혹은 논의된 쟁점에 대하여 성의 있는 자세로 임하지 않고, 아예 선입견과 편견에 사로잡혀, 공격적 동기나 반론적 태세를 강하게 가지고 있을 때에는 협의의 진행 그 자체가 별로 의미를 지닐 수 없다. 물론 협의과정의 논의를 더욱 합리적이고 생산적이게 하기 위한 반론이나 공격은 대안적 방안을 찾을 때 반드시 필요한 움직임일 수는 있다. 공격을 위한 공격, 반대를 위한 반대가 아니라, 주장과 논의에 흠결이 발견되면 이를 수정하거나 아니면 대안을 찾는 논의는 계속되어야 한다. 그렇다면 협의적 민주주의에서는 형식적 논의나 절차보다는, 거기에 임하는 구성원들이 기본적으로 합리성, 공정성, 생산성 등을 얼마나 성실하게 추구하느냐와 관련된 집단적 목표와 도덕적 동기가 선행적 조건이기도 하다.

아마도 협의적 민주주의는 대개 소규모 조직에서 정책을 면밀히 검토하고자 할 때, 가장 구체적인 효율성을 보인다. 대개 큰 조직의 문제를 그 자체로서 검토하기에는 복잡한 불편이 있으므로, 작은 규모의 전문적 기구 혹은 조직을 두는 것은 협의의 효율성을 겨냥한 것이라고 할 수 있다. 소규모의 협의체는 특정한 주제에 관하여 철저히 확인하고 논의할 수 있는 이점을 지니고 있다. 의제와 주장에 관하여 의견의 교환이 용이한 만큼, 활발한 토론과 다방면의 체계적이고 즉시적인 검토가 가능하며, 결론에 이르는 전략적 과정은 능률적으로 통제될 수도 있다.

전문적 협의로서 의사결정이 완성되기도 하지만, 소규모의 전문적 조직이 협의한 결과를 검토하여 최종적인 종합적 검토를 한 연후에 결정하는 것이 일반적이다. 그러면 협의는 단순히 최종적 의사결정을 위한 보조적 과정의 위치에 있는 것인가, 아니면 최종의 종합적 검토는 의사결정의 합법성을 높이기 위한 일종의 요식에 불과한 것인가? 어느 것이라고 단정하기는 어려우나, 두 단계는 협의의 충실성을 높이고 오류를 방지하기 위한 일종의 '보험적' 요청이라고 할 수 있다. 심도 있는 협의의 과정을 거치지 않은 경우는 충분한 민주적 결정의 절차를 밟은 것이 아니라고 한다면, 협의는 바로 민주적 의사결정의 필요조건에 해당한다. 충분한 협의의 과정을 통하여 검토받지 못한 의사결정은 민주적 결정이 아니라고 한다면, 협의는 바로 그 자체로서 민주주의의 충분조건이어야 하며 또한 핵심적 원리이기도 하다. 어떤 의미에서 성숙한 민주주의의 수준은 얼마나 심도 있고 충실한 협의의 과정을 밟았느냐로 말할 수도 있다. 협의는 민주적으로 정치적 결정의 합법성을 충족시키는 데 요구되는 전제적 조건이다.

　민주적 과정에서 협의는 특정의 구성집단이 지닌 정치적 힘의 작용을 통해서가 아니라, 구성원 전체가 참여한 반성적 집단사고에 의한 합리적 판단을 통하여 공공적 가치의 실현을 지향하고자 한다. 협의적 민주주의는 서로 상충하는 이해관계의 경쟁이 아니라, 공공적 가치에 관한 다양한 관점과 이에 관련된 정보와 주장의 교환에 기초한 것이다. 궁극적으로, 구성원이 자신의 사적인 관심, 편견, 욕구의 관철을 자제하고, 동시에 동료 구성원의 주장을 공적인 기준에 비추어 대응하고 조정하는 과정을 통하여 의사결정의 타당성을 높이는 협동적 노력이다. 협의적 민주주의는 그 특징에 있어서 공공성이 합리적인 민주적 과정에 필수적이라고 주장하는 편이다.

　협의적 민주주의의 이론가 중에는 두 가지의 주장이 있다. 한편으로, 서로 반대되는 의견을 가진 사람들도 논쟁을 통하여 주장하는 바를 주고받음으로써 합의에 도달하기도 하고 또한 그렇게 되어야 마땅하다고 말한다. 다른 한편으로는, 협의를 위한 토론의 과정을 통하여 반드시 합의에 도달할 필요는 없으며, 충실한 협의의 과정은 그 자체로서 합리적이고 유익한 결과를 낳을 수 있다고도 한다. 주장하는 바의 근거, 논점 그리고 견해를 교환하는 것만으로는 명확한 결과를 생산하지 못하는 것이 보통이지만, 많은 협의적 이론가는 반론을 제기하고 계속적으로 토론하는 것 그 자체가 민주적 과정의 수준을 고양한다고 말한다. 적어도 일종의 학습과 교육의 성과는 있다는 것이다.

　협의적 과정은 의견이 분분한 구성원들이 서로 상대를 이해하고, 체계적으로 검토하며, 주장을 교환하는 과정을 의미하는 것이므로, 그들은 확실한 의사소통의 기준과 토론의 규칙을 열린 마음으로 공유하고 있어야 한다. 구성원은 자신의 주장을 상대방으로 하여금 이해 가능하고 설득력 있는 방법으로 제시한다. 협의론을 선호하는 이론가의 대부분은 구성원과 그들의 관점을 최대한으로 확보할 경우에 가장 타당하고 합리적인 정치적 결과를 생산한다고 주장한다. 그들은, 더욱 많은 구성원이 참여하고 더욱 많은 의견이 제시되면, 그만큼 정치적 의사결정의 결과는 더욱 타당성이 높고 합리적인 결과를 생산할 수 있다고 믿는다. 이러한 측면에서 보면, 협의적 민주주의는 구성원 간의 대화와 논의와 설득, 그리고 상호 간의 비판적 검토의 과정을 밟되, 문제의 성격과 상황적 특징에 따른 차이는 있을 수 있지만, 결과적으로는 구성원의 완전한 합의에 도달할 것을 겨냥하는 셈이다. 이 점에 있어서 단순한 다수결로서 만족하는 방식보다는 철저하고 그만큼 민주적으로 충실한 실천적 원리로 평가된다.

협의론자 중에는 집단적 숙의를 통하여 사회적-도덕적 문제의 해결을 시도하는 방법론적 발상은 듀이의 민주주의의 개념과 일관성을 지닌다고 말하기도 한다. 그러나 듀이는, 일반적 협의론자들과는 달리 구체적 상황의 문제해결에 관한 기법의 수준에서보다는 민주주의를 매우 포괄적인 '생활양식'의 개념으로 설정하였다. 그는 주로 인간성장의 원리를 설명하는 수준에서 민주주의를 논의하는 경향을 보여 왔다. 인간 개체는 생활하는 문화, 사용하는 언어, 관련된 생활 세계 등의 환경적 요소와 특징에 의해서 형성되고 영향을 받아 성장해 가는 개방적인 삶의 피조물이다. 이런 관점에서 보면, 인간의 성장은 바로 민주적 사회를 설명하는 중심개념으로 이해될 수 있다. 듀이는 이렇게 주장하였다. 즉, 주어진 제도나 조직이 얼마나 민주적인가를 평가하는 데 있어서 가장 중요한 기준은 구성원의 전인적 성장에 얼마나 영향을 주는가이다.[10]

듀이에 의하면, 성장의 바른 의미는 미리 결정된 목표의 완성을 향하여 나아가는 자기계발의 과정만을 뜻하는 것이 아니라, 각자의 가능성을 실현하는 계속적인 변화의 과정으로 이해된다. 성장 그 자체는 실질적이고 구체적인 과정이며, 자신의 삶을 한층 선양 하고 실천적 역량을 높이는 노력의 과정이다. 이러한 의미의 실 질적 성장은, 자신을 제약하는 현실적인 상태로부터 해방된 것을 의미하는 소극적 자유의 충족으로 기대할 수 있는 것이 아니라, 타인 혹은 이웃과의 관계 속에서 서로 의존하면서 공동체적 삶을 유지하는 데 기여하는 적극적 의미의 자유를 향유하고 있을 때 기 대되는 것이다. 민주적 공동체에 참여하는 삶 자체가 자유 혹은 자율을 생활화한 상태이다. 이러한 관점에서 보면, 자유는 제재 나 통제가 없이 고립된 상태의 삶보다는 오히려 공동체 속에서 적 극적이고 생산적이고 자율적인 성취의 삶을 향유하는 상태를 의 미하는 것이다.

6. 민주주의와 그 적들 (1): 세력화된 독선주의
- '동굴'과 '광야'의 비유 -

　어떤 의미에서, 약하게 표현해서 '민주적이지 못하다'거나 강하 게 표현해서 '반민주적이다'라고 말할 때, 그것이 의미하는 바의 하나는 '다원주의'를 수용하지 못하거나 거부한다는 뜻이기도 하 다. 민주주의를 통치구조로 볼 때 개인 혹은 소수가 아닌 다수, 즉 조직의 모든 구성원(민중)이 직접 혹은 간접으로 참여하여 조직을 운영하는 체제를 뜻한다. 즉, 구성원의 다양한 의견, 신념, 가치관

등을 통치의 규칙과 절차를 결정하고 실천하는 데 반영하는 원리가 민주주의이다. 그러므로 다원주의는 민주주의의 논리적 요청이다. 달리 표현하면, 민주주의는 다원주의를 내포하며 그 조직에는 의미상 복수의 가치지향성이 공존한다.

그러나 민주적 조직에서 다원적 요소는 항상 질서 있게 서로 평화로운 공존 상태에 있지는 않다. 신념, 가치관, 이해관계, 생존방식 등에 있어서 구성원들은 공동의 이익과 목표를 추구하는 협조적인 관계만 유지하는 것은 아니다. 오히려 여러 가지의 형태로 갈등하고, 경쟁하고, 견제하고, 대결하는 양상을 취하기도 한다. 그야말로 '만인 대 만인의 전쟁 상태'에 있을 수 있다. 사실상 조직에서 민주주의의 원리와 원칙이 절실하게 요구되는 것은 바로 구성원 간에 서로의 갈등적 관계가 자연적으로 발생하기 때문이라고 할 수도 있다.

그러한 잠재적-실제적 갈등의 원인은 누구나 지니고 있는 적극적 혹은 소극적 '가치요인'이라고 한다면, 그 요인들의 관계는 서로 우연적으로 혹은 필연적으로 다음과 같은 몇 가지의 유형을 보일 수가 있다.

복수의 가치요인들이,

① 평화적 공존: 평화롭게 독립적으로 공존하는 관계에 있기도 한다. 비유적으로 설명하면, 마치 여러 상점이 일시적으로나 항시적으로 한 시장지역에서 서로 다른 상품을 팔면서 영업하는 경우와 같이 서로 이해관계의 충돌이 없는 상태를 유

지하는 관계와 같다.

② 경쟁적 관계: 약한 혹은 강한 경쟁적 관계를 유지하기도 한다. 마치 어떤 시장에서는 같은 상품으로 영업하는 상점들이 한 곳에 모여 있으면서 다소 경쟁적 관계를 유지하는 경우와 같이 비유할 수 있다.

③ 상호의존 관계: 서로 협조적이며 보완적으로 의존하는 관계에 있기도 한다. 좋은 비유는, 마치 병원과 약국이 이웃하고 있으면서 각기 고객에 봉사하는 역할을 나누어 가지는 경우와 같다.

④ 선택적 대응: 자조적-공격적으로 존재하며 여타의 요인에 대하여 선택적으로 대응하기도 한다. 비유컨대, 프로야구 혹은 프로축구의 단원들은 팀 감독의 지휘하에 조직과 경기를 일사불란하게 관리하고 운영하는 것과 유사하다. 성격상 '우리만의' 방식을 취하는, 즉 일종의 독재체제이다. 팀 자체는 엄격한 지휘체제를 유지하며 외부에 대하여 공격적 대비를 한다. 이 유형이 취하는 관계는 특징상 배타적-공격적 독선주의를 지향한다.

⑤ 전체적 대응: 자조적-방어적으로 존재하며 여타의 요인에 대히여 무대응으로 일관하기도 한다. 신앙의 자유가 보장된 사회에서, 종교단체 간의 관계가 보이는 일반적 특징은 대체적으로 이교도적 세력이나 영향을 차단하기만 하고 공격적 대응은 하지 않는다. 자체의 융성을 기하기는 하지만 적극적으로 경쟁이나 투쟁의 태세는 취하지 않는 것이 보통이

다. 말하자면, 이러한 유형은 대체적으로 사회적 환경에 대하여 무관심하고, 독특한 소극적–방어적 독선주의를 지향한다.

열거한 방식 이외에도 가치요인 사이에 형성되는 관계의 양상은 여러 형태로 존재할 수 있다. 가치요인의 주체인 특정 인물이 항상 어느 특정한 방식으로 다른 가치의 요인들과 일정하게 관계를 설정하는 것은 아니다. 경우에 따라서는 서로 평화로운 관계에 있다가 어떤 전략적 목적에 따라 갑자기 갈등적 관계에 있을 수도 있고 그 반대의 관계에 있기도 한다. 한 개인이 앞서 제시한 여러 유형 중 어느 하나에 빠져 있는 것은 아니다. 사회적 맥락에서 보면, 한 개인은 여러 유형 중에서 거의 무한한 가치요인을 내면화했거나 새롭게 생성한다.

'갑돌'이라는 사람은 그가 추구하는 가치요인의 수만큼 많은 사회적 조직에 속해 있고, 조직에서 그는 가치요인이 지닌 특성에 따라서 갈등적 관계에 잠재적으로 혹은 실제적으로 놓이게 된다. 갑돌은 한 가정의 구성원이고, 직장의 조직원이며, 취미 단체의 회원이고, 종교단체의 신도이며, 주거하는 지역사회의 주민이며, 졸업한 학교의 동문이고, 정치조직의 당원이며, 거래처의 고객이고, 때로는 한 병원 혹은 의사의 환자이기도 하다. 이러한 사회적 조직이 특징적으로 어떤 가치를 추구하거나 실현하기 위한 수단이라면 이미 갑돌은 그 가치요인들을 내면화한 상태에 있고, 상당한 정도로 그 가치요인들은 자신의 인격적–개성적 특징을 결정하기도 하였다. 그리고 이런저런 경우에 그 요인들의 작용으로 때로는 갈등, 때로는 투쟁, 때로는 협력 등의 문제상황에 놓이기도 한다.

대체적으로 보아 ①에서 ③까지 양상에서 발생하는 갈등적 상황은 대부분 심각한 수준에 이르기 전에 다소 쌍방의 자발적 조정에 의해서 쉽게 해결될 수 있다. 그러나 ④와 ⑤의 경우에는 갈등적 상황이 발생하면 오래 지속되거나 영원히 해결을 보지 못하는 경우도 있다. 전자의 경우는 특징적으로 독선주의를 나타내며, 후자의 경우는 방관주의의 상태에 있는 셈이다. 어떤 가치요인을 두고 한 개인이나 집단 혹은 조직이 ④의 경우, 즉 배타적－공격적 독선주의를 지향하는 상황에 있을 때, 여기서 이를 '광야의 독선주의자'라고 해 둔다. 그리고 ⑤의 경우, 즉 소극적－방어적 독선주의를 지향하는 상황에 있을 때, 이를 '동굴의 독선주의자'라고 칭하기로 한다.

1) 동굴의 독선주의

어떤 특정한 가치 혹은 임무를 수행하기 위하여 노력하는 단체가 불의의 공격을 받아 위험한 상황에 빠지면 동굴에 피신하는 경우가 있다. 옛날 기독교의 초대 교회 교도들이 로마군의 공격을 피하여 동굴에서 생명을 보존하고 신앙과 조직을 유지하는 생활이 있었다. 베트남 전쟁 중에 '베트콩'이라고 일컫던 게릴라 단체도 땅굴을 이용하여 적과 싸우면서 전력을 유지한 적이 있다. 동굴 속에 머물고 있는 동안은 외부의 침략이나 간섭으로부터 해방된 상태에 있다. 외부로부터 차단된 피신의 상태이기 때문에 생활의 거의 모든 것이 동굴 속에서만 이루어진다. 필요에 따른 선택의 다양성이 없으므로 생각하고 행동하는 방식도 단조로우며, 비록 여러 선택요인을 생각해 볼 수 있다고 하더라도 상황의 제약으로 인하여 대책은 일원화되는 것이 보통이다. 다소 의견들이 제시되어도, 외부로부터의 위협의 상황에 있으므로 결국 하나의 대책으로 정리되고, 그것을 종결시키는 권위자가 선택을 좌우하고 만다. 그 속에서는 독재체제가 정당화되고 그 체제는 생활의 원칙을 폐쇄적으로 관리하는 독선주의가 지배한다.

대부분의 독재주의는 동굴의 독선주의로 성립하고 폐쇄사회의 생활과 행동을 유지한다. 의견이나 발상의 다원성을 금지하거나 제한하므로 개방적인 민주주의가 별로 의미를 지니지 못할 뿐만 아니라 그럴 여지를 두고 있지도 않다. 자유와 평등의 가치를 제한적으로 규정하고 권력의 독점과 독재를 제도적으로 정당화하는 '나치즘', '공산주의', '인민 민주주의' 등이 표방하는 가치체제를 우리는 민주주의의 다원주의적 틀에 포함하여 수용할 수는 없다.

2) 광야의 독선주의

동굴과는 달리 광야에서는 그야말로 모든 것이 주어져 있다. 행동이나 생활을 동굴의 상태와 같이 다스리지 않으면, 거기서 생활하는 사람들은 주어진 온갖 것에 대한 폭넓은 선택이 가능하고, 안위를 취하거나 도전하고 성취하는 삶을 향유할 수가 있다. 그러나 여기서도 생명, 재산, 복리를 추구하는 과정에서, 식량, 의복, 이동수단 등 어떤 가치의 경우에 희소성의 현상이 나타나면 분배적 정의의 문제가 발생할 수 있다. 전쟁 상태, 천재지변, 사회 혼란 등으로 인하여 자유와 평등의 가치가 일시적으로 유보되는 경우도 있지만, 사전 혹은 사후에 개방적인 다원주의를 바탕으로 한 합리적 정당화나 평가가 요구되는 부분이다.

　대체적으로 말해서 우리나라에서는 다른 나라의 경우처럼 특히 종교나 인종이나 계층 간에 다원주의가 특별히 중요하게 문제로 논의되어야 하는 사회적－정치적 문제는 거의 없는 수준이다. 물론 지역, 성별, 계층, 노사 간에 다소 잠재적 수준에서 문제가 전혀 없는 것은 아니지만 다른 문화권이나 국가에 비하여 심각한 상태에 있지는 않다. 그렇지만 특히 우리나라에서 다원주의가 유의미하게 검토되어야 하는 문제의 영역은 정치적 이데올로기 부문이다. 보수니 진보니, 우파니 좌파니 하는 진영 간의 갈등적 관계가 현실적으로 우리의 정치적 생활을 지배하고 있다.

　극심한 갈등적 상황, 특히 외부의 침공이나 재해 등으로 인한 문제가 발생할 때가 아니라도, 인간의 욕구체제를 합리적 사고의 능력이 제대로 감당하지 못하면, 사회적 광야의 자연은 인간을 위한 '가나안의 복지'와 같은 축복의 땅이 될 수가 없다. 여기에 민주주의가 삶의 중심적 원리로서 주도할 때, 그 자체의 다원주의는 매우 심각하게 위태로운 상황을 스스로 불러오기도 한다. 다원주의의 원칙하에서 허용된 가치요소 중에는 민주주의 자체를 파괴할 수도 있는 요소가 잠복해 있기 때문이다. 모든 것이 허용되는 '개방적 다원성'의 이름으로 보호를 받아 은폐된 체제 속에서 기존 체제 자체의 전복을 겨냥하는 사고의 노선, 즉 '광야의 독선주의'도 다원주의적 관용과 포용의 대상이 될 수가 있다. 독재체제에서는 민주주의가 허용될 수 없으나, 민주체제에서는 독선주의적 사고와 노선에 의한 독재주의도 체제에 기식할 수가 있다. 오히려 자유주의적 민주체제는 광야의 독선주의가 암약하거나 활동하기에 가장 좋은 토양이기도 하다. 경우에 따라서는 이로 인하여 민주주의도 다원주의 자체도 붕괴될 수 있다.

7. 민주주의와 그 적들 (2): 절대적 3대 악재

여기서 언급하고자 하는 '절대적 악재(惡材)'라는 것은, 문제의 악성적 요소가 활성 상태에 있는 한, 민주적 삶 자체가 제대로 성립할 수 없다는 것을 말하고자 하는 것이다. 소극적으로 말해서, 특히 절차적 민주주의 차원에서 볼 때, 여기서 논의하고자 하는 세 가지의 악재가 작용하는 정도만큼, 민주주의는 부분적으로 결함을 지니거나 그 순수성을 잃게 될 뿐만 아니라 결국에는 궤멸(潰滅)의 수준에까지 이르게 된다는 것이다. 그래도 적극적으로 말해 본다면, 다알의 언어로 표현해서, 민주적 방법 혹은 과정은 악재적 특성이 어느 정도로 순화 혹은 소멸되었느냐—혹은 악화되지 않은 상태에 있느냐—의 정도에 따라서 우리는 그만큼의 민

주주의가 성공한 셈이라고 생각할 수는 있다. 그러한 악재가 적
어도 세 가지 차원의 조건에서 나타날 수 있다. 첫째는 사회적 차
원의 상황적 조건이고, 둘째는 도덕적 차원의 인성적 조건이며,
셋째는 이지적 차원의 계명적 조건이다.

　첫째, 사회적 차원의 악재는 '상황적 균열'의 양상을 의미한다.
조직의 구성원이 유지하고 있는 사회적 상황의 특징이 통합성을
잃은 채로 분열이 지배하며 전체가 혼돈의 양상을 보이는 상태이
다. 본래 그 사회가 원천적으로 파편적 폐쇄성을 지니고 있거나,
대내적으로 특히 소통의 활성화가 부족한 상태에 있거나, 통치적
구조의 경직성이 작용하여 정보의 확산이 어려운 경우이다. 적대
적 분열, 배타적 독선이나 폐쇄, 강압적 지배, 선동적 회유, 규범
적 혼란 등이 사회 혹은 조직을 특징짓고 있는 상황은 민주주의의
유지와 성장을 어렵게 하는 결정적 악재가 된다.

　본래 파편처럼 분화된 작은 단위의 집단 중에는 일종의 민주적
체제라고 할 수도 있을 만큼 정돈되고 평화로운 상태를 유지한 경
우가 없지 않다. 고대 신라의 화백(和伯)과 같은 제도가 그 사례이
다. 많은 정치이론가가 그랬듯이 다알도 민주주의는 소규모의 국
가에서 실천이 용이하고 그만큼 성공의 가능성이 높다고 하였다.
그러니 오늘과 같이 대형화된 소식 혹은 국가에서 사회적 통합을
위한 규범의 학습이 제대로 이루어지지 않은 상태에서는 민주주
의의 질서를 형성하고 유지하기가 어려운 것이 사실이다.

　루소(Jean J. Rousseau)는 인간이 자연 상태에 있을 때 평화로운
관계를 유지한다고 하였으나, 홉스(Thomas Hobbes)는 만인의 만

인에 대한 전쟁 상태가 된다고 하였다. 맹자(孟子)는 본래의 인간은 선천적으로 선하다고 하였으나, 순자(荀子)는 선천적으로 악하다고 하였다. 자연적 본성에 대한 의견은 이와 같이 다를 수 있다. 민주주의는 인간의 선천적 자질의 발현이 아니라, 사회적 학습을 요구하는 제도적 삶의 형태이다. 그러므로 민주주의(정체)는 자연적 상태의 인간사회에서 저절로 형성되기를 기대할 수 있는 제도가 아니며, 절차적 실천의 세련성을 요구하는 제도이다.

　사회적 통합을 위한 구성원의 관습 혹은 전통이 자리 잡고 있거나, 통치적 원리에 일관된 형식적 혹은 비형식적 학습이 체계적으로 이루어지고 있어야 한다. 그러므로 불시에 발생한 자연적 재해, 대외적 전쟁, 혹은 대내적 분쟁을 겪는 혼란의 상태에서는 민주적 질서가 자리 잡기 어려운 것이 사실이다. 그런 점에서 사회적 상황의 안정적 기반은 민주적 질서의 시도와 정착과 발전을 위한 충분조건은 아니라도 필요조건에 해당한다. 그러므로 상황적 균열을 소극적으로 방치하거나 적극적으로 조장하는 세력은 민주주의에 대한 악성적인 장애물이다. 이런 점에서 민주주의는 그러한 불순한 세력에 저항하고 경계하고 비판하는 체계적인 교육을 통하여 실천의 역량을 일구어야 하는 제도의 원리이며 행동의 규범이고 생활의 양식이다.

　둘째, 도덕적 차원의 악재는 '인성적 부실' 수준을 의미한다. 이러한 차원의 악재에서는 구성원의 일반적 자의식이 미성숙한 수준에 있고, 관용, 배려, 개방 등의 공동체적 덕성의 내면화가 부실한 상태에 있으며, 참여, 준법, 정직, 협동 등의 규범에 관련하여 실천적 동기가 해이해진 도덕적 풍토가 지배한다. 민주주의적 삶의 질은 제도적 체제나 절차적 규칙을 익힌 기계적 습관화의 정도를 넘어 도덕적 정조와 인성의 세련성을 향상시키는 만큼 개선된다.

어떤 의미에서 민주주의는 갈등과 충돌도 없는 평화로운 상태의 질서를 의미하는 것은 아니다. 이러한 안정된 질서는 오히려 구성원의 개성이나 존엄을 별로 중요하게 여기지 않은 전체주의 혹은 독재체제에서 잘 길들어진 상태의 전형적 모습이기도 하다. 민주주의는 오히려 구성원 간의 갈등 혹은 대립이 불기피하게 발생하는 문제의 상황에서 그 의미를 지니기도 한다. 그것은 민주적 조직의 구성원은 개체적 정체감(正體感)이 강하게 작용할 수 있기 때문이다. 그러나 그들은 독재사회의 경우처럼 외재적 강제에 의해서 갈등 혹은 대립을 억제함으로써 문제를 해결하는 것이 아니라, 그들이 공유한 규칙 혹은 방법에 의해서 해결한다.

성숙한 민주주의자들은 타율적으로 관습이나 규칙에 복종하는 존재가 아니라, 자율적으로 공동체적 규칙의 입법(제정)에 참여하고 제정된 규칙의 준수에 자발적으로 동참하는 인성의 소유자들이다. 그들은 동료와 연합하고 공동의 목표를 추구할 줄 안다. 이러한 협동적 심성은 폐쇄적 이기심에 기초한 이해관계의 계산에 의해서가 아니라, 개방적 연대의식과 세련된 사회적 정조(情操)에서 요구되는 덕성의 체질화에 의해서 형성된 인격의 속성이다.

그러므로 민주주의 사회는 구성원에게 공동체로서 요청하는 도덕적 정조와 인성의 세련성을 유지하기 위한 의도적 학습의 장을 체계적으로 제공할 필요가 있다. 이러한 학습 경험의 장이 반드시 특정한 교과나 훈련의 형태로 구성된 특별한 제도적 프로그램을 통하여 제공되어야 하는 것은 아니다. 적어도 학교제도와 같이 의도적으로 계획된 모든 학습의 장에서 상시로 유의하고 확인하는 교육적 가치기준으로 의식할 필요가 있다. 문제를 폭력으로 해결하고 난폭한 무법자들을 방치한 상태에서, 흔히 민주주의라는 이름으로 반목과 대결의 물리적 제압을 통하여 다수결이라는 규칙을 강행한 결과는 민주주의적 생활과는 먼 거리에 있는 생활의 양태이다. 이러한 풍토는 바로 민주주의를 위협하고 파괴하는, 즉 가장 사악한 민주주의의 적에 해당한다.

셋째, 이지적 차원의 악재는 '우민적 방치'의 상태를 의미한다. 민주주의가 정치체제이든, 생활규범이든, 활동절차이든, 어느 것으로 이해되든지 간에, 사회나 조직의 구성원을 자연 상태 혹은 방임 상태에 두고 유지될 수 있는 것은 아니다. 사실상 민주주의는 자체의 유지를 위한 기본적인 규칙과 지식, 당면하는 문제의 해결을 위한 과정과 판단의 기술 등을 학습하고, 그것을 생활화하는 가치와 안목과 이념에 관한 균형 있는 이해를 요구한다. 바로 그 수준만큼, 민주주의를 탁월하고 정의로운 사회적-정치적 체제로서, 그리고 생활의 양식으로서 지니는 본질적 가치와 도구적 효율을 기대할 수 있게 한다. 먼저 언급했던 두 가지 범주의 악재를 해소하거나 제거하는 것이 민주주의의 실천을 위한 필요조건이라면 이지적 성숙성은 그 발전을 위한 충분조건에 해당한다. 민주주의의 성장적 동력은 기본적으로 구성원의 이지적 차원의 역량에 달려 있다.

  민주주의의 본질은 결코 투쟁이나 폭력이 아니다. 그러나 민주주의의 의식이 확산되는 과정에서, 이전에는 일반화되지 않았던 자유와 평등의 가치를 향유하기 위한 권리를 주장하고, 교육에 의한 계명의 노력이 진행되었지만, 제도적 조건의 쟁취와 사회적 여건의 구축을 위하여 역사적으로 세계의 여러 곳에서 수없이 많은 갈등과 충돌과 분쟁이 있었다. 자유와 평등의 가치는 민주주의의 '복음'으로 인식되었으나, 많은 경우에 일종의 '재앙'으로 경험되기도 하였다. 우리나라의 경우에도, 해방 이후의 초기에서뿐만 아니라 현재에 이르기까지, 정도의 차이는 있으나 민주주의로 인하여 혼란과 부조리가 생산되는 사회상을 이어 가고 있는 것이 사실이다. 점차로 개선되어 가는 징후는 있지만, 민주적 삶의 경험이 일천하고, 충분한 이해와 학습을 통한 삶의 원리를 익히지 못한 상태에서, 제도적 형태를 도입하는 과정은 실제로 반민주적인 행태가 난무하는 시기라고 할 정도의 불안정한 사회를 지속시켜 왔다.

  민주적 규칙과 생활이 요구하는 의미와 가치에 대한 반성적 이해와 실천적 습관의 세련성이 도달한 계명의 경지만큼, 사회와 그 구성원들은 민주적 가치를 즐길 수 있고, 자아의 실현과 성장의 삶을 자유롭게 향유할 수 있는 여건을 평등하게 보장받는다. 독재사회에서는 폭력 혹은 회유를 통치의 수단으로 삼고 있으므로, 결국 구성원(혹은 민중)을 우민 상태에 둔 채로 정치적 안정 상태를 유지하고자 한다. 민주주의의 제도적 발전과 성숙된 생활의 개화를 방해하는 의도적 혹은 방만적 우민화(愚民化)는 민주주의의 가장 심각한 악재에 속한다.

미주

1 Dewey, J. (1976). *Democracy and education*, MW 9. Chapter 7. Southern Illinois University Press.

2 Dewey, J. (1927). *The public and its problems*. Henry Holt and Company, pp. 12-25.

3 좀 더 설명하면, 목적론적 윤리학은 '좋은(선한) 행위'의 의미와 기준을 밝히는 데 일차적 관심을 두고, 주로 인간의 존재와 삶의 목적이 무엇이며 그러한 삶에서 요구되는 행위의 조건이 어떤 것이냐를 밝히고자 하였다. 아리스토텔레스의 행복과 덕의 윤리학, 쾌락주의자로 일컬어지기도 하는 에피쿠로스(Epicurus) 학파의 윤리학, 그리고 벤담(Jeremy Bentham, 1748~1832) 등의 공리주의 윤리학이 이에 속한다. 행복한(happy) 삶, 좋은(good) 행동, 덕스러운(virtuous) 행위, 쾌락한 생활(pleasant life) 등에 관심이 주어진다. 반면에 의무론적 윤리학은 주로 옳은(right) 행동, 의로운(just) 행위, 혹은 바른(righteous) 판단, 정의로운 사회(justice society)란 어떤 것이냐에 관하여 일차적 관심을 두고 논의해 왔다. 도덕적 행위의 '보편적 법칙'을 세우고자 한 칸트의 윤리학이 그 대표적인 것이다.

4 Dahl, R. A. (1989). *Democracy and its critics*. Yale University Press.

5 위의 책, pp. 138-144.

6 위의 책, p. 135.

7 민주주의의 절차적 방법의 특별한 원리로 알려져 있는 'deliberation'을 흔히 '숙의(熟議)'라고 번역하기도 하나, 집단적 사고과정의 특징을 제대로 담지 못하므로 나는 '집단협의' 혹은 문맥에 따라 단순히 '협의'라고 번역해 두고자 한다.

8 Dryzek, J. S. (2000). *Deliberative democracy and beyond: Liberals, critics, contestations*. Oxford University Press.

9 Eagan, J. L. (2007). Contributions on deliberative democracy to SAGE Publications's *Encyclopedia of Governance*.

10 Dewey, J. (1920). *Reconstruction in philosophy*, MW 12. Southern

Illinois University Press, p. 186.

참고문헌

Blokland, H. (2011). *Pluralism, democracy and political knowledge*. Asshgate Publishing.

Connolly, W. E. (2005). *Pluralism*. Duke University Press.

Dahl, R. A. (1989). *Democracy and its critics*. Yale University Press.

Dahl, R. A. (1998). *On democracy*. Yale University Press.

Dewey, J. (1916). *Democracy and education*, MW 9. Southern Illinois University Press.

Dewey, J. (1920). *Reconstruction in philosophy*, MW 12. Southern Illinois University Press.

Dewey, J. (1927). *The public and its problems*. Henry Holt and Company.

Dryzek, J. S. (2000). *Deliberative democracy and beyond: Liberals, critics, contestations*. Oxford University Press.

Eagan, J. L. (2007). Contributions on deliberative democracy to SAGE Publications's *Encyclopedia of governance*.

Flathman, R. E. (2005). *Pluralism and liberal democracy*. Johns Hopkins University Press.

Talisse, R. B. (2009). *Democracy and moral conflict*. Cambridge University Press.

Wall, S., & Klosko, G. (2003). *Perfectionism and neutrality*. Rowman & Littlefield Publishers.

제3장

인간해방, 자유시장경제, 자유민주주의

● 이지순(李之舜)

'오늘날 우리는 불과 몇 세대 전의 조상은 꿈조차 꾸지 못하던 자유와 풍요를 누리면서 사람답게 산다'라고 말하면 아마도 적지 않은 사람이 '아직도 가난하고 소외된 사람이 많은데 무슨 소리냐?' 하고 반문할 것이다. 그렇다. 우리 사회의 모든 사람이 똑같이 잘살거나 똑같이 자유롭지는 않다. 그렇더라도 빈곤과 속박 속에서 살던 불과 몇십 년 전의 우리 조상이나 여전히 '짐승만도 못한' 삶을 이어 가야 하는 수십억 명의 인류와 견준다면 지금 우리가 사람답게 산다고 말하는 게 그리 틀린 주장은 아니다.

1960년대 초에 남한은 1인당 소득이 (현재의 구매력으로) 1,700달러 내외 그리고 평균수명이 50세가 안 되는 '최빈국'이었지만 지금은 4만 달러를 상회하는 1인당 소늑과 80세에 육박하는 평균수명을 지닌 '잘사는 나라'가 되었다. 또한 이승만, 박정희, 전두환 등의 독재체제를 영원히 벗어나지 못할 것 같았던 비민주국가가 오늘날에는 자유민주국가가 되었다. 우리가 비교적 단시일 내에 이룩한 경제와 정치의 발전에 대해 많은 세계인이 경탄한다.

사실 인류사를 보더라도 빈곤과 억압 속에서 노예나 다름없이 살아야 했던 평상인이 자유인이 되어 번영에 동참하는 한편, 그가 속한 공동체의 일을 처리하는 주권자가 된 것은 기나긴 호모사피엔스 역사에서 보면 찰나에 지나지 않는 최근 300여 년에 일어난 일이다. 이는 영국에서 시작된 인간해방의 물결이 서유럽, 북미, 일본, 대양주 그리고 동아시아 등지로 퍼져 나간 덕분에 생긴 일이다. 여기에서 말하는 인간해방이란, 사람들 누구나가 자기 것을 가질 수 있게 되고 사람들 누구나가 자유롭게 행동할 수 있게 된 인류사의 대사건을 지칭한다.

인간해방이 자유시장경제와 자유민주주의를 가능하게 만든 결과 수십만 년간 정체되어 있던 경제가 번영을 거듭하게 되었으며 억압과 속박 속에서 살던 절대다수의 기층민이 자유인이 되었다. 인류 역사상 처음으로 수십억 명의 평상인이 풍요 속에서 자유를 만끽하며 살게 된 것이다.

그러나 인간해방이 낳은 자유시장경제와 자유민주주의는, 소득과 재산의 불평등 확대와 그로 인한 심각한 사회분열 그리고 빈번하게 일어나는 민주주의 전복 사례에서 보듯이, 완전무결하지는 않다. 그렇게 된 것은 인간해방이 자유와 번영의 필요조건일 뿐 충분조건이 되지 못하는 데다 인간해방이 역사가 짧고 그 정도가 낮기 때문이다. 아직도 이 세상에는 인간해방이 전혀 이루어지지 않은 나라도 많고 인간해방이 길로 들어섰다가도 독재와 노예 상태로 회귀하는 나라도 많다.

이 글에서 필자는 인간해방, 자유시장경제, 자유민주주의 간에 존재하는 상호작용과 불완전성을 살펴본 후, 자유시장경제가 지닌 문제를 어떻게 수정하고 보완해야 할지 알아본다. 자유민주주의의 한계와 그 치유 방안에 관해서는 이 책에 실린 다른 글에서 체계적으로 다루고 있다.

　자유시장경제를 튼튼하게 만드는 일의 요체는 민주 경제를 건설하는 것이다. 그것이 성공한 대한민국이 실패한 나라로 전락할 위험을 줄이는 유일한 방안이다. 이 글에서 필자가 제시하는 민주 경제는 '민이 주인인 경제', 즉 공동체 구성원 각자가 동등한 자격으로 주인이 되는 경제를 가리킨다. 그러므로 공동체 구성원의 일부만이 주인이거나 공동체라는 집단만이 주인인 경제는 민주 경제가 되지 못한다.

　민주 경제를 건설하려면, ① 차별은 그 어떤 것이건 없앤다. ② 가능한 한 모든 이가 동등한 조건에서 출발할 수 있게 만든다. ③ 경제력이 집중되지 않게 하며, 집중된 경제력을 오용하고 남용하지 못하게 한다. ④ 자력으로는 주인이 되기 어려운 사회적 약자를 지원한다. ⑤ 결과의 불평등이 생기지 않게 만드는 장치를 갖추고 이미 생성된 불평등을 완화하도록 조치한다. ⑥ 가능한 한 많은 일을 시장에 맡김으로써 공권력이 불평등을 확대하지 않게 한다 등의 원칙을 지켜야 한다.

1. 인간해방[1]

기록된 인류 역사 거의 전 기간에 걸쳐서 군왕과 그를 둘러싼 소수의 집권 세력이 공동체의 권력과 재력을 독점한 채 절대다수의 평민을 종과 노예처럼 부리며 살아왔다. 이 시기에 다스리는 자는 자유롭고 풍요롭게 살았으나 다스림을 받는 자는 빈곤과 억압 속에서 살았다.

그러한 굴레를 풀기 시작한 것이 인간해방이다. 수천 년간 노예 또는 노예와 다름없는 처지에서 살던 절대다수의 기층민이 자유를 갖게 되고 유무형의 재산을 소유할 수 있게 된 사건이 인간해방이다.

오늘날의 한국인은 해방된 인간일까? 사유와 자유가 인간해방의 핵심임에 비춰 보면 자유시장경제와 자유민주주의를 근간으로 해서 세운 나라에 사는 우리는 해방된 인간임이 틀림없다. 사실 오늘날 남한인은, 광복 이전까지의 한국인이나 오늘날 북한의 기층민은 꿈도 꾸지 못할 만큼, 높고 넓게 해방되었다.

아무리 불행한 처지에 놓여 있더라도 주인 된 삶을 살고자 하고, 가진 게 적고 배운 게 모자라도 비굴하게 굴지 않으며, 타인의 간섭과 통제를 배척하고, 매사 자기 뜻대로 처리하는 사람이 자유인이다. 자력으로 살기보다는 남에게 의존하고자 하며, 자기의 불우함을 남의 탓으로 돌리고, 남이 하는 대로 따라서 살거나 그가 시키는 대로 사는 사람은 자유인이 아니다.

근래에 우리나라에서 사유와 자유를 제약하는 일이 빈번하게

일어남을 볼 때 우리가 정말로 해방된 것인지 의구심이 들기도 한
다. 게다가 사유와 자유를 제약하는 정도와 범위가 대상에 따라
다르므로 모두가 평등하게 해방되었다고 할 수도 없다. 인간해방
의 역사가 짧은 데다 그동안 이루어진 인간해방의 정도가 낮고 범
위도 좁다. 매사를 나라에 기대려는 마음이 강한 것을 보면 우리
마음에서 노예근성이 완전히 사라지지 않은 것 같다. 노예처럼
살아온 세월이 아주 길어서 그런가 보다.

　사실 전 지구적으로 보더라도 인간해방의 역사는 매우 짧다. 삼
십 만 년이 넘는 호모사피엔스의 역사에 견주면 인간해방이 이
루어지기 시작한 지난 300여 년은 순간에 불과하다. 게다가 나라
마다 인간해방의 역사와 정도가 매우 다르다. 서유럽 여러 나라
와 북미의 미국과 캐나다는 인간해방의 역사가 길고 그 정도가 높
은 나라이다. 일본, 호주, 뉴질랜드는 서구가 아니면서도 일찍부
터 인간해방에 동참한 이후 번영을 지속해 온 나라이며, 한국, 대
만, 싱가포르, 홍콩 등은 1960년대 초반에 그렇게 한 이후 번영을
이룬 나라이다. 중국, 베트남, 인도는 비교적 최근에 인간해방에
나선 나라로서 경제 발흥의 조짐을 보이기는 하지만 언제라도 인
간해방의 대열에서 이탈할 가능성이 적지 않은 나라이다. 아프리
카, 중동, 중앙아시아, 숭남미 등지에는 인간해방의 대열에 동참
하지 않았거나, 동참했더라도 그 진행 속도가 느린 나라가 아주
많다. 그 결과 지금도 수십억 명의 인류가 온전히 해방되지 않은
채 빈곤과 속박 속에서 살고 있다.

　인간해방은 경제의 지속적인 발전과 정치의 민주화를 촉진함으

로써 인류사회를 완전하게 변화시킨다. 인간해방을 이룩한 나라의 경이로운 경제발전 양상과 인간해방을 이룩한 나라가 달성한 높은 수준의 민주정치 정착이 그러한 사실을 증명한다. 인간해방을 이루지 못한 나라의 경제 정체 또는 퇴보 그리고 인간해방을 이루지 못한 나라의 독재로의 정치 퇴행은 그러한 사실에 관한 반증이다. 다음에서 이러한 사실에 대해 좀 더 자세히 알아보겠다.

2. 인간해방과 경제[2]

1) 인간해방과 경제발전

18세기 중엽부터 본격화된 산업혁명이라는 대변화가 가능했던 것은 르네상스 시대가 전개되면서 일기 시작한 인간해방의 물결이 인류사의 거스를 수 없는 대세가 된 덕분이다.

인간해방이 이루어지기 이전 시기에 절대다수의 평민은 재산은 물론이거니와 제 몸조차 온전하게 '소유'하지 못하였다. 주인이 시키는 대로 살아야 하는 노예나 다름이 없었던 것이다. 그들은 더 나은 미래를 위해 투자할 마음도 능력도 없었으며 또한 투자할 자유도 없었다. 이처럼 절대다수의 평민이 투자할 동기도 능력도 자유도 없는 사회는 발전하지 못한다. 노예경제하에 있던 전통경제가 초장기 정체 상태에 놓여 있었던 것은 바로 이 때문이다.

인간해방은 세상을 근본적으로 변화시키기 시작하였다. 보편적인 사유와 자유가 주어지면서 사람들은 비로소 열성을 다해서 일하기 시작하였으며 무엇보다도 더 나은 미래를 만들기 위한 투자에 나서기 시작한 것이다. '내가 지금의 행복을 희생하고 더 나은 미래를 만들기 위해 흘리는 피와 땀이 나와 내 가족의 미래를 더 낫게 만들 것'이라는 확신이 사람들의 행동을 극적으로 변화시켰다. 매사에 최선을 다해서 일하고 공부하고 자녀를 가르치며 일을 처리하는 새로운 방안을 고안하고 새로운 기술을 개발하며 성능이 더 좋은 도구와 기계를 만들기 시작한 것이다. 이는 수천 년간 잠자고 있던 인간의 두뇌가 잠에서 깨어나서 활발하게 움직이기 시작한 덕분인데 인간해방이 이루어진 곳에 사는 모든 사람에게서 그와 같은 일이 일어났다.

인간해방이 촉발한 산업혁명 이후 300년이 채 안 되는 기간에 지구의 인구가 8배 그리고 평균 소득은 18배 늘었다. 오늘날 인류가 누리는 삶의 양과 질은 300년 전만 하더라도 그 누구도, 왕후장상이라 하더라도, 꿈조차 꾸지 못하던 것이다. 인간해방이 세상을 완전하게 변화시켰다.

사례 1 산업혁명 이후에 보통 사람들의 영양 섭취량이 획기적으로 증가하였다. 식생활이 개선되자 건강이 증진되었으며 소득수준이 높아지면서 보건위생 환경이 개선되었고 의료 서비스가 획기적으로 개선되었다. 유아 사망률이 크게 낮아졌으며 고령자의 건강 상태가 개선된 덕택에 산업혁명 발발 당시 40년이 안 되던 인류의 평균수명이 지금은 70년으로 늘어났다. 같은 기간에 인구는 10억 명에서 77억 명으로 증가하였으므로 인류의 총 생존 연수가 2,010억 년 정도 늘어났음을 알 수 있다. 이는 산업혁명 이래 지금에 이르는 동안에 인간의 가치가 4.02×10^{18}원 이상 증가했음을 뜻한다. 산업혁명 이전에도 인구와 평균수명이 늘어났는데, 인류학자들에 의하면 30만 년 동안에 평균수명은 10년 그리고 인구는 10억 명이 증가했다고 한다. 이러한 사실과 산업혁명 발발 당시에 인류의 평균 소득이 120만 원 내외였다는 사실은 30만 년에 걸쳐서 늘어난 목숨값이 1.2×10^{16}원 정도 되었음을 말해 준다. 30만 년 동안에 늘어난 인명의 가치가 1.2×10^{16}원인데 지난 300년 동안에 늘어난 인명의 가치가 4.02×10^{17}원이므로 최근 300년이 안 되는 기간에 일어난 인명 가치 증가가 그 이전 시기 30만 년에 걸쳐서 일어난 인명 가치 증가보다 335배 크다. 이를 연간수치로 환산하면 무려 335,000배가 된다. 말 그대로 상상을 초월하는 '진보'라고 할 수 있다.

사례 2　우리에게 좀 더 친숙한 사례로 해외여행에 대해 생각해 보자. 1인당 소득 4만 달러 시대를 살아가는 오늘날의 대한민국 국민은 누구나 해외여행을 갈 수 있으며 실제로 해마다 수백만 명이 해외여행에 나선다. 조금 과장해서 말하자면 이웃 마을에 다녀오듯 한다. 이는 500~600달러의 1인당 소득을 지녔던 600여 년 전의 조선인은 물론이거니와 불과 1,750달러의 1인당 소득을 지녔던 1960년대 초반의 한국인들은 상상조차 하지 못하던 일이다. 그 당시를 살았던 사람 대부분은 평생 자기가 태어난 고장을 떠나지 못하였다. 경비를 조달하기도 어려웠을 뿐만 아니라 대개는 걸어서 가야 했던 서민의 처지로서는 '집 나서면 고생'이었다.

사례 3 쿠바는 지리적으로 서울과 대구 사이보다도 가까운 미국의 인
접국이지만 두 나라의 정치와 경제 양상은 하늘과 땅만큼 차이가 난다.
미국은 잘사는 민주국가임에 반해서 쿠바는 가난한 비민주국가이다. 미
국에서는 아주 오래전부터 인간해방이 이루어져 왔으나 쿠바는 독립 이
래 사회주의를 표방하면서 인간해방을 거부해 온 게 현재와 같은 차이
를 낳았다. 쿠바보다 정도는 약하나 멕시코 역시 정치나 경제에서 미국
과 큰 차이를 보인다. 사실 멕시코는 미국과 국경을 맞댄 지리적 거리
0의 이웃이다. 그런데도 미국인은 잘살고 자유로우나 멕시코인은 가난
하며 예속되어 있다. 인간해방의 역사와 범위에서의 격차가 그러한 결과
를 낳았다. 쿠바와 멕시코가 일찍부터 미국만큼 인간해방을 광범위하게
추진해 왔다면 지금쯤 그 나라는 미국의 플로리다주나 텍사스주와 다를
게 없는 정치경제의 발전을 이루었을 것이다.

이와 같은 사례는 인간해방이 경제발전의 선결 조건(prerequisite)
임을 보여 준다.

2) 경제발전과 인간해방

시속적인 경제발전이 인류를 번영의 길로 이끌게 되면서 인간
해방이 이루어지는 정도가 더 광범위해졌다. 경제발전이 인간해
방을 촉진한 것이다. 참정권의 보편화가 하나의 좋은 사례이다.
노예경제에서는 왕과 소수의 귀족만이 정치 행위에 참여할 수 있
었지만, 산업혁명과 더불어서 빠른 속도로 참정권이 확대되었다.

왕후장상이 독점하던 참정권을 신흥 소시민에게도 주어야 할 상황이 전개된 것이 그 출발점이다. 빈부와 교육 수준에 따라 차별적으로 주어지던 참정권이 성인 남성 모두에게 주어지는 데 오랜 기간이 걸리지 않았다. 여성이 참정권을 갖게 된 것과 여기저기 남아 있던 노예를 해방하고 그들에게도 참정권을 부여한 것은 그보다 훨씬 뒤의 일이기는 하지만 이 역시 경제발전이 없었으면 이루기 어려운 과제였을 것이다.

그러한 변화는 교육에서도 일어났다. 초기에는 거의 모든 가정에서 자녀를 일터로 보냈으나 경제발전으로 형편이 나아지자 모두가 자녀를 학교로 보냈다. 보편적인 초등교육은 아주 일찍부터 시행되었지만 이것이 중등 및 고등교육으로 확대되는 데 그리고 교육 또는 일상에서의 남녀 차별이 사라지는 데는 비교적 오랜 세월이 걸렸다.

오늘날 선진국이라고 불리는 나라에서는 인종, 민족, 성, 출신지, 피부색, 연령, 언어, 학력, 직업 등에서 '차별'이 강하지 않다. 그런 나라라고 해서 처음부터 일이 그렇게 된 것이 아니라 경제발전과 더불어서 인간해방이 더 광범위하게 진전되었기에 그렇게 된 것이라고 볼 수 있다. 모든 사람이 재산을 가질 수 있게 되고 누구나 자유롭게 행동할 수 있게 되면서부터 경제사회 구조가 평평해진 것이다.

사례 4　마오쩌둥 사후에 개혁과 개방을 표방한 덩샤오핑의 등장을 계기로 해서 인간해방의 길로 들어선 중국이 그동안 이룩한 경제발전 성과는 실로 대단하다. 그렇지만 중국의 인간해방 정도는 그 나라의 경제발전 정도보다 아주 낮다. 중국의 인간해방은 서방 선진국과 일본보다 그 정도가 아주 낮음은 물론이고 한국과 싱가포르가 이룩한 인간해방보다도 그 수준이 낮다. 최근에 홍콩의 중국화가 보여 주는 인간해방의 후퇴 현상은, 저간의 경이로운 경제발전상에도 불구하고, 인간해방의 측면에서 중국의 앞날에 대해 강한 의구심을 일으킨다.

3. 인간해방과 민주

1) 민주: 민이 주인인 세상

민주주의를 표방하는 나라의 숫자만 보면 민주주의 시대가 도래한 듯하다. 그렇지만 자유민주주의, 사회민주주의, 인민민주주의, 노동자 민주주의, 기층민주주의 등 다양한 용어에서 보듯이 민주주의에 대한 관점이 하나로 통일되어 있지는 않다.

우리는 어떤 민주주의를 지향하는가? 필자는 '민이 주인인 세상'을 만드는 게 민주주의의 핵심이라고 생각한다. 여기서 중요한 게 민 그리고 주인이 된다는 말의 뜻이다. 무엇이 민인가? 그것은 나이, 성별, 인종, 개성, 학력, 빈부, 종교, 출생 환경, 출신 지역 등을 구별하지 않고 모든 이가 동등한 권리를 갖는다는 의미에서의

민이다. 무엇이 주인이 되는 길인가? 본인의 미래를 본인의 뜻에
따라 자유로이 정할 권리와 그가 속한 공동체의 미래를 결정하는
데 여타 구성원과 동등한 자격으로 참여할 권리를 갖는 자가 주인
이다.

자유민주주의에서는 모든 이(민)가 주인이 된다. 그러나 인민민
주주의, 노동자 민주주의, 기층민주주의에서는 인민, 노동자 또는
기층민이 주인이다. 만인이 주인인 게 소수만이 주인인 것보다
낫다. 그러므로 이 땅에 자유민주주의를 굳건하게 세우는 게 우
리가 할 일이다.

2) 인간해방으로 가능해진 민주

평민, 백성, 기층민 등으로 지칭되는 평상인이 주인 노릇을 하
게 된 것은 호모사피엔스 수십 만년 역사에서 극히 짧은 기간인
지난 300여 년에 일어난 일이다. 인류가 농경시대를 살아온 대략
1만 년의 거의 전 기간에 걸쳐서 전제군주제와 노예제가 정치와
경제의 전형이었다. 군왕을 정점으로 하는 소수의 지배층이 권력
과 재산을 독점한 채 다수의 백성을 머슴이나 노예처럼 부리며 살
았던 시기로서 그것은 결코 백성(민)이 주인이 되는 시대, 즉 민주
의 시대가 아니었다.

민주의 시대, 즉 백성이 주인이 되는 시대는 인간해방이 이루
어지면서 비롯되었다. 사실 해방된 인간의 시대는 백성이 주인이
되는 시대와 동일 개념이다. 인간해방이란 개개인이 지닌 각종

차이에도 불구하고 누구나 다 재산을 가질 수 있고 누구나 다 자유롭게 행동할 수 있게 되는 상황이 도래함을 의미하는데 그게 바로 백성이 주인이 된다는 말의 뜻이다. 이때 백성에는 노예사회에서 노예처럼 살았던 평민은 물론이거니와 주인으로 군림하다가 이제 평민으로 신분이 바뀐 전 시기의 지배자도 포함된다.

민주의 시대에는 세습되는 지배층이 존재하지 않는다. 그저 권한을 위임받아서 국가를 경영하는 통치자가 있을 뿐이다. 주권재민의 원칙에 따라서 선출된 통치자는 「헌법」이 그에게 위임한 사항에 대해서 정해진 임기 동안 권한을 행사하며 주권자인 국민은 법이 정한 절차에 따라서 임기 중이라도 통치자를 물러나게 할 수 있다.

4. 경제와 민주주의

민주주의는 경제와 무관하다고 생각하는 사람이 많다. 그러나 그렇지 않다. 정치가 경제에 영향을 주고 경제가 정치에 영향을 주므로 양자를 떼어 놓고 생각하는 것은 옳지 않다.

경제가 원활하게 돌아가려면 경제활동에 참여하는 모든 이가 그 사회를 지배하는 경제 질서를 따라야 한다. 경제 질서 중 어떤 것은 자생적으로 형성되기도 하나 더 많은 부분은 정치 행위를 통해서 형성된다. 가령, 현대 경제에서 필수 불가결한 장치인 '경쟁 질서'는 거의 모두 정치적 선택의 결과로 만들어진다.

1) 시장과 민주[3]

자유시장에서는 모든 이가 주인이다. 그 누구라도, 비록 그가 그 사회의 '소수'라도, 그가 원하는 바를 이룰 수 있다. 누구나 능력이 허용하는 범위 내에서 원하는 것의 경중을 따져서 최선의 것을 선택한다. 그것도 누가 시켜서가 아니라 본인이 좋아서 그렇게 한다. 이처럼 누구나 주인이 되므로 시장은 민주적이다. 각자가 주인이 되어 본인의 의사에 따라서 자기가 원하는 바를 달성할 수 있으므로 시장에서는 모든 개인이 주권자이다. 시장만큼 민주적인 제도가 없다고 말해도 지나치지 않다.

시장은 내게 서비스를 제공하는 사람이 어떤 특성을 가진 사람인지 따지지 않고 오로지 그가 나에게 얼마나 양질의 서비스를 저렴하게 제공하는가만 따진다. 시장에서는 인종, 성별, 나이, 학력, 재산, 외모 등이 아니라 각자가 지닌 능력 또는 생산력이 가장 중요한 판단 기준이 된다. 우리는 식탁에 오른 밥이 맛있고 영양가 있는 한 누가 생산한 쌀로 지은 것인지 따지지 않는다. 품질과 가격에 만족하면 그걸 재배한 사람이 노인이건 젊은이건, 내국인이건 외국인이건, 남자건 여자건, 고학력자건 저학력자건, 경상도 사람이건 전라도 사람이건 따지지 않는다. 이처럼 시장은 사람을 차별하지 않는다.

시장은 개개인의 개성과 취향을 존중한다. 모두에게 획일적인 서비스를 제공하는 게 아니라 사람마다 맞춤 서비스를 제공하는 것이다. 내가 빨간색 넥타이를 사겠다는데 다른 사람들이 모두 초록색 넥타이를 사니 나에게도 초록색을 사라고 강요하지 않는다. 남들이 어떤 상품을 사건 관계없이 내가 원하는 상품을 살 수 있다. 자동차 회사가 다양한 차종을 그것도 성능과 옵션이 제각각인 차량을 생산하는 이유는 차별화된 고객의 욕구를 충족시키기 위해서이다.

시장에서는 사회적 소수자라도 그가 원하는 것을 할 수 있다. 근자에 외국인 노동자가 많아졌는데 그중에서는 우리가 잘 모르던 나라에서 온 사람도 있다. 시장은 그런 사람에게도 그들이 원하는 것을 제공한다. 시장에서는 또한 그 사회의 주류가 아닌 이념이나 사상을 지닌 사람도 그의 견해를 표현할 기회를 가질 수 있다. 예를 들어서 그것을 구매하려는 독자가 있는 한, 비록 그것이 그 사회의 통념이나 주류에 동조하는 것이 아닐지라도, 소수 의견을 담은 책자를 판매할 수 있다.

시장은 새로운 것, 새로운 길, 새로운 방식 등 지금까지 우리가 모르던 것을 수용하는 탁월한 능력을 지니고 있다. 그 덕에 우리는 누구라도 창의성을 발휘할 수 있는 것이다. 전혀 새로운 것이라도 시장을 통해서 제공할 수 있으며 전혀 새로운 방식을 시도할 수 있고 전혀 새로운 길을 개척할 수 있다.

시장은 탁월한 능력을 지닌 발견 장치이기도 하다. 모든 게 불확실한 상황에서도 시장은 무엇이 최선인지 잘도 찾아낸다. 다수가 치열하게 경쟁하는 과정이 최선의 대안을 찾아내는 것이다. 잘하면 상을 주고 잘못하면 벌을 주며, 잘한 정도가 클수록 더 큰 상을 주고 잘못한 정도가 클수록 더 큰 벌을 주는 시장의 속성이 그것을 아주 뛰어난 발견 장치로 만드는 것이다.

시장은 어떤 일이고 다수결로 처리하지 않으므로 그 무엇보다도 더 민주적이다. 그 누구건 그렇게 할 능력만 있으면, 그리고 그 사회의 기본 질서를 지키는 한, 자기가 원하는 바를 할 수 있는 데가 시장이다. 앞에서 말했듯이 말 그대로 시장에서는 모든 이가 주인이 된다. 그러나 정치의 영역에서는 그렇지 않다. 거기에서는 어떤 사안이건 다수결로 처리하는 게 민주주의에 부합하는 일로 여겨진다. 가령, 100명으로 이루어진 공동체에서 51명이 찬성하면 나머지 49명은, 비록 그것이 그가 원하는 게 아닐지라도, 다수가 원하는 바를 따르는 게 다수결의 원칙이다. 그런데 이렇게 하는 것이 과연 모든 사람(민)이 주인이 되는 길일까? 다수인 51명은 주인이 되지만 소수인 49명은 주인이 되지 못하는 것 아닐까?

2) 시장과 정부

세상사는 사적인 것과 공적인 것으로 구분할 수 있다. 내가 어떤 교육을 받고, 어떤 직업과 직장을 가지며, 어떤 배우자를 만나고, 자녀를 몇 명 낳아 기르며, 어떤 여가생활을 즐기고, 어떤 집에서 살며, 누구와 사귀고, 어떤 차를 타고, 무슨 음악과 그림을 즐기고 감상하며, 오늘 저녁 메뉴는 무엇으로 하고, 쇼핑은 어느 가게에서 하는가 등은 사적인 일이다. 반면에 외부 및 내부의 적대 세력으로부터 공동체 구성원의 생명과 재산을 보호하는 일, 법과 질서를 유지하는 일, 계약의 이행을 보장하는 일, 경쟁을 촉진하는 일, 화폐제도를 안정적으로 유지하는 일, 평화로운 국제 관계를 유지하는 일 등 '게임의 규칙을 제정해서 집행하는 일'은 공적 영역에 속한다.

자유 사회에서는 거의 모든 사적 활동을 시장을 통해 처리한다. 그렇지만 사적인 일이라도 개인들이 자율적으로 처리하지 못하거나 잘하지 못하는 일은 정치 행위를 통해서 처리한다. 여기에서 정치 행위를 통한다는 것은 정부 또는 국가가 일을 처리함을 의미한다. 공적 영역에 속한 일은 어떤 사회에서건, 자유주의 사회에서도, 정부나 국가가 처리하는 게 관행이다. 이에 반해서 사회주의, 혼합주의, 전체주의 또는 공산주의의 토대 위에 세워진 사회에서는 공적 영역에 속한 일은 물론이고 사적 영역에 속한 일도 그 대부분을 국가가 처리한다.

사적 영역에 속하는 거의 모두를 사인 간의 자유 거래를 통해서 처리할 수 있다는 사실에 주목해 보자. 나는 내가 이용할 수 있는 정보와 지식을 가지고서 내가 가진 능력의 범위 안에서 내가 원하는 것을 가장 잘 달성하게 해 주는 방안을 선택하며 나와 거래하는 다른 사람도 그렇게 행동한다. 수많은 이가 그렇게 해서 결정한 게 수요와 공급의 형태로 시장에 표출되고 그것이 치열한 경쟁 과정을 통해서 자율적으로 조정된다. 누가 시키지 않아도 시장이 알아서 일을 처리하는 것이다.

사적 영역에 속하는 일이지만 정치 과정을 통해 처리하는 게 나은 경우가 있다. 일반적으로 경제력 집중, 즉 독점의 문제, 비대칭 정보가 낳는 문제, 외부성이 낳는 문제 등이 그러한 대상이라고 여겨진다. 정부가 경쟁정책 집행을 통해서 독점의 폐단을 방지하고, 비대칭 정보가 만연한 시장을 규율하며, 상벌 시스템을 활용해서 외부성의 문제를 해결할 수 있고 또 해결해야 한다는 주장이 있다. 실제로 다수의 정부가 그러한 일들을 수행한다.

사례 5 경제를 보는 관점은 매우 다양하다. 이를 개인과 집단, 자율과 통제, 시장과 정부라는 관점에서 요약할 수 있다. 스미스, 마르크스, 케인스 그리고 하이에크의 경제사상을 그러한 관점에서 요약할 수 있다.

(애덤 스미스) 국부론의 저자이며 현대 경제학의 시조라고 일컬어지는 스미스는 개인, 자율, 시장을 중요하게 여겼다. 자유시장을 강조하면서 가능한 한 많은 일을 시장의 '보이지 않는 손', 곧 자율 조정 장치에 맡겨두고 정부가 아니면 할 수 없는 일과 정부가 더 잘할 수 있는 일만 하는 게 옳다는 작은 정부론을 펼쳤다. 그는 자유주의자였다. 수천 년간 억눌려 있던 평범한 사람들의 두뇌가 인간해방을 계기로 해서 창발성을 분출하려는 것을, 군주와 귀족 등 소수의 엘리트가 경제를 통제해야 한다면서 방해하는 기득권자의 횡포를 목격한 스미스는 자연스레 자유주의가 되었다. 스미스의 자유 경제사상은 오늘날 자유민주주의와 자유시장경제를 채택한 나라에 이어져 오고 있다(Smith, 1994).

(카를 마르크스) 공산주의자의 바이블인 『자본론』의 저자인 마르크스는 집단, 통제, 국가를 중요하게 여겼다. 모든 생산수단을 국유화해야 하고, 국가가 계획하는 대로 경제를 운영하는 계획경제, 곧 통제경제를 옹호하였다. 시민은 그저 국가가 계획하고 명령하는 대로 따라야 한다고 생각하였다. 마르크스는 반개인주의자인 동시에 반자유주의자였다. 산업혁

명이 진행되면서 사회의 새로운 주도 세력으로 부상한 신흥 자본가, 즉 유산자가 누리는 삶의 질과 무산자인 절대다수의 노동자와 농민이 누리는 삶의 질이 천양지차로 벌어졌다. 수많은 노동자·농민이 진보의 대열에서 소외되는 것을 본 마르크스는 모든 불평등의 원인이 생산수단의 사유화에 있다고 믿었다. 그가 계급혁명을 통해서 생산수단을 국유화하고 중앙 당국이 계획하고 통제하는 대로 경제를 운영해야 한다는 공산주의 계획경제론을 주창한 이유는, 그것이 부조리한 현실을 개선하는 유일한 방안이라는 생각에서였다(Marx, 2010).

(존 케인스) 일반이론의 저자인 케인스는 현대 거시경제학의 시조라고도 불리는데, 그는 누구보다도 정부, 곧 국가의 경제적 역할을 중요하게 여겼다. 케인스가 활약하기 이전까지 영국의 경제학계는 시장이 지닌 자율 조정 기능을 신임하는 소위 고전학파 경제학자가 주도하고 있었는데 그들은 모두 스미스의 후계자였다. 고전학파는 웬만한 문제는 시장이 알아서 해결하므로 정부가 시장에 대해서 함부로 간섭하거나 개입하지 말라는 주장을 견지하였다. 그런데 미국을 비롯한 서구 경제가 1929년에 전대미문의 대공황에 빠진 이후에 좀처럼 침체의 늪에서 헤어나지 못함을 목격한 케인스는, 시장을 중요시하는 고전학파의 경제이론이 틀렸음을 주장하면서, 그때까지의 통설과는 달린 정부가 경제에 적극적으로 참여해야 한나는 큰 정부론을 펼쳤다. 수많은 기업이 도산하고 그보다 더 많은 수의 노동자가 일자리를 잃는 상황을 보면서 정부더러 손 놓고 있으라는 것이 말이 되느냐면서 정부가 지닌 조세와 재정지출 권한을 적극적으로 활용해서 파탄에 빠진 경제를 살려야 한다고 주장하였다. 케인스의 적극적 정부론은 오늘날까지 많은 나라에서 영향력을 발휘하고 있다(Keynes, 1936).

(프리드리히 하이에크) 하이에크는 케인스가 주장한 적극적 정부론에 대해 정면으로 반론을 펼친다. 반론의 핵심은 케인스의 주장을 따르면 개인이 국가의 노예로 전락하는 것을 막을 방도가 없다는 데 있다. 하이에크에 의하면, 현대 문명의 기원 그리고 그 보존은 사람들 사이의 협업을 가능하게 만드는 사회질서인 자본주의 덕택이라고 한다. 현대 문명은 그 누구의 계획이나 의도에서 비롯된 게 아니라 저절로 혹은 즉흥적으로 생성된 것인데 그것을 가능하게 만든 원동력은 모든 개인이 자유인이 되었다는 사실에서 나온다. 자유가 발전의 원동력이고 자유가 있었기에 오늘날 많은 인류가 사람답게 살 수 있게 되었다. 하이에크는 100% 순수 자유주의자이다(Hayek, 1944).

3) 민주적 절차의 비민주성

공적 영역에 속하는 일을 처리할 때 다수결의 원칙을 따르는 게 민주국가의 관행이다. 어떤 정치 사안에 대해 투표를 진행한 후 찬성표가 많으면 그것을 채택하는 게 다수결로 일을 처리하는 방식이다. 이때 '찬성표가 많다'는 것이 무엇을 가리키는지는 사안에 따라서 조금씩 다르다. 찬성률이 50%를 넘는 안이 없을 때 그 중 가장 많은 표를 얻은 것을 선택하거나, 가장 많은 표를 얻었더라도 찬성하는 비율이 50%를 넘어야만 선택하거나, 찬성표가 투표자의 3분의 2를 넘어야만 선택하거나, 투표자 전원이 찬성해야 선택하는 등 다양한 방안이 있다. 이때 어떤 사안이 얼마만큼 중요하므로 어떤 정도의 찬성표를 얻을 때 대안으로 선택할 것인가

하는 사항은 '사전'에 논의를 거쳐서 정한다.

쟁점이 되는 정치적 사안을 소수가 독단적으로 결정하는 것보다는 '민의를 존중하는' 다수결로 결정하는 게 훨씬 더 민주적이다. 그렇지만 다수결로 일을 처리하는 방식이 100% 민주적이지는 않다. 모든 사람이 다수가 정한 바를 따라야 하므로 소수에 속한 사람은 싫더라도 그것을 따라야 한다. 말로는 소수 의견을 무시하지 말자고 하면서도 현실에서는 다수가 찬성하는 게 법이고 명령이 된다. 그러므로 민주국가에서도 소수는 참된 의미의 주인이 되지 못한다.

다수가 찬동하는 방안이 마음에 들지 않는다고 해서 소수가 그것을 따르지 않으면 국가를 안정적으로 유지하기 어렵다. 반면에 다수가 소수를 숫자의 힘으로 제압하는 일이 빈번하게 일어나는 것도 안정에 도움이 되지 않는다. 번번이 고배를 마신 소수가 인내의 한계에 도달하면 국가사회를 뒤엎으려 들 수도 있기 때문이다. 그러한 사태를 방지하고자 소수에게 반론권을 주기도 하지만 다수결을 따르지 않을 방도가 없어 보인다.

이러한 연유로 민주주의를 표방하는 나라에서조차 정치적으로 의사를 결정하게 되면 그 결과가 '비민주적'인 경우가 허다하게 생긴다. 사실 정치의 영역에서 모든 사람이 주인이 되는 민주주의는 가능하지 않다.

정치적으로 사안을 처리할 때 생기는 또 다른 심각한 문제는 정치 행위를 통해서 결정한 방안을 시행에 옮길 때 명령과 규제를 활용하지 않을 도리가 없다는 사실이다. 정치 행위를 통해서 정한 바는 그 방안을 도출할 때 찬성하지 않았던 사람을 포함한 모든 이가 따라야 하는데 사람마다 동 방안을 따르려는 열의가 같지 않으므로 모든 이가 그것을 준수하게 만들려면 강압적인 수단을 활용할 수밖에 없다. 사실 정치적 의사결정 결과를 집행할 책무를 지닌 정부는 태생부터 강압적인 존재라고 할 수 있다. 그러므로 정치 과정을 통해서 사안을 처리하는 것과 개인의 자유를 보호하는 일은 양립하기 쉽지 않다.

명령과 규제를 통해서 문제를 해결하게 되면 개성과 다양성이 무시되고 획일과 평준화로 나아가게 된다. 게다가 허용하는 것 외에는 아무것도 하기 어렵다. 특히 각자가 창의성과 모험심을 발휘해서 새로운 것을 추구하는 게 어렵다. 다만, 명령과 규제를 활용하더라도 명시적으로 금한 것 외에는 무엇이건 다 할 수 있도록 허용하면 새로운 것을 시도할 수 있다.

사례 6 군중 집회와 여론몰이를 이용한 인민재판은 모든 사람이 주인이 되는 참된 민주가 되지 못한다. 그것은 선동을 통해 군중심리를 자극함으로써 숫자의 힘으로, 즉 동원된 다수의 힘으로 자기가 원하는 것을 이루려는 독재자의 술수에 불과하다. '네가 네 죄를 알렸다!' 하며 흥분한 군중의 힘으로 밀어붙이는 것은 원시 공동체에서 이단자를 제거하던 방식이나 중세의 마녀사냥 그리고 종교재판과 조금도 다르지 않다. 같은 맥락에서 '국민청원'은 사법 절차를 경시하는 제도로서 그것을 통해서 결과에 영향을 주려는 시도는 인민재판식으로 일을 처리하려는 것과 크게 다르지 않은 행동이다.

　다수결로 일을 처리하는 정치적 의사결정에서 다수에 들지 않아서 소외되는 소수를 보호할 방안이 있을까? 다음과 같은 몇 가지 방안을 생각할 수 있다.

　소수 의견도 존중하는 시장의 영역을 확대하는 게 한 방안이 된다. 가능한 한 많은 일을 시장에 맡기자는 얘기이다. 앞에서 보았듯이 시장은 소수라고 해서 그를 차별하지 않는다. 그러므로 가능한 한 많은 일을 시장을 통해 해결하도록 하는 것이다. 그러려면 소수가 다수를 따르도록 강제하는 장치인 정치 과정에 의해 해결해야 할 문제의 수와 범위를 최소한으로 유지해야 한다.

　불가피하게 정치적으로 의사를 결정해야 하는 때에도 가능한 한 많은 일을 중앙정부보다는 광역 지방정부 그리고 광역 지방정부보다는 소지역 지방정부가 그 일을 맡아 하도록 하는 게 좋다. 가령, 마을 공동체에서 주민자치로 해결할 수 있는 일을 중앙정부가 획일적으로 정하는 것은 비민주적인 결과를 낳을 가능성이 큰 정책 집행 방식이다.

　견제와 균형의 원칙을 철저하게 지키는 것이 바람직하다. 입법, 사법, 행정을 장악한 다수가 그들의 뜻대로 법을 정하고 운영하는 것은 반민주적이다. 삼권을 장악할 수 있게 표를 준 유권자의 잘못이기는 하지만 그래도 금도를 지켜야 하는데 현실은 그렇지 않다. 언론, 시민단체, 노조, 학계, 문화계, 연예계 등을 장악하고서 소수 의견에 재갈을 물리는 게 얼마나 반민주인지는 삼척동자라도 안다.

　마땅히 「헌법」을 준수하는 정치를 해야 하며 모든 이가 법 앞에 평등한 세상을 만들어야 한다. 모든 민이 주인이라는 헌법정신을 무시한 채 '내 편'만을 민으로 대우하는 것은 반민주이다.

5. 반인간해방: 해방된 인간의 재노예화

'경제가 지속해서 발전하려면 먼저 인간해방이 이루어져야 한다.'라는 명제는 논란의 여지가 없는 것처럼 보이는데 이 세상에는 아예 인간해방의 길로 들어서지 않았거나 한때 그 방향으로 나섰다가도 후퇴한 나라가 많다. 왜 그럴까? 그 나라의 누군가가 보편적인 인간해방을 거부하고 있기 때문이다.

누가 인간해방을 거부할까? 보편적인 인간해방을 거부함으로써 이득을 보는 세력, 즉 기득권층이 그런 부류이다. 그게 전제 군주와 그 일당일 수도 있고 무소불위의 독재자와 일당일 수도 있다. 여기에는 기득권층의 최상부에 있는 자가 나누어 주는 떡고물이라도 얻어먹으려고 독재자에게 협조하고 지지하는 관료, 언론인, 법조인, 문화예술인 등도 포함된다.

독재자에게 아부하며 봉사하는 사이비 지식인도 인간해방을 거부하는 세력이다. 그들은 흔히 하늘이 낸 영명한 군주나 타의 추종을 불허하는 영웅을 필두로 하는 현명한 소수가 다수의 어리석은 백성을 다스리는 게 나라의 안녕을 지키면서 모두를 행복하게 만드는 길이라고 주장한다. 사실 농경 목축의 시대를 살아오면서 지식인이 발전시켜 온 통치 논리는 모두 이에서 크게 벗어나지 않

는다. 인간해방이 이루어지지 않은 곳, 가령 북한에서는 21세기
인 지금도 그러한 논리가 통용되고 있다. '나라님이 어린 백성을
다스리는 게 천하의 순리'라고 가르친 성현의 말씀은 소수에 의한
다수의 지배를 정당화한 것이다.

인간해방이 상당한 정도로 진전된 나라에서조차 인간해방의 물
결을 되돌려 놓으려고 시도하는 세력이 많다. 자기의 이익을 위
해서 가능한 범위 내에 있는 적지 않은 수의 사람들을 사실상의
노예로 만들고자 시도하는 세력이 그들이다. 선량한 시민을 협박
하고 겁탈하는 폭력집단이 그렇고, 노점상들에게서 자릿세를 뜯
어 가는 거리의 건달패가 그러하며, 유약한 학생들을 괴롭히는 학
교 폭력배가 그렇다. 이들은 모두 그 실체가 분명하고 또 불법이
므로 다스리기도 비교적 쉽다.

진정으로 문제가 되는 것은 표면적으로는 그렇지 않은 척하면
서 다수를 노예화하려고 시도하는 세력이다. 종업원을 노예처럼
부리려 드는 기업가, 조직의 힘으로 구성원을 협박하는 노동조합,
다수의 힘으로 상대방을 억누르려 드는 이해집단, 조작된 정보를
써서 다중을 통제하려는 세력, 주변 약소국가를 업신여기는 강대
국 등 예를 들자면 끝이 없다.

그중에서도 위험성이 가장 큰 것은 인간해방의 핵심 가치를 비
하하는 지식인의 논리라고 할 수 있다. 가능한 한 강력하게 사유
와 자유를 제한하는 게 공동선에 이바지하는 길이 된다는 주장이
그것이다. 인간해방의 부재가 가난과 예속으로 가는 지름길이라
는 사실을 눈앞에 보면서도 대중이 그러한 주장에 경도되는 것을

보면, 사유와 자유를 제한하고 공유와 공존의 길로 나가자는 것은 참으로 매력적인 주장인 것 같다.

> **사례 7** 21세기에 들어와서 자유주의가 위협받고 있다. 신자유주의라
> 는 허수아비를 내세워서 현실에서 발생하는 모든 문제를 고전적 자유주
> 의의 탓으로 돌린다. 독과점 기업의 횡포, 거대 금융자본의 횡포, 소득
> 과 재산 분포의 불균등 심화, 군비 경쟁, 내란과 전쟁, 민주주의 전복 등
> 의 문제가 자유주의 시장경제 때문에 생긴다고 주장한다. 반자유주의자
> 들은, 고전적 자유주의가 앞에서 열거한 현상에 대해서 강력하게 반대하
> 는 사상이라는 사실을, 애써 무시한다. 지나친 자유가 문제의 근원이라고
> 주장하는 반자유주의자들은, 정부에게 힘을 실어 주어서 자유가 낳은 악
> 의 화신이 '못된 자본가들'을 엄하게 다스리라고 주문한다. 자유가 낳은
> 눈부신 경제적 진보가 반자유주의자의 발흥을 가져온다는 것은 아이러
> 니한 일이다(Mises, 1962).

6. 경제민주화

모든 개인(민)이 주인이 되는 경제는 사유, 자유, 경쟁을 핵심으로 하는 자유시장경제가 유일하다. 사유를 제한하거나 자유를 억제하고 경쟁을 제한하는 경제는 그 어떤 것도 개인(민)을 주인으로 섬기지 않는다. 거기에서는 표면적으로는 공동체, 사회, 국가 등을 주인으로 내세우나 그 집단을 장악한 소수 엘리트가 실질적

인 주인이고 다른 사람은 종이나 다름없다. 그러므로 자유시장경제만이 민주적이고 그 밖의 모든 경제 체제는 비민주적이다.

경제민주화가 화두가 된 적이 있다. 지금은 그 열기가 식었으나 아직도 경제를 민주화해야 한다고 생각하는 이가 많다. 경제를 민주화한다는 게 무슨 의미일까? 민주의 이상을 구현하는 경제를 만들자는 주장이라면 그것은 자유시장경제를 창달하자는 얘기와 다르지 않다. 경제에서 민주의 이상이 구현되기를 희망하는 자유주의자는 그러한 의미에서의 경제민주화에 찬성한다.

그러나 몇몇 정치가가 주창하는 경제민주화는 그것과 전혀 다르다. 정치의 영역에서 그렇게 하듯이 경제의 영역에서도 1인 1표의 원칙을 따르자는 것이 그런 주장의 골자이다. 경제 영역에서는 1원 1표의 원칙이 통용되는데 그것은 빈부에 따라 차등한 선택권을 주는 것이어서 부당하다는 것이다. 1원 1표를 따르다 보면 소득 또는 재산에 따라서 선택 대상의 범위와 내용이 달라지므로 민주적이지 않다는 것이다.

경제의 영역에서 1인 1표의 원칙을 적용한다는 것은 무슨 뜻인가? 소득과 재산의 차이로 인해서 선택의 범위와 내용이 달라지는 것은 불공정한 일이므로, 가능하면 소득과 재산을 균등하게 만들어서 누구나 동등한 선택권을 갖게 하는 게 경제의 영역에서 1인 1표의 원칙을 따르는 길이다. 한마디로 말해서 소득과 재산을 균등하게 하자는 주장이다. 예를 들어서 어떤 이는 억대의 고급 차를 타는데 어떤 이는 값싼 경차밖에 못 타는 것은 매우 불공정한 일이므로, 빈부 차를 줄여서 비슷한 수준의 차를 타게 하자는 것이 경제를 민주화하는 길이라고 한다.

이처럼 경제민주화를 주장하는 사람은 모든 사람이 비슷한 정도의 재산을 갖게 만들자고 주장한다. 고소득자와 재산이 많은 사람에게 고율의 세금을 매기고 상속세와 증여세를 무겁게 매겨서 부의 대물림을 차단하자는 주장이 그것이다. 이보다 더 극단적인 것은, 아예 상속을 금지하자거나 소득과 재산을 주기적으로 재분배하자는 주장이다. 각자가 가진 것을 주기적으로 재분배함으로써 모든 이가 같은 선에서 출발할 수 있게 하자는 주장은 일견 타당한 것처럼 보인다. 그러나 그것은 오직 피상적으로만 그렇다. 인간은 태생적으로 개성적이며 개별적이다. 외모, 성격, 능력, 재질, 태도 등 모든 게 상이하다. 모든 이가 동등한 조건에서 경쟁할 수 있도록 하려면, 소득과 재산을 똑같이 나누는 것은 물론이고 외모, 성격, 능력, 자질, 태도 등 인간의 개별적인 속성도 같게 만들어야 한다. 그게 가능할까?

많이 가진 자의 것을 덜어서 적게 가진 이에게 나누어 주자는 말은 고금동서를 막론하고 사람들의 심금을 울린다. 사람은 누구나 똑같이 소중하므로 사람과 사람 사이에 차이 없이 모든 이가 같은 수준의 삶의 질을 누리게 하자는 주장은 참으로 솔깃하다.

사회주의를 열망하는 이러한 주장은 적어도 두 가지 큰 맹점을 지닌다. 첫째, 사회주의를 따른 그 어느 곳에서도 모든 사람이 같은 수준의 삶의 질을 누리는 상황이 전개되지 않았다는 현실이 그런 주장이 허구임을 보여 준다. 사실 사회주의를 따른 나라의 빈부격차는 시장경제를 따른 나라의 그것보다 훨씬 크다. 부유하고 힘이 센 소수의 지배 세력을 제외한 절대다수의 기층민은 노예처럼 가난과 속박 속에서 살아가는 게 사회주의 국가의 모습이다. 둘째, 사회주의를 따른 그 어느 나라건 경제가 침체에 빠지지 않은 곳이 없다는 사실이 그런 주장이 허구임을 보여 준다.

　실정이 그러한데도 많은 이가 사회주의에 매료되는 것은, 그것을 채택한 초기에는 빈자의 삶이 분명하게 나아지는 데다 경제가 침체해서 모든 이가 처음보다도 못 살게 되는 데는 아주 오랜 기간이 걸리므로, 희미하게 보이는 먼 미래의 불행을 걱정하기보다 지금 눈앞에서 전개되는 행운을 즐기려는 근시안적 태도가 널리 퍼져 있기 때문이다.

> **사례 8**　선거철을 맞아서 '주민에게 매월 일정 금액의 돈을 균등하게 나누어 주자'는 주장이 유권자의 관심을 끈다. 기본소득, 기초소득, 안심소득 등 내세우는 명칭은 다르나 내용은 대동소이하다. 모두에게 주는가, 일부에게만 주는가, 얼마를 주는가 등에서 작은 차이를 보일 뿐이고 국가가 국민에게 일정 금액의 돈을 거저 나누어 주자는 점은 같다. 그게 가져올 근로 의욕 감퇴 효과, 재원조달 방안, 국가에 대한 의존심 증대와 자립정신 후퇴 등 부작용에 대해서는 걱정하지 않는다. 그러한 주장을 펼치는 정치인이나 그런 주장에 솔깃해하는 유권자 모두 그와 유사한 정책을 추진한 결과 경제 파탄을 맞지 않은 나라가 하나도 없다는 사실에서 교훈을 얻으려 하지 않는다. 부자와 기업에서 더 많은 세금을 거두어서 골고루 나누어 갖자는 것은 황금알을 낳는 거위를 잡아먹자는 것처럼 우둔한 주장임에도 당장 좋으면 된다고 생각한다.

7. 민주 경제

1) 왜 민주 경제인가

자유민주주의가 그런 것처럼 자유시장경제는 완전무결하지 않다. 사실 이 세상에 완전무결한 경제 제도는 없다. 자유시장경제가 완전하지는 않아도 인류가 고안한 그 어떤 경제 제도보다 우월하다. 지구상 어느 곳을 보더라도 자유시장경제를 채택한 나라의 백성이 그렇지 않은 나라의 백성보다 잘사는 게 그 증거가 된다.

그렇더라도 자유시장경제에서 나타나는 소득과 재산의 불평등, 나아가 좀 더 넓은 의미에서의 사회적 불평등의 확대는 동 제도가 지닌 가장 큰 약점이다. 절대다수의 기층민 모두가 똑같이 가난하고 똑같이 핍박받던 상태에서 누구나 재산을 가질 수 있고 누구나 자유롭게 행동할 수 있는 상황, 곧 인간해방이 이루어진 것은 그 무엇과도 견줄 수 없을 만큼 좋은 일이었으나, 해방된 인류 사이에 또다시 불평등이 생성되고 그것이 날로 커지는 부작용이 생기는 것은 바람직하지 않다.

한 가지 반드시 상기해야 할 일은, 자유시장경제에서 나타나는 불평등은 전 시대 노예경제 시대에 존재했던 불평등이나 현대의 사회주의 혹은 공산주의를 표방하는 나라의 불평등에 비하면 그 정도가 아주 약하다는 사실이다. 노예경제, 사회주의, 공산주의에서는 극소수의 지배자가 재산과 권력을 독점한 채 절대다수의 평민을 노예처럼 부리며 살았거나 살고 있다. 그것은 모두 극도로 불평등한 사회이다.

그렇다고 해서 자만할 일은 아니다. 우리에게는 시장경제를 더욱 튼튼하게 만듦으로써 더 많은 이가 주인이 되는 민주 경제를 건설할 책무가 있다. 그것이 그 누구보다도 크게 성공한 대한민국이 실패한 나라로 전락할 위험을 줄이는 방안이다. 여기에서 말하는 민주 경제란 '국민 누구나 동등한 자격으로 주인이 되는 경제'를 말한다. 즉, 모든 민이 경제의 주인이 되는 게 민주 경제이다. 민주 경제를 만드는 일의 첫걸음은 자유시장경제를 창달하는 것이며, 둘째 걸음은 자유시장경제가 제대로 작동하게 유도하는 장치를 만드는 일이다.

2) 민주 경제의 전제 조건

민주 경제로 가는 첫걸음인 자유시장경제를 창달하려면 다음과 같은 전제가 충족되어야 한다.

첫째, 공동체 구성원 누구나가 자기 것을 가질 수 있어야 한다. 누구나 유형무형의 재산을 소유할 수 있으며, 누구나 그가 노력해서 얻은 과실을 그 자신이 가질 수 있고, 누구나 자기의 소득과 재산을 본인의 뜻대로 사용할 수 있어야 한다. 이는 공동체가 그 구성원 개개인의 재산권을 보호할 때 가능한 일이다.

둘째, 모든 사람이 그 어떤 이나 어떤 집단의 간섭 또는 강압에 의해서가 아니라 각자의 판단에 따라서 자유롭게 행동할 수 있어야 한다. 사적 영역에 속하는 일은 그 무엇이건 자유롭게 처리할 수 있어야 하는데, 이는 공동체가 그 구성원 모두에게 자유를 허용해야 가능한 일이다.

셋째, 개인의 자유로운 행동이 방종으로 흐르지 않게 하려면 개인 간의 거래행위가 건전하면서도 치열한 경쟁 속에서 이루어지게 만들어야 한다. 여기에서 말하는 경쟁이란 판매자가 구매자에게 좋은 제품을 싸게 제공하려고 벌이는 경쟁 그리고 구매자는 그가 원하는 제품을 사기 위해서 판매자에게 다른 사람보다 나은 조건을 제시하는 경쟁을 말한다. 판매자와 구매자가 그들의 이익을 쟁취하기 위해서 노력한 결과 서로 상대에게 더 큰 이득을 주는 경쟁이다.

사유, 자유, 경쟁이 자유시장경제를 흥성하게 만드는 전제이다. 거기에서 한걸음 더 나아가서 자유시장경제가 지속적인 번영을 가져오게 하려 승자건 패자건 모든 이가 지금보다 더 나은 데를 향해서 끊임없이 변화하고 혁신해야 한다.

3) 민주 경제의 핵심 요건

자유시장경제가 제대로 작동하도록 유도하는 장치를 만드는 일이 곧 민주 경제를 만드는 일이다. 그 최소한의 요건은 다음과 같다.

첫째, 차별은 그 어떤 것이건 없애야 한다. 특정인만 재산을 가질 수 있고 특정인만 자유롭게 선택할 수 있는 세상은 결코 모든 이가 주인이 되는 세상이 아니다. 모든 이가 평등한 기회를 누리며 모든 이가 법 앞에 평등한 게 민주 경제의 첫걸음이다. 빈부, 학력, 성별, 피부색, 나이, 출신 지역 등을 기준으로 사람을 차별하는 일은 민주 경제에 정면으로 역행하는 일이다.

둘째, 가능한 한 모든 사람이 동등한 출발선에서 경쟁에 임할 수 있어야 한다. 사람마다 성격과 재능과 소질과 취향 등이 상이하며 가정환경 역시 다르므로 모든 이가 동등한 출발선에 서게 하는 게 사실은 매우 어려운 일이다. 그렇더라도 비슷한 초기조건에서 경쟁할 수 있게 만들어야 한다. 사람과 사람 사이의 차이점 가운데서 그렇게 할 수 있으며 그렇게 하는 게 바람직한 것을 줄여 나가는 게 한 방안이 된다.

셋째, 경제력이 소수에게 집중되는 것을 방지해야 하며, 집중된 경제력을 남용하거나 오용하지 못하게 만들어야 한다. 그것이 조직폭력배이건, 기업이건, 노동조합을 비롯한 이익단체이건, 정부나 정치권이건, 힘을 지닌 자들은 언제나 약자를 착취하려는 동기를 지니므로 그들이 경제력을 오남용하는 일을 방지해야 모든 사람이 주인이 되는 민주 경제가 가능해진다.

넷째, 모든 이가 주인이 되는 세상을 만들려면 자력으로는 주인 노릇 하기 어려운 사회적 약자도 주인이 될 수 있게 도와야 한다. 태생적 또는 후천적 요인으로 인해서 장애를 갖게 된 사람과 고령자와 병약자 등 절대적 약자는 무조건 지원해야 한다. 그렇지만 지금으로서는 홀로 서지 못하나 일정한 기간 도와주면 자립 능력을 갖출 수 있는 상대적 약자에게는 그의 자활 능력을 배양하는 지원이 효과적이다. 자립할 잠재력을 지닌 사람이 남에게 의존해서 살아가게 만드는 것은 인간의 존엄성을 무너뜨리는 일이다.

다섯째, 자유경쟁이 낳는 결과의 불평등이 지나치게 확대되지 않게 만드는 장치를 갖추어야 하며 동시에 이미 생성된 불평등을 완화하는 장치를 만들어야 한다. 사실 앞에서 본 네 가지 방안은 모두 결과의 불평등을 줄이는 사전적 장치에 해당한다. 결과의 불평등을 완화하는 방안에 관해서는 다음에서 설명한다.

여섯째, 가능하면 많은 일을 시장에 맡김으로써, 곧 정부가 맡아서 해야 할 일을 가능한 한 최소화함으로써, 공권력이 불평등을 조성하거나 확대하는 일을 막아야 한다.

결과의 불평등을 완화하는 가장 직접적인 방안은 앞서 설명한 사회적 약자를 돕는 일이다. 그 일을 하는 데 필요한 재원은 어떻게 조달하는 게 좋을까? 몇 가지 방안을 생각해 볼 수 있다.

최선의 방책은 부자, 식자, 권력자와 같은 사회적 강자가 그가 지닌 재산, 재능, 지식, 지혜 등을 기꺼운 마음으로 사회적 약자에게 나누어 주도록 유도하는 것이다. 자발적인 기부와 헌신과 노력 봉사를 장려하는 게 이에 해당한다. 남이 강제해서가 아니라 본인의 자유의사에 따라서 나누는 게 시장이 가지는 효율성을 살리면서 그것이 낳는 불평등을 완화하는 최선의 길이다.

차선책은 조세 및 재정지출을 통해서 소득과 재산의 불평등을 완화하는 방안, 곧 정부를 통한 재분배 정책이다. 자발적인 기부와 헌신만으로는 약자를 돕는 일이 충분하지 못하므로 세금을 거둬서 약자에게 이전하는 복지정책을 펼치는 게 정부의 중요한 책무가 된다. 이 경우 납세자의 경제 의욕과 복지 수혜자의 자립심

을 크게 손상할 정도로 조세 부담을 늘리거나 복지를 무분별하게
확대하지 않도록 경계할 필요가 있다.

최악의 방안은 강압적으로 타인의 것을 빼앗아 나누어 주는 것
이다. 기업의 국유화, 토지의 국유화, 지적재산의 국유화, 기업이
익과 부동산 이익의 전면적인 공유 또는 환수는 사유재산을 부정
하는 행위이다.

8. 자유시장과 자유민주[4]

누구건 제 것을 가질 수 있고 누구건 그가 가진 능력 안에서 자
유롭게 행동할 수 있을 때 '모든 이가 주인이 되는' 세상이 가능하
다. 이는 사유(私有)와 자유(自由)가 민주의 필수요건임을 나타낸
다. 자유시장경제 역시 민주의 필요조건이 되는데 그 까닭은 사
유와 자유를 기치로 하는 자유시장경제가 자유민주주의를 가능
하게 만드는 장치로서 가장 효과적이기 때문이다.

그러나 자유시장경제는 자유민주주의에 대해 위협 요인이 되기
도 한다. 그 안에서 전개되는 치열한 경쟁과 중단 없는 변혁은 경
쟁에 참여한 사람 전원에게 동등한 결과를 주지 않는다. 승자와
패자 그리고 크게 이긴 자와 그렇지 못한 자를 만들게 마련이다.
이것이 자유시장경제가 낳는 결과의 불평등인데 그것은 양면성
을 지닌다. 한편에서는 잘한 사람에게 상을 주고 잘못한 사람에
게 벌을 주는 것을 통해서 잘한 사람은 더 잘하고 못한 사람은 잘

하도록 유도함으로써 경제를 번영으로 이끈다.

그러나 다른 한편에서는 패자에게 박탈감을 안겨 줌으로써 불평등한 결과를 낳는 자유시장경제를 혐오하게 만들기도 한다. 자유시장경제를 거부하고 혼합경제 또는 사회주의 계획경제로 눈을 돌리도록 패자를 유혹하는 것이다. 사실 누구라도 패자가 되면 그게 자기 탓이 아니라 남 탓 특히 시장의 횡포 탓으로 돌리려는 게 인지상정이다. 개인보다는 집단을 중요시하는 지식인이 펼치는 자유시장에 대한 반대 논리가 그러한 움직임을 부추기기도 한다.

자유민주주의하에서 정치가 자유시장경제에 위협 요인이 되기도 한다. 다수가 찬성하면 시장경제를 억압할 수도 있고 심지어는 말살할 수도 있다. 민주주의를 표방하는 많은 나라가 온갖 장애물을 구축함으로써 시장경제를 통제하려 드는 게 정치가 경제를 위협하는 사례이다. 이러한 일이 생기는 것을 최소화하는 방안은, 가능한 한 많은 일을 시장에 맡겨서 처리하는 한편, 정치적으로 처리하는 게 불가피하다면 분산과 견제의 원리를 살림으로써 정치의 힘을 억제하는 게 필요하다.

인류사를 자유와 반자유 혹은 개인과 집단이 대립해 온 역사로 이해할 수 있다. 30만 년이 넘는 현생 인류의 역사에서 개인과 자유의 시대는 길게 보아야 500년 정도로 짧다. 인류사의 거의 전 기간이 자유의 결여 그리고 개인이 아닌 집단의 시대였다. 이러한 역사적 배경이 우리 마음속에 공동체와 동지애(community & solidarity)를 향한 본능에 가까운 동경심을 심어 놓았다. 인간해방으로 개인과 자유의 역사가 비롯된 이래 인류가 전대미문의 진보를 이룩한 결과 오늘날 우리의 삶이 불과 몇 세기 전의 우리 조상이 누렸던 삶과 전혀 다른 모습으로 향상되었음에도 '모든 사람이 조화롭게 공존하던 그리운 옛날'이라는 허상을 그리워하는 게 대다수 현대인의 모습이다.

오늘날 우리 인류는 여러 가지 심각한 위협에 직면해 있다. 대중을 소수 특권층의 노예로 만들려는 시도, 자유민주주의를 대중민주주의로 바꾸려는 시도, 자유시장경제를 통제경제로 바꾸려는 시도가, 인류가 지난 300여 년에 걸쳐 이루어 온 인간해방·경제발전·민주화라는 위대한 성취를 무너뜨리려 하고 있다. 이러한 일은 대개 대중을 노예화한 소수가 통제경제와 독재정치를 통해서 얻을 이익이 엄청나게 커서 생긴다.

선의의 독재자가 우중을 이끄는 게 이상적인 통치 형태라고 믿는 사상가가 그러한 움직임에 논리적인 근거를 제공하며 정당화시킨다. 인간해방·경제발전·민주화가 완전무결하지 않은 데다 그것이 모든 사람에게 똑같은 정도의 자유와 풍요와 권력을 주는 게 아니어서, 언제 어디에서건 그것에 불만을 가지는 대중이 존재하기 마련이며, 바로 그들이 인간해방과 자유시장경제와 자유민주주의를 비판하는 지식인의 달콤한 유혹에 쉽게 빠져든다.

개인이나 개인이 모인 소공동체는 모든 일을 그들의 뜻대로 처리하기를, 곧 자유롭기를 원한다. 그러나 그들이 누리는 자유에 일정한 제약을 가하지 않으면 그것이 방종으로 흐르고 방종으로 인해서 국가가 붕괴할 수 있다. 국가가 붕괴하면 자유도 소멸한

다. 국가는 규범을 정립해서 실행에 옮김으로써 질서를 유지한
다. 그러나 그 과정에서 국가가 강압과 통제자가 되어서 개인의
자유를 억압할 수 있다. 그런 사태를 막지 못하면 국가가 폭압적
인 독재로 변하고 그리 되면 개인의 자유가 억압받고 경제가 침체
하게 된다.

공동체의 지속적인 발전과 번영을 위해서는 자유와 질서가 똑
같이 필요하다. 자유가 없으면 경제가 번성하기 어려우며, 자유
가 지나쳐서 무질서 상태가 되면 만인의 만인에 대한 투쟁으로 경
제가 붕괴한다. 반면에 질서를 유지하는 국가가 너무 강력해지면
다스림을 받는 절대다수의 백성은 다스리는 자인 소수 엘리트의
노예로 전락한다.

자유와 질서, 시민과 정부, 개인과 국가는 힘의 균형을 이루면
서 함께 성장해야 한다. 전자가 후자를 압도하게 되면 무질서 무
정부 상태가 되어 자유와 번영과 민주가 모두 허사가 된다. 후자
가 전자를 압도하게 되면 폭압적인 독재 상태가 되어 역시 자유와
번영과 민주가 모두 허사가 된다. 그러므로 우리는 자유, 시민, 개
인을 북돋되 그것이 질서, 정부, 국가를 압도하지 않게 절제해야
하며, 질서, 정부, 국가의 권한을 강화하되 그것이 자유, 시민, 개
인을 말살하지 못하게 경계해야 한다.

사례 9 미국, 캐나다, 서유럽 및 북유럽 국가, 일본, 호주, 대한민국 등
은 개인과 국가 간의 균형 상태를 잘 맞추면서 발전해 온 자유국가이다.
아프리카의 거의 모든 나라, 중동의 거의 모든 나라, 중앙아시아의 거의

모든 나라, 중남미의 몇몇 나라 그리고 아시아의 미얀마와 북한은 국가가 개인을 압도하는 매우 부자유한 국가이다. 그렇다면 우리나라가 활발하게 교역하고 교류하는 러시아, 중국, 인도, 베트남은 어느 쪽에 속할까? 러시아와 중국은 개인의 자유를 억제하는 독재국가이다. 인도는 민주국가지만 신분의 굴레가 강해서 개인의 자유가 크게 제약된다. 베트남은 독재와 자유 사이에서 균형점을 잘 찾아 온 대한민국이 걸어온 길을 따를 가능성이 큰 나라이다.

미주

1　이 부분은 이지순(2021). 인간해방의 경제학. 문우사에 바탕을 둔 서술이다.
2　이 부분은 이지순(2018). 국가경제의 흥망성쇠. 문우사와 이지순(2021). 인간해방의 경제학. 문우사에 바탕을 둔 서술이다.
3　이 부분은 Friedman, M. (2002). *Capitalism & freedom, 40th anniversary edition*. University of Chicago Press에 바탕을 둔 서술이다.
4　이 부분은 Acemoglu, D., & Robinson, J. A. (2020). *The narrow corridor*. Penguin Books와 관련이 있다.

참고문헌

이지순(2018). 국가경제의 흥망성쇠. 문우사.

이지순(2021). 인간해방의 경제학. 문우사.

Acemoglu, D., & Robinson, J. A. (2020). *The narrow corridor*. Penguin Books.

Friedman, M. (2002). *Capitalism & freedom, 40th anniversary edition*. University of Chicago Press.

Hayek, F. A. (1944). *The road to serfdom*. University of Chicago Press.

Keynes, J. M. (1936). *General theory of employment, interest and money*. Palgrave Macmillan.

Marx, K. (2010). *Capital: A critique of political economy, paperback edition*. Pacific Publishing Studio. (translated from Das Kapital, 1894).

Smith, A. (1994). *The wealth of nations, The modern library edition*. Modern Library.

von Mises, L. (1962). *Liberalism*. Liberty Fund. (translated from Liberalismus, Gustav Fischer Verlag, 1927).

제4장

민주주의와 과학기술

이병기 (李秉基)

오늘날 우리 사회에는 정치적, 사회적으로 여러 가지 특이한 병리(病理) 현상들이 발생하고 있다.[1]

공정과 정의를 외치지만 정치는 점점 더 불공정과 불의의 늪에 빠져들고 있다. 소셜미디어를 통해서 인터넷의 편리함을 구가하면서도 사회는 악성 댓글과 '문자폭탄'에 시달리고 있다. 특정인의 극렬 추종자들이 비판적인 인사들에게 집단으로 유형·무형의 폭행을 가해 고통을 주고 언행을 차단하고 있다. 거짓과 비리가 백일하에 드러나도 미안해하거나 수치스러워하지 않고 당당하게 버틴다. 상대방의 행위를 맹렬히 비난하면서 본인의 똑같은 행위에 대해서는 떳떳이 정당화한다. 무자격에 무능함과 편향성이 명백함에도 버섯이 고위공직에 앉아서 무분별한 정책을 남발한다. 종교, 언어, 민족, 인종의 장벽이 없는 동질적인 나라에 이상한 이념과 주장들이 설치며 사회 갈등과 분열을 조장한다. 지도자급 정치인들이 저급한 언사와 무분별한 소셜미디어 활동으로 사회 혼란을 가중시킨다.

이러한 정치·사회적 병리 현상은 정치를 문란하게 만들고 사회를 혼란에 빠뜨리고 언론의 기능을 마비시키고 사회적 유대를 와해시키면서 민주주의를 위기로 몰아간다. 2021년 10월, 앙겔라 메르켈 독일 총리는 16년에 걸친 총리직을 마감하며 "민주주의의 성과가 너무 경솔하게 다뤄지고 있고, 언론의 자유와 같은 소중한 재산에 대한 공격은 점점 증가하고 있다. 이로 인해 적의, 증오, 거짓, 가짜정보가 부추겨지고 있으면서 민주주의가 공격받고 사회적 유대는 시험대에 올랐다."고 말했다.

이와 같은 정치·사회적 병리 현상은 상당 부분 우리나라 특유의 현상인 것처럼 보인다. 그러나 영국의 브렉시트(Brexit) 돌풍, 미국의 트럼프 열풍, 폴란드의 정치 풍향(정권의 사법부 장악과 언론 장악으로 민주주의 지수가 2015년 세계 18위에서 2021년 64위로 추락함) 등을 살펴보면, 유사한 현상이 다른 나라들에서도 나타나는 것을 알 수 있다. 그 현상들의 성격을 면밀히 관찰하면, 전체를 관통하는 공통점 두 가지를 추출할 수 있는데, 하나는 객관적 사실보다는 감정적인 호소에 반응하며 진실을 호도하는 '탈(脫)진실' 현상이고, 다른 하나는 집단에 속하고 집단의 정체성에 따라 행동하는 '신(新)부족주의' 현상이다. 개중에는 단순히 개인적인 무분별한 만행으로 보이는 것도 있지만, 잘 살펴보면 그것조차도 탈진실이나 신부족주의에 연결된 행위임을 알 수 있다. 이러한 탈진실과 신부족주의 현상이 사회 전반에 만연하면서 민주주의에 강하게 도전하고 있다.

과학은, 특히 자연과학은 합리성을 기본으로, 그리고 실증적,

체계적, 객관적 접근으로, 우주 만물에 작용하는 원리를 탐구하는 학문이다. 과학이 인류사회에 영향을 준 것은 '과학적 사고(思考)'와 '과학적 방식(方式)'의 두 가지 측면이다. 전자는 데이터에 의거한 실증적, 합리적, 체계적, 객관적인 사고를 뜻하고, 후자는 과학적 사고를 물리적인 실재에 적용하여 얻어 낸 기술(즉, 과학기술)과 기술적 소산을 뜻한다. 과학적 사고는 과학기술을 발전시킨 원동력이고, 과학기술을 이해할 수 있는 바른 접근방법이며, 또한 합리적인 사회생활을 뒷받침해 주는 효율적인 기반이다.

그러면 이와 같은 정치·사회적 병리 현상이 과학기술과 무슨 관계가 있을까? 나아가, 민주주의는 과학기술과 어떠한 관계가 있을까? 겉보기에는 이들 간에 아무런 상관관계가 없어 보인다. 탈진실-신부족주의 현상이나 민주주의는 모두 인간사회에서 발생하는 것인 데 반해, 과학기술은 자연현상을 탐구하고 그 결과를 활용하는 것이기 때문이다. 그러나 이것은 정태적(靜態的)인 관점이고, 동태적(動態的)·통섭적(通涉的)인 관점에서 살펴보면 그러한 정치·사회적 병리 현상이 발생하게 된 배경에는 과학기술의 발달이 있고 그로 인한 경제사회적 환경의 변화가 있음을 알 수 있다. 그리고 이 장의 논의를 통하여 명백해지겠지만, 민주주의를 건강하게 유지하는 길은 과학적 사고와 밀접한 관계가 있다.

탈진실-신부족주의로 대변되는 정치·사회적 병리현상은 오늘날 민주주의가 위기에 직면하고 있다는 경보이면서, 동시에 그 자체가 민주주의를 파손하는 실체이다. 따라서 그 본질을 이해하고 해결책을 강구하는 데서 민주주의를 온전히 지켜내는 실마리

를 찾을 수 있다. 이 장에서는 먼저 탈진실과 신부족주의 현상의
본질이 무엇인지 살펴보고, 그것들이 과학기술과 어떠한 연관성
이 있는지 검토한다. 나아가, 민주주의가 탈진실-신부족주의의
도전에서 벗어나 건강하게 뿌리내릴 수 있으려면 과학기술이 어
떠한 역할을 할 수 있을지 알아본다.

1. 정치 · 사회적 병리 현상

오늘의 정치 · 사회적 병리 현상의 요체인 탈진실이나 신부족주
의 현상은 근대 이전의 불합리성이나 집단주의와 유사하다. 역사
적으로 보면 불합리성과 집단주의는 근대에 와서 개인주의와 함께
합리성을 추구하는 이성주의가 등장하면서 점차 사라졌는데 현대
에 와서 부활하고 있다. 탈진실과 신부족주의 현상의 본질은 무엇
이며, 이와 같은 과거 회귀적 현상이 나타나는 이유는 무엇일까?

1) 탈진실 현상

'탈진실(脫眞實, post-truth)'[2]이란 대중적 여론을 형성함에 있어서
비록 진실성이 결여된 거짓 내용이더라도 신념이나 감정에 호소
하는 것이 객관적 사실을 제시하는 것보다 더 영향을 끼치는 현상
을 말한다. 탈진실 사회가 형성되었다 함은 진실을 말하지 않아
도 문제가 되지 않는 사회가 형성되었고 그것이 사람들을 거짓말

에 무감각하게 만들었다는 의미이다. 또한 객관적 사실보다 감정적 호소에 더 귀를 기울이고 거짓 정보에 취약한 사회 풍조가 형성되었다는 의미이다. 이런 현상은 전근대 사회에서 일반적이었으나 근대사회 이래로는 점차 사라졌는데, 오늘날 다시 등장하게 되었다.

최근 들어서 탈진실 현상이 두드러지게 나타난 것은 주로 정치 분야이다. 대표적인 사례로, 2016년 영국의 EU 탈퇴('Brexit') 시에 EU에 잔류 또는 탈퇴에 관련된 거짓 정보나 미확인 정보가 떠돌면서 EU 탈퇴 투표에 큰 영향을 주었다는 분석이 있다. 또 하나의 사례로, 2016년 미국 대통령 선거 시에 도널드 트럼프가 주장한 내용 중에 여러 가지가 사실이 아닌 것으로 나타났지만 결국 대통령에 당선되었다. 이 두 가지 사례는 일반 대중이 객관적인 진실 여부를 따지지 않고 거짓 정보에 휘둘리며 자기가 선호하는 정책이나 인물을 무조건 지지한다는 탈진실 현상을 여실히 보여 준다.

탈진실에 능숙한 정치인들은 그것을 이용하여 여론을 형성·조작하고 정치적 선동(煽動)을 감행한다. 진실을 숨기고 유권자들의 관심을 돌리기 위해서 자신의 감정을 표출하고 유권자의 감정에 호소한다. 거짓을 주장하면서도 감정을 섞어 전달하여 유권자의 마음을 현혹하고 지지를 이끌어 낸다. 자신의 주장을 가짜 뉴스와 뒤섞고 유권자들이 원하는 메시지와 얼버무려 대중영합적인 연설로 유권자들의 마음을 파고든다. 또한 대중이 주목할 만한 일이 생길 때마다 소셜네트워크에 메시지를 올려 자신의 존재를 알리고 지지자를 붙잡아 둔다. 탈진실 현상은 이러한 일련의 과정을 통해서 민주주의를 오염시키고 좀먹는다.

이러한 탈진실 사회가 형성된 것은 정치의 속성 때문이라는 지적이 있다. 정치 행위는 그 중심에 정치가 개인이나 소속 정당의 의견을 유권자에게 제시하고 유권자의 지지를 받아 선거에서 이기려는 목적이 있기 때문이다. 그 행위는 시대 환경이나 주변 환경에 따라 변화하며, 정권 경쟁이 심해질수록 선거전략과 동원 수단이 격렬해지고 무분별해진다. 그 과정에서 거짓 소문, 가짜 뉴스, 여론조작, 선동(煽動), 감정적 호소, 대중영합 등 제반 탈진실성 행위가 동원되며, 이것이 '탈진실 정치'가 된다. 비록 이러한 주장이 일리가 있다고 할지라도, 신중히 살펴보면 정치가가 탈진실 사회의 속성을 이용하고 있는 것일 뿐, 탈진실 사회가 초래된 근본적인 이유는 다른 데 있음을 알 수 있다.

2) 신부족주의 현상

부족(部族)이란 원래 인종, 민족, 언어, 종교 등의 공통성을 가지고 공동생활을 영위하는 집단을 말하고, 부족주의(部族主義)란 이러한 동질적인 집단이 지향하던 이념을 일컫는다. '신부족주의(新部族主義)'란 오늘날 정치, 사회, 문화 등의 분야에서 공통관심사를 갖는 사람들이 현실공간과 가상공간에서 집단을 형성하고 네트워크를 통해 정보를 공유하며 집단의 정체성에 따라 행동하는 현상을 일컫는다.[3] 신부족주의 현상이 사회 문제로 대두된 것은 일단 집단에 소속되면 그 집단의 정체성에 동화되어 집단으로 행동하면서 집단의 이념이나 이익을 위해 파괴적인 행동도 불사한다는 점 때문이다. 인류의 사회적 행태는 중세 말기까지는 집단적이었으나 근대로 넘어와 개인주의가 발달하면서 쇠퇴했는데, 오늘에 이르러 다시 부상하게 되었다.

집단을 구성하고 동조하는 것은 집단에 의탁하여 위험을 피하고 도움을 얻고 소속감과 유대감을 추구하는, 일종의 생존본능과 관련 있다. 집단은 구성원들 간에 군중심리가 작용하여 동조(同調)현상이 일어나는 것이 특징이다. 집단의 규범이나 의견에 구성원 자신의 행동과 의견을 동화(同化)시키는 경향이다. 일단 집단에 소속되면 구성원은 집단의 지배적 의견에 따라서 행동하고 개인의 이성이나 판단은 무시하게 되며, 그 결과로 이성보다 감정에 따라 움직이게 된다. 개인적으로는 이득이 없어도 집단 구성원의 이득을 위해 맹렬히 나서고 집단 외부인에게 징벌적인 위해를 가하려는 경향이 나타난다. 집단 내부에 다양한 의견이 있을지라도 대개는 과격한 의견이 주도하게 되고, 구성원은 그것에 동조하여 행동하게 되며, 결국 파괴적인 집단행동으로 이어지게 된다.

에이미 추아는 저서 『정치적 부족주의』에서 미국에서 강력한 신부족주의 본능을 발하는 대표적인 집단이 '백인 노동자 계급'이라고 했다. 반기득권 정서로 가득 찬 백인 노동자 계급은 엘리트 계층을 증오하고 기득권을 혐오했고, 취향, 감수성, 가치관이 그들과 비슷한 트럼프를 본능적인 감정의 수준에서 동일시했다. 그래서 부족 본능을 발산하며 트럼프를 열렬히 지지했고, 그 신부족주의가 2016년 대통령 선거에서 트럼프의 당선에 일조했다. 또한 대통령 임기 4년 동안 독선적인 국정운영으로 미국의 전통적인 가치를 훼손하고 미국의 국제적인 위상을 추락시키는 등 수많은 문제를 일으켰다는 지탄(指彈)에도 불구하고, 2020년 대통령 선거에서 트럼프에게 7천 4백만 표를 몰아주었고, 심지어 트럼프의 선거 패배를 불인정하며 국회의사당을 폭력으로 유린하는 초유의 사태까지 벌였다.

이와 같은 정치적 팬덤(fandom), 또는 '광팬(狂fan)' 현상은 미국만의 이야기가 아니다. 우리나라에서도 특정인이나 특정 정당을 지지하는 '광팬'들이 부족과 같은 공고한 집단을 형성하여 맹렬하게 행동하며 반대 당(黨)이나 비판자들에게 사이버 공간과 현실 공간에서 파괴적인 행위를 서슴지 않았다. 그러한 폭력적 행위를 통해서 다른 사람들의 개인적 자유의사 개진을 봉쇄하고 민주사회적 담론을 파괴하며 민주 절차에 따른 의사결정을 무력화(無力化)했다. 이것은 매우 과격하고 극단적인 신부족주의 행태로서, 민주주의에 커다란 위협이 아닐 수 없다.

3) 경제사회적 원인

근대에 이르러 이성주의가 등장하기 전까지 인간의 행동은 이성보다 힘과 욕구에 의해 지배되었다. 마찬가지로, 개인이나 집단 간의 관계도 이성보다 힘에 의해 지배되었다. 그러다가 근대에 들어 경제적 생산력이 증가하고 사회가 안정되자 집단주의의 거북함을 뿌리치고 개인주의를 추구하게 되었으며, 이와 함께 합리성을 추구하는 이성주의가 등장하면서 힘의 논리가 이성의 논리로 바뀌게 되었다.[4] 이에 따라 민주주의와 자유시장경제의 체제가 발전하게 되었고, 그 토대 위에서 인간의 이성은 물론 욕망까지도 생산적인 경제활동에 참여할 수 있게 되었다. 그런데 오늘날 탈진실이 유행하고 신부족주의가 횡행하는 것은 근대 이래로 꾸준히 진전되어 정착된 이성주의적, 개인주의적 사회가 다시 근대 이전으로 회귀하려는 경향을 보인 것이다. 그러면 그러한 경향이 나타나게 된 이유가 무엇일까?

일반적으로 인류사회에 새로운 현상이 발생하는 배경에는 주체적·내적 원인과 환경적·외적 원인이 있다. 그런데 근대와 현대 사이에는 진화를 논할 만큼 긴 기간이 아님을 감안하면, 탈진실과 신부족주의 현상이 다시 부상한 원인은 주체적·내적 원인이라기보다 환경적·외적인 원인에 있다고 간주할 수 있다. 이러한 관점에서 볼 때, 탈진실-신부족주의 현상을 통해 나타난 과거 회기의 경향은 오늘날 인간이 다시 개인의 힘이나 능력으로 감내하기 어려운 상황에 봉착했다는 뜻으로 해석할 수 있다. 또한 그 상황이 이성적인 접근으로 해결할 수 없는 난제라는 의미로 해석할 수 있다. 대체 그것은 어떠한 문제일까?

일반적으로, 생명의 위협을 느끼거나 생계의 위기에 처하거나 사회생활에서 안정을 잃고 소외된 사람들은 육체적으로나 정신적으로 홀로서기가 어렵기 때문에 집단본능으로 회귀하는 경향이 있다. 특정 집단에 소속하여 안전감과 안정감과 유대감을 얻고 개인의 자유를 담보로 집단의 이념에 추종하고 집단의 행동에 가담하게 된다. 또한 대량 실업과 같은 기본 생계에 관련된 문제들은 개인의 이성적인 문제 제기로 해결되지 않는 거시적, 구조적인 문제들이기 때문에, 이성적으로 해결할 엄두가 나지 않아 반이성적인 행동으로 불만을 표출하게 된 것으로 간주된다.

그러면 개인적 차원에서 해결하기 어려운 거시적인 문제에는 어떠한 것들이 있을까? 앞에서 정치·사회적 병리 현상의 예시 대상으로 삼았던 영국, 미국과 우리나라의 경우를 예로 살펴보면, 이들 세 나라는 정치적 발전의 역사가 서로 다르고 경제적 부의 축적 과정도 서로 다르다. 그럼에도 이 세 나라가 처한 시대적 상황은 동일하다. 즉, 경제적인 성공으로 풍요한 삶을 누렸으나, 경제 성장이 위축되고 경기가 침체함에 따라 사회적 불만이 증가했다는 것이 공통점이다. 따라서 이 세 나라가 탈진실과 신부족주의와 같은 정치·사회적 병리 현상을 공통으로 겪는 배경에는 경제 상황의 악화가 원인이라고 추정할 수 있다. 즉, 경제 상황이 악화하면서 빈부격차가 커지고 일자리가 감소하게 되었으며, 일자리의 압박이 생계를 위협하고 생활을 불안정하게 만들고 사회적 불만을 증폭시켰다고 간주할 수 있다.

또한 이 세 나라는 민주주의와 자유시장경제를 기본 경제사회 체제로 채택한다는 점이 공통이다. 이 점에 대해서 세 나라가 공통으로 채택하고 있는 경제사회 체제에도 문제의 소지가 있지 않나 의심할 여지가 있다. 현실적으로, 선거로 대표를 선출하는 민주주의는 숙의(熟議)를 통한 공화(共和)를 추구하는 데 한계가 있고, 자유시장경제는 사유재산과 자유경제 활동 속에 차별적, 경쟁적 속성이 기반을 이루기 때문이다. 그렇다면 이와 같은 민주주의와 자유시장경제로 대표되는 현 경제사회 체제가 어떻게 사회적 불만을 발생시켜 정치·사회적 병리 현상을 초래하게 되는지, 그리고 그에 대한 대안이 무엇인지, 규명하는 것은 매우 중요한 사회과학적 과제가 된다.

2 과학기술의 영향

정치·사회적 병리 현상과 관련하여 경제사회적 환경 변화나 경제사회체제 문제가 직접적인 원인을 제공했다고 하더라도, 그러한 환경 변화의 배경에는 과학기술의 발달이 중요한 요인으로 작용한 점을 주목할 필요가 있다. 그러면 과학기술의 발달은 우리 사회에 어떠한 변화를 가져왔으며, 어떻게 산업적, 경제사회적 환경의 변화를 추동한 것일까? 나아가, 정치사회적 병리 현상을 예방 또는 해결하기 위해 과학기술은 어떠한 역할을 할 수 있을까?

1) 과학기술적 요인

과학기술의 발달은 인류의 삶에 편익을 가져다주었고 인류의 삶의 질을 향상시켜 주었다. 인류는 전기의 발명으로 매우 간편하게 에너지를 생산·공급·사용할 수 있게 되었고, 원자력 기술의 발달로 무공해 에너지원을 얻을 수 있게 되었다. 농업기계화

기술의 발달로 식량난을 해결할 수 있게 되었고, 냉방·냉장 기술의 발명으로 식량을 보관하고 생활온도를 바꿀 수 있게 되었다. 의료기술의 발달로 질병에서 보호받을 수 있게 되었고, 상하수도의 발달로 수명이 길어지게 되었다. 자동차와 항공기의 발명으로 활동 영역을 광범하게 넓힐 수 있게 되었고, 라디오, 텔레비전 등 전자기기의 발명으로 편리한 생활을 구가할 수 있게 되었으며, 컴퓨터, 전화, 인터넷, 레이저·광섬유, 무선·전파 기술의 발달로 정보처리와 통신을 자유자재로 할 수 있게 되었다. 나아가, 세탁기, 건조기 등 가전기기의 발명으로 가사노동에서 벗어날 수 있게 되었고, 자동화·로봇의 발달로 열악한 3D[dirty, difficult, dangerous] 작업환경에서 벗어날 수 있게 되었다. 경제사회적인 측면에서는, 과학기술의 발달이 산업의 발달을 촉진하여 국가 경제발전에 이바지했고, 또한 생산을 증가시키고 여러 사회 계층 간의 분배를 확대함으로써 사회불만을 감소시켜 주었다.

과학기술은 거듭된 산업혁명으로 이어지면서 인류사회에 근본적인 변화를 가져왔다. 300년 전에 발명된 증기기관은 제1차산업혁명을 일으켜 1만 3천 년 동안 지속되었던 농촌·농업사회를 도시·산업사회로 전환하는 대변혁을 가져왔다. 150년 전에 발명된 전기는 에너지원을 전력으로 전환하여 제2차 산업혁명을 일으켰고, 70년 전에 발명된 반도체는 전자산업을 발전시키고 산업을 자동화함으로써 제3차 산업혁명을 일으켰다. 그리고 컴퓨터와 통신이 결합하고 디지털화와 인공지능이 발전하며 목하 제4차 산업혁명이 진행되고 있고, 이것이 장차 인류사회에 또 다른 대변혁을 가져올 것이 예고되고 있다.

　그런데 그러한 산업사회의 변천은 경제사회적 환경의 변화를 수반하면서 인류에게 각종 불안감을 안겨 주게 되었다. 그것은 새로운 문물을 접할 때 으레 작용하는 경계심을 넘어서 과학기술이 만들어 내는 신제품의 안전성에 대한 의구심, 새로운 서비스에 적응하지 못하는 불편함, 새로운 기술과 기계(로봇)에게 일자리를 빼앗길지 모른다는 불안감 등이 함께 작용했다. 산업사회의 변천으로 일의 성격이 변하게 되었고, 그것이 일자리를 압박하여 불안감이 고조되고 사회적 불만으로 발전하게 되었다. 실제로 누차에 걸친 산업혁명으로 새로운 일자리들이 생겨남과 동시에 많은 일자리가 기계로 대체되었다. 이를테면 공장자동화가 진전하면서 자동차 부품 조립과 같은 단순 반복 작업이나 반도체 생산과 같은 고도의 정밀성을 요하는 일자리가 대부분 기계로 대체되었다. 이렇듯, 일자리에 대한 압박은 생계 문제에 직결된 원초적인 사회불만으로 발전하게 되었고, 그와 같은 경제사회적 스트레스가 결국 감정적 대응과 집단적 행동을 유발하는 연료를 제공하게 되었다.

　이와 같이 과학기술의 발달이 산업 발달을 통해 경제사회적 환경의 변화를 추동하였고, 그로 인한 사회적인 불만과 스트레스가 결국 탈신실-신부속수의 현상을 초래한 점을 감안할 때, 과학기술의 발달이 탈진실-신부족주의 현상에 대한 간접적인 원인(原因), 즉 원인(遠因)이라고 할 수 있다. 이러한 점에서 과학기술과 탈진실-신부족주의 간에는 '인과(仁果)의 관계'가 있다고 말할 수 있다.

2) 정보통신의 초연결

인류가 사회집단을 구성하여 살 수 있게 된 것은 사람 간의 의사소통이 가능해진 덕분이며, 인류사회가 넓은 지역에 걸쳐 확산할 수 있게 된 배경에는 먼 거리에까지 소통할 수 있는 통신수단이 큰 역할을 했다. 전화 발명과 무선전신 발명에서 기원한 통신은 그 발전 과정에서 컴퓨터와 융합하고 광기술, 무선기술, 컴퓨터기술, 소프트웨어기술, 반도체기술 등이 종합적으로 결집하여 '디지털 혁명'을 일으키면서 '인터넷'으로 대변되는 오늘의 초고속 유무선 정보통신망을 만들어 내게 되었다. 그 인터넷이 지구 전체를 구석구석까지 연결하면서 전 세계가 동시에 소통할 수 있는 '초연결(超連結)' 사회를 형성했고, 세상을 하나의 '지구촌(地球村)'으로 축소시켰다.

정보통신은 과학기술과 결합하여 디지털 혁명을 일으킴으로써 산업사회를 지식정보화사회로 전환시켰다. 이것은 농경사회가 산업사회로 변천했던 것에 상응하는 커다란 사회적 변천이다. 이와 함께 인류의 시간적 · 공간적인 활동 범위가 제한 없이 넓어졌다. 인류가 수천 년에 걸쳐서 축적한 지식을 간단한 인터넷 서핑(surfing)으로 검색하여 활용할 수 있게 되었고, 지구촌 방방곡곡을 내비게이터(navigator)를 사용하여 찾아갈 수 있게 되었다. 인류의 정신적 · 육체적 활동 범위가 이렇게 광범하게 펼쳐질 수 있다는 것은 일찍이 상상할 수 없었다. 나아가, 정보통신의 발달로 시간적 · 공간적 제약이 없는 범세계적인 초연결이 실시간으로 작동하여 현실 세계를 직교적(直交的)[5]으로 보완하는 사이버(인터넷) 세계를 구축하게 되었다. 초연결의 인터넷은 최근 코로나바이러스 사태가 장기화하는 것에 대응하여 교육, 의료, 회사 업무, 각종 회의 등을 급속히 비대면 원격서비스로 전환함으로써 치명적인 감염병 상황에서도 인류가 경제 및 사회활동을 지속할 수 있게 해 주었다.

　초연결의 정보통신은 정보취득, 정보유통, 의견표출, 집단행동 등 다양한 활동을 시공간을 넘어서 가능하게 해 줌으로써 정치·사회적인 환경을 근본적으로 변화시켰다. 정보의 개방성을 극대화하여 정보독점으로 인한 권력 집중의 가능성을 낮춰 주었고, 인터넷을 통해 의견을 개진하고 단체활동에 참여할 수 있게 하여, 정치·사회 활동에 지리적인 격차를 없애 주었다. 반면에 정보를 왜곡·조작하여 부정한 방법으로 권력을 잡아 민주주의를 퇴행시킬 가능성이 생겼고, 본인의 동의 없이 개인정보를 유출하거나 악성 댓글을 달아 인권을 침해할 위험성이 커졌다. 특히 인터넷 개인방송은 전통적인 방송 매체와는 달리 책임감이나 자정 능력 없이 흥미 본위로 정보를 생산하고 주장을 펼치는 가운데 가짜 뉴스와 거짓 정보를 유포하여 미디어 생태계를 오염시키는 사례가 속출했고, 그것이 결국 전통적인 뉴스 미디어의 영향력을 약화시켰다. 또한 각종 미디어가 사실에 기초한 정보 전달이 아닌 돈벌이용 간접광고로 전락하여 은밀하게 사실을 왜곡하고 여론을 편향시킬 위험성도 생겼다.

　초연결의 정보통신이 정치·사회적 환경에 가져온 가장 충격적인 변화는 인터넷을 매개로 한 집단행동이라고 할 수 있다. 페이스북, 트위터, 링크드인 등 소셜네트워크서비스(SNS)와 유튜브를 통한 인터넷 개인방송이 그것을 가능하게 해 준 플랫폼들이다. 이들 소셜미디어를 이용하면, 의견을 공유하는 집단을 형성하고 집단 구성원이 연대하여 집단으로 행동하는 것이 가능하다. 이러한 집단행동이 과거와 다른 점은 시간이나 공간의 제약 없이 집단을 형성하고 행동하는 것이 가능해졌다는 점이다. 이제는 집단의 구성원이 여러 나라에 분산되어 있어도 집단행동에 참여할 수 있고, 심지어 적대국에서조차 여론조작에 끼어들어 상황을 교란·악화시킬 수 있게 되었다. 이와 같이 초연결의 정보통신은 사회적 불만이 탈진실−신부족주의라는 정치·사회적 병리 현상으로 발현·확산하는 데에 수단을 제공했다.

특히 경계해야 할 것은 인터넷 검색이 '필터버블(filter bubble)' 효과[6]로 인해 정보취득에 편향을 일으켜 진실에서 멀어지게 하고, 소셜미디어가 '반향실(echo-chamber)' 효과[7]로 인해 신념에 동화작용을 일으켜 분파적 집단을 형성할 수 있게 한다는 점이다. 인터넷 검색 사용자는 인터넷 검색으로 볼 수 있는 정보가 필터버블로 인해 제한되기 때문에 시야가 좁아지고 진실에서 멀어지게 된다. 소셜미디어 사용자는 반향실에 들어간 사람처럼 처음에는 확고한 신념이 없었더라도 성향이 비슷한 사람들의 말을 듣고 행동을 보면서 점점 더 확신하게 되고 과감하게 행동하게 된다. 필터버블이 정보의 수집에 편향을 일으킨다면, 반향실 효과는 정보의 중첩으로 편향을 일으킨다. 특히 반향실 효과는 소셜미디어

이용자들이 성향이 비슷한 집단들로 결집하게 만들고 그렇게 형성된 집단은 맹목적으로 집단을 옹호하고 추종하게 된다. 이러한 기제로 인터넷 검색과 소셜미디어는 탈진실−신부족주의 현상을 조장하는 환경을 제공하게 된다.

3) 과학기술의 역할

그러면 탈진실과 부족적 정치 행태의 문제에 대응하여 과학기술이 할 수 있는 역할은 무엇일까? 일단 문제가 정치·사회적인 문제로 굳어지게 되면 과학기술의 역할은 제한적이겠지만, 이를 미연에 방지하는 노력은 주도적으로 펼칠 수 있다. 이를테면, 과학기술의 발달로 인한 개인적 불안감이 사회적 불만으로 전이되는 것을 방지하도록 노력하고, 과학기술 발달과 산업사회의 변천에 따른 구조적인 실업 발생을 최소화하는 방책을 마련하며, '초연결' 정보통신을 매개로 벌어지는 탈진실 행위의 확산을 차단하는 방안을 마련하는 것 등이다.

첫째, 개인적 불안감이 사회적 불만으로 전이되는 것을 막기 위해서는 일반 국민의 과학기술에 대한 인식과 적응력을 높여 줄 수 있노록 과학적 사고를 대중화하는 노력이 필요하다. 불행하게도 우리나라는 초·중등교육에서 과학적 사고를 체득할 수 있는 기반을 만들어 주지 못해 왔다. 그 결과로 과학기술의 발달과 인간의 적응력 간에 격차가 생기게 되었고, 그 격차가 생활에 불편을 낳고 스트레스를 주었으며, 그것이 사회불만으로 발전하는 단초를 제공했다. 그 격차를 줄이려면 전 국민이 과학기술을 잘 이해하고 과학적으로 사고할 수 있도록 도와주어야 한다. 즉, 전 국민의 과학문해력(科學文解力, science literacy)을 높여 줄 수 있도록 전 국민의 과학화를 위해 힘써야 한다. 미국은 1985년 미국과학진흥협회(AAAS)의 주도하에 '과학문해력'을 골자로 하는 프로젝트2061을 제정하며 '전 미국인들을 위한 과학(Science for all Americans)'을 주창했음을 주목할 필요가 있다. 또한 과학화 운동을 뒷받침하여, 국가운영과 사회생활이 과학적 기조 위에서 영위되도록 해야 하고, 교육의 뒷받침이 절대적으로 필요하다. 그러므로 과학기술계는 국가운영의 과학적 기조 확립과 시대에 부합하는 전 국민의 과학교육을 정부와 정치권, 그리고 교육 당국에 촉구할 필요가 있으며, 스스로가 전 국민의 과학화에 앞장서야 한다.

둘째, 과학기술의 발달과 산업사회의 변천이 기존의 일자리를 새로운 성격의 일자리로 대체한다는 것은 역사적 경험을 통해 명백해졌다. 더욱이, 향후 가속될 AI(Artificial Intelligence, 인공지능), 로봇, 3D/4D(Dimension, 차원) 프린팅, 바이오 프린팅, 합성생물학, IoT(Internet of Things, 사물인터넷), 빅데이터, 블록체인, 인지과학, 양자계산, AR(Augmented Reality, 증강현실)/VR(Virtual Reality, 가상현실) 등 차세대 과학기술과 산업화는 대량의 일자리 교체로 귀결될 것이며 새로이 창출되는 일자리는 고도의 지식과 숙련된 기술을 필요로 하게 될 것이다. 요는 이러한 변화에 선제 대응하는 것이 일자리 문제의 해결을 위한 관건이며, 이것은 정부와 정치권의 책무이다. 즉, 차세대 과학기술의 발달과 산업화에 부합하게 환경을 조성하고 교육을 혁신함으로써 새로운 미래 산업을 육성하고 미래형의 일자리를 대량 창출해야 한다. 과학기술계는 이를 뒷받침하여 과학기술의 발달 추이를 반영한 전문인력의 소요와 육성 계획을 연차별로 수립해서 정부와 정치권과 교육 당국에 제시하고, 그것을 실천에 옮기도록 촉구할 필요가 있다.

셋째, '초연결' 정보통신 수단을 통한 탈진실 현상의 확산을 차단하기 위해서는 먼저 언론정보학, 사회심리학, 사회학, 정치학, 과학기술 등 여러 학문 분야의 전문가들이 다학제적으로 실증적인 원인을 규명하고 종합적인 해결책을 마련할 필요가 있다. 과학적 측면에서는 미디어를 통해 유포되는 탈진실 정보를 AI기술을 이용해서 실시간적으로 여과(濾過, 즉 'AI필터링')하는 등 '기술치료(技術治療)'를 시도할 수 있고, 탈진실 사안에 대한 진실성 여부를 과학적으로 규명하여 일반 대중에게 알려 주는 사후처리(事後處理)도 가능하다. 특히 소셜미디어에 대해서는 실시간적·사후적 처리를 모두 동원하여 거짓 정보와 가짜 뉴스의 양산을 차단하고, 적절한 법적·제도적 장치를 마련하여 미디어 생태계에 질서와 책임감을 되찾아 줄 필요가 있다. 즉, 과학적으로 진위(眞僞)를 규명하고 엄정하게 죄과(罪科)를 물으면 부정적인 문제의 재발을 상당 부분 예방할 수 있을 것이다. 다만, 과잉 규제로 인해 언론의 자유를 침해하거나 새로운 과학기술의 창의적·혁신적인 시도를 좌절시키지 않도록 분별과 절제가 필요하다.

나아가, 초연결 사회의 실질적인 심장부 역할을 하는 디지털 정보기업들의 향방을 주시할 필요가 있다. 이들은 경쟁적으로 새로운 플랫폼을 선점하며 디지털 혁명의 과실을 독점하고 있고, 그렇게 형성한 막강한 경제력으로 언론과 사회적 여론에 영향을 주면서 '알고리듬에 의한 지배'라는 새로운 미래 질서를 만들어 가고 있다. 이것은 장차 AI 로봇 같은 차세대 기술과 결합하여 또다시 인류사회를 변혁하고 인류에게 편익과 함께 스트레스를 주면서, 또 다른 차원의 정치·사회적 문제를 유발할 수 있다. 그 추이를 사전에 감지하고 적절한 대응책을 준비할 필요가 있다.[8] 그런데 플랫폼 기업의 독점 문제는 공정경쟁의 차원에서 정부의 개입이 불가피한 점이 있지만, 섣불리 규제하면 새로운 미래기술의 개척을 위축시킬 우려가 있는 점도 아울러 분별력 있게 통찰해야 한다.

3. 민주정치와 과학기술

지금까지 민주주의에 도전하는 정치·사회적 병리 현상, 그리고 그 현상의 과학기술과의 관계와 그에 대응한 과학기술의 역할을 논의하였다. 그 과정에서 탈진실−신부족주의 현상과 과학기술 간에는 '인과(因果)의 관계'가 있음을 확인했다. 그 논의의 연장선상에서, 이제 민주주의에 대한 과학기술의 관계와 역할이 무엇인지 살펴보자. 그리고 민주주의가 정치·사회적 병리 현상의 도전에서 벗어나 건강하게 발전하려면 과학기술이 어떠한 역할을 할 수 있을지 알아보자.[9]

1) 민주주의와 과학적 사고

역사적으로 볼 때, 민주주의는 오랜 기간에 걸쳐 수많은 사람의 피와 땀의 대가로 얻은 귀중한 인류사적 자산이다. 민주주의의 발전 과정에는 과학기술도 중요한 역할을 하였다. 18세기의 산업혁명은 산업과 경제 구조를 혁명적으로 변화시켜 농업중심의 농촌사회를 산업중심의 도시사회로 전환함과 동시에 정치사회 구조에도 큰 변혁을 일으켰다. 신흥 부르주아 계층의 주도 아래 생명권, 자유권, 재산권, 참정권을 확장시켰고 그것이 민주화 혁명으로 이어져 결국 대의민주주의를 성립하는 초석을 놓게 되었다. 즉, 과학기술의 발달이 산업혁명을 촉발하여 산업과 경제사회의 발전을 이끌었고, 생산 구조의 변화가 사회 구조의 변화를 견인하여 정치사회의 발전으로 연장되었으며, 결국 민주주의의 발전에 이바지하게 된 것이다. 산업화의 성공에 힘입어 민주화의 성공을 이룩한 우리나라의 민주화 과정도 이러한 근세 민주주의 발전 과정이 시간을 단축하여 재현된 것이라고 볼 수 있다.

민주주의는 거저 주어지는 것이 아니다. 민주주의를 쟁취했다고 해서 그것이 그냥 유지되는 것도 아니다. 민주주의를 쟁취하기 위해서 많은 피와 땀을 흘려야만 했듯이, 민주주의를 지키기 위해서도 부단한 노력이 필요하다. 앙겔라 메르켈은 2021년 독일 총리직을 마감하면서 "민주주의를 당연시 여겨서는 안 된다. 민주주의는 그냥 있는 것이 아니다. 우리는 민주주의를 지키기 위해 매일 노력해야 한다."고 말했다. 그러면 민주주의를 지키기 위해서는 어떠한 노력이 필요할까? 일반인의 상식으로 볼 때, 민주주의를 정상적으로 유지하려면 기본적으로 국민과 정치지도자(대통령, 국회의원, 장관 등)가 성실하게 자신의 몫을 다해야 한다. 그리고 그 요체는 정치지도자는 바르게 정치하고, 국민은 올바른 정치지도자를 뽑아 바르게 정치하도록 만드는 것이다.

그러면 국민과 정치지도자가 그 몫을 다하려면 각각 어떠한 자세와 자질이 필요할까? 여러 다양한 요소가 있겠지만, 합리적·비판적 사고[10]와 적극적 참여정신, 즉 주인의식[11]이 핵심적인 공통분모라고 수 있다. 대의민주주의에서 정치지도자는 국민을 대리하여 제한된 기간 동안 국정운영을 책임 맡는 '대리인(代理人)'이다.[12] 그런데 대리인은 어디서나 '대리인 문제'[13]를 일으킬 소지가 있기 때문에 국민이 늘 감시하고 견제와 균형의 장치를 잘 작동시켜야 한다. 그 대리인을 올바른 사람으로 잘 선택하려면 국민에게 합리적·비판적 사고가 필요하고, 그 대리인이 제대로 일하게 만들려면 국민에게 참여정신·주인의식이 필요하다. 만일 참여정신·주인의식만 있고 합리적·비판적 사고가 없다면 민주주의는 갈등에 빠지고, 참여정신·주인의식은 없고 합리적·비판적 사고만 있다면 민주주의는 비판만 무성해진다. 그리고 만일 참여정신·주인의식도 합리적·비판적 사고도 없다면, 민주주의는 붕괴하게 된다.

이와 같이 민주주의를 지탱하는 데 필요한 두 가지 요소 중에서 합리적·비판적 사고는 여러 가지 학습과 경험과 사고(思考)를 통해서 함양될 수 있다. 그중에는 과학을 학습하고 실험·증명하는 가운데 함양되는 과학적 사고가 포함된다. 과학적 사고는 합리적, 실증적, 체계적, 객관적인 사고로서, 과학을 학습하는 가운데 습득된다. 민주주의에 필요한 합리적·비판적 사고는 객관적 합리성을 지향하는데 과학적 사고는 도구적 합리성을 지향한다고 차별할 수도 있겠으나, 실질적으로 과학적 사고는 그 자체가 객관적 사고이며 근거와 실증에 의거한 비판적 사고이다. 문과-이과를 구분하여 절반을 소외시켰던 과거식 과학교육에서 벗어나 모든 사람이 공히 과학을 학습하게 되면, 과학기술문명의 시대를 살아가는 데 필요한 기본적인 과학기술 지식을 습득시켜 줌과 동시에 과학적, 합리적 사고를 함양시켜 주게 되어 민주주의가 건강하게 뿌리내리도록 돕게 된다. 과학기술은 이와 같은 기제로 민주주의와 '보색(補色)의 관계'를 맺는다.[14]

2) 민주정치와 과학기술

정치와 과학은 여러 가지 측면에서 대조적이다. 과학적 결정은 합리적, 객관적이고 실증적인데, 정치적 결정은 수단적, 가치지향적이다. 혹자는 과학이 객관적인 진리를 탐구하는 데 반하여, 정치는 사람의 마음을 사는 것을 최우선시하기 때문에 임기응변적, 대중영합적 경향을 띨 수 있다고 해명한다. 그러나 제대로 자격을 갖춘 정치가라면 전문가의 의견을 존중하고 국민을 설득해 가며 바른 방향으로 대응할 것이다. 더욱이 과학적인 사고가 체화(體化)된 정치가라면 전문가들의 의견을 두루 듣고 합리적인 해결책을 찾아서 국민을 설득하며 문제를 해결해 나갈 것이다. 이러한 사례는 실제로 미국과 독일 같은 나라에서 쉽게 찾아볼 수 있다.

정치적 변화는 누적적인데 과학적 변화는 근본적이다. 정치는 국회 의석수가 우세하면 단기간에 법을 제정하는 것이 가능하지만, 그것이 사회 변화로 이어지려면 정권의 교체에도 살아남을 만한 견실성이 있어야 하고, 그렇지 못한 경우에는 다음 정권에서 바로 퇴출될 수 있다. 반면에 과학은 새로운 과학기술과 산업의 발달을 통하여 장기간에 걸쳐 서서히 사회 환경을 바꾸지만, 그 변화는 불가역적(不可逆的)이다. 정치는 사회 환경에 따라서 변해 왔고, 그 사회 환경의 변화를 일으킨 다양한 원인 중에는 과학기술의 몫이 크다. 과거에 산업혁명이 일어나 인류사회에 변천을 가져오면서 대의민주주의 정치의 형성에 큰 영향을 주었고, 요즘에는 과학기술과 정보통신이 사회 환경을 크게 변화시키면서 민주정치에 충격을 주고 있다. 특히 정보통신의 발달로 구축된 초연결 사회와 소셜미디어의 확산은 대의민주주의 정치에 커다란 충격파를 던지고 있다.

초연결의 정보통신은 인터넷망을 통한 직접 참여의 환경을 조성함으로써 민주주의에 국면 전환을 추동하고 있다. 민주주의는 모든 국민에게 평등한 선거권과 피선거권을 부여하지만, 그 권리가 온당하게 행사되기에는 선거 주체 간의 격차와 환경적 장애가 크다. 특히 초연결 사회에 범람하는 각종 정보 속에는 조작된 허위정보와 가짜 뉴스가 많고, 그 조작이 교묘하여 전문가가 아니면 진위를 파악하기 어렵다. 그것을 통제한다는 명분으로 언론을 탄압하게 되면 정론(正論)의 기능마저 상실하게 된다. 이러한 환경에서, 만일 정치가의 대중영합적 선동까지 작용하게 되면, 선거는 엉뚱한 결과를 낼 수 있고, 그것이 민주주의의 근간을 뒤흔들 수 있다. 나아가 블록체인 기술의 뒷받침으로 전자투표까지 시행되면, 투표율은 크게 상승할 수 있겠지만, 그만큼 민주주의 태동기에 우려했던 중우정치(衆愚政治)가 현실화될 가능성도 커진다.

그럼에도 소셜미디어가 대의민주주의의 한계를 타개하는 데 유용한 해결책을 제공할 가능성도 있다. 국민이 선출한 정치가들이 국무에 충실하지 않고 별개의 세력을 형성해 권력을 휘둘러도 임기가 끝날 때까지 손쓰기가 어려웠으나, 소셜미디어를 이용하여 소환제(召還制)를 활성화하면 그 문제를 상당 부분 해소할 수 있다. 또한 국민은 선출하고 정치가는 정책을 결정한다는 분업화가 심화하여 정치권이 독자적인 생태계를 형성하여 국민을 정치에서 소외시키는 경향이 있는데, 이에 대해서 소셜미디어를 통한 정보 공개와 공유가 분업화의 벽을 낮춰 줄 수 있다. 임혁백 교수는 대의민주주의가 변질되는 문제를 해결하기 위해서 소셜미디어를 이용한 직접민주주의의 요소를 접목시키는 '헤테라키 민주주의'를 제안했다. 이러한 제안은 과학의 발전이 가져온 소셜미디어라는 상황 변화를 적극적으로 활용하여 민주주의의 문제를 해결하려는 시도가 매우 긍정적인데, 그것이 실질적인 효과를 낼 수 있으려면 소셜미디어와 인터넷개인방송이 초래하는 갖가지 부작용을 해소할 방책을 제시할 것이 전제된다.

3) 정치지도자와 과학기술

민주주의 국가의 국민에게 기본적으로 필요한 자질이 합리적·비판적 사고와 참여정신·주인의식이라면, 정치지도자에게 필요한 자질은 이를 포함하여 훨씬 더 광범하다. 기본적으로 미래의 변화 방향과 해외의 동향을 통찰하는 가운데 국가의 미래 비전을 제시하고 국민을 화합하고 설득하며 그 비전을 실천해 나가는 자질이 필요하다. 그러한 자질을 얼마나 잘 갖추고 있느냐에 따라서, 그리고 얼마나 포용력과 추진력 있게 국정을 수행하는지 여부에 따라서, 정치지도자는 '성공한 지도자'와 '실패한 지도자'로 갈린다.

'성공한 지도자'는 세계 공통의 관심사를 이해하고 국가별 생존 및 발전 전략과 국가 간 경쟁 및 협력 관계를 이해하며, 그에 대비하여 국방력과 외교력을 강화하고 산업력을 높이려고 노력한다. 또한 과학기술의 미래 발전 방향과 과학기술이 가져올 미래의 충격을 이해하고, 그에 대비해 국가의 과학기술력과 산업경쟁력을 발전시키려고 노력한다. 그러면서 국가의 미래 비전을 제시하고 더 좋은 미래를 만들기 위해 함께 땀 흘리자고 국민을 설득하고 화합한다. 그러나 '실패한 지도자'는 현실을 직시하지 못하고, 미래보다 과거에 집착하고 이념에 몰입하여 국정운영에 실패해서 과학기술력은 물론 국방력, 외교력, 산업력이 모두 하락하고, 국민 화합이 깨지고 사회가 분열되기 쉽다.

그러므로 성공한 정치지도자가 되려면 과학적 사고력과 과학기술에 대한 이해가 필요하다. 그래야만 미래에 관한 통찰력을 가지고 국가정책을 바르게 결정할 수 있게 된다.[15] 직접 이해하지 못하더라도 전문가의 견해를 듣고 판단하면 된다고 주장할 수 있으나, 과학적 사고력과 과학기술에 대한 이해 없이는 전문가의 설명을 제대로 알아듣고 판단하는 것이 여의찮다. 더욱이 여러 전문가의 의견이 엇갈릴 때 바르게 분별하고 판단할 수가 없다. 한편, 과학기술을 이해하는 것 못지않게 중요한 것은 진실이라고 잘못 알려진 허위나 선입관에 현혹되지 않고 진위를 분별하여 바르게 판단하는 능력, 그리고 정책의 현실적 적합성과 실행가능성을 판단하는 능력이다. 원자력 발전의 위험성을 과장한 정보에 과민반응하여 원전을 무조건 반대하는 것이나, 태양광이 청정에너지라고 맹신하며 생산효율의 취약성 또는 자연환경 파괴를 도외시하는 것은 진위 분별 능력과 현실적 적합성 판단 능력의 부족으로 나타나는 행태들이다.[16]

　정치지도자와 정치권이 과학기술과 과학기술의 미래 발전에 관해 이해하지 못할 때 나타날 비극적인 미래는 밀레니엄 프로젝트 '일/기술 2050' 연구보고서에 잘 나타나 있다.[17] 이 보고서는 장차 차세대 과학기술이 가속적으로 발달하면서 인류사회에 커다란 변화를 가져오게 되는데, 정치지도자와 정치권이 이것을 제대로 이해하지 못하고 적시에 대비하지 못할 때 나타날 '비관적 시나리오'를 다음과 같이 제시했다.

"21세기 초에 정치적 리더들은 단기적인 정치적 다툼과 이기적인 경제적 사고의 수렁에 빠져서 인공지능, 로봇, 3D/4D 프린팅, 합성생물학 등 차세대 과학기술들이 얼마나 빨리 기업들을 줄도산시킬지 예상치 못했다.”

“정치가들은 미래학자와 미래에 닥칠 것들에 대해 기술적으로 정교한 통찰력을 가진 사람들을 무시했다. 정치와 지식 간의 간격이 말할 수 없을 정도로 벌어졌다. 세상은 대중화된 무지와 기피된 지식에 습관적으로 귀를 기울였다. 반(反)과학운동이 번성하기 시작했다.”

“봉급, 음식, 휴가, 의료혜택, 은퇴연금이 필요 없이 한 주에 7일, 하루에 24시간, 한 해에 365일을 일하는 지능로봇들이 실업(失業)에 미치는 충격은 과거에 예상했던 것보다 훨씬 더 컸다. AI와 로봇시스템은 실수가 훨씬 적었고 사람이 할 수 있는 것보다 훨씬 더 복잡성을 요하는 조건과 인간이 견딜 수 없는 환경에서 일할 수 있었다.”

“60억 명에 달하는 글로벌 노동력 중에 (중략) 약 30억 명이 21세기 초에 고용되었는데, 오늘은 단 10억 명만 고용되고 10억 명이 자기 사업 중이다.”

“비효율적인 통치에 대응하여 비밀 단체와 범죄 집단이 전 세계적으로 재출현했다. 그들이 법을 자신의 손에 쥐기 시작하면서 정부의 붕괴가 가속되었다.”

4. 결어: 민주주의와 과학문해력

현실적으로 오늘의 정치 · 사회적 병리 현상을 극복하여 진실한 사회, 공화(共和)의 민주주의 정치를 회복하는 것은 가능한 일일까? 만일 그 병리 현상의 근원적 요인으로 작용하는 과학기술이 발전을 중단한다면 회복 가능하다고 말할 수 있을 것이다. 그런데 과학기술의 발전은 중단 가능한 것이 아니다. 16세기에 시작된 과학혁명은 20세기에 이르러 현대과학으로 꽃피었고, 과학기술이 군사력과 산업경쟁력에 직결되면서 국가 간, 기업 간의 과열 경쟁으로 번졌으며, 그것이 21세기 과학기술의 도약적 발달을 이끌고 있다. 오늘의 과학기술은, 길게 보면 인류가 도구를 사용하면서 시작된 탐구 본능의 21세기적 발현이면서, 짧게 보면 인류의 집단적 이익 본능이 추동하는 생존경쟁의 현장이다. 정보통신의 경우, 초연결 사회의 구축은 짧게는 150년의 정보통신기술 발달사의 귀결이면서, 길게는 수만, 수십만 년에 달하는 인류 소통의 염원을 과학기술이란 수단을 통해서 성취한 결과이다. 소통은 의식주와 마찬가지로 인간의 본능적 욕구에 속한다. 과학기술도 정보통신도, 그 발전의 도도한 흐름은 무엇으로도 막을 수 없다.

그러면 과학기술의 발달이 중단 불가능한 것이라서 정치·사회적 병리 현상이 극복 불가능하고 민주주의 위기의 해소가 불가능한 것일까? 그렇지 않다고 본다. 탈진실이나 신부족주의는 어디까지나 인류의 개인적 또는 사회적 행태의 문제이다. 비록 과학기술의 발달이 초래한 환경의 변화가 경제사회적인 제약으로 작용하여 탈진실-신부족주의와 같은 병리 현상을 야기한다고 할지라도, 인간은 그러한 외부적 환경에 종속적으로 행위하는 존재가 아니며, 부정적·파괴적 행위를 스스로 억제할 수 있는 선의지(善

意志)가 있는 존재이다. 따라서 도덕심과 절제력을 키우고 이성적인 사고와 행동을 습관화하는 등 선의지가 발동될 수 있도록 한다면, 극복 가능하다고 본다. 요는 사회적 불평·불만의 원인을 제거할 수 있도록 문제의 핵심을 관통하는 정치·사회 제도를 수립하고 정치지도자가 진실한 사회와 공화의 민주주의 정치를 지향한 사회통합적 지도력을 발휘하여 개인적 선의지 발동에 화답하는 것이 관건이다.

정치·사회적 병리 현상의 도전에서 자유민주주의를 지켜 내려면 먼저 정치지도자가 탈진실-신부족주의 현상에 흔들리지 않도록 중심을 잡을 것이 요구된다. 또한 해외의 동향과 미래의 방향을 이해하는 가운데 국가의 미래를 열어 가고, 균형 잡힌 국정 운영으로 사회적 불평·불만의 원인을 제거하며, 다양성을 존중하는 사회적 분위기를 조성할 수 있어야 한다. 그러려면 앞장서서 이해집단을 설득하고 사회적 갈등을 해소하여 사회통합을 이루어야 하며, 국가의 미래 비전을 제시하고 국론과 국력을 결집할 수 있는 정치지도자를 선출하는 것이 문제해결의 출발점일 것이다. 그리고 그것이 가능하려면 국민이 합리적·비판적 사고와 참여정신·주인의식을 갖추고 그러한 정치지도자를 선출하는 것, 그리고 그렇게 선출된 정치지도자가 바르게 정치할 수 있도록 감시·감독하는 것이 아울러 필요하다. 나아가, 그러한 민주 국민의 자질을 함양해 줄 수 있도록 대화·토론·협상·타협을 토대로 갈등을 해소하고 공동체 정신으로 화합하는 가정·학교·직장·사회의 교육이 필요하다.

그런데 민주주의 정치·사회 제도를 수립함에 있어서 반드시 지켜야 할 중요한 원칙이 있다. 관련 전문가들의 의견을 듣고 일반시민의 토론을 거쳐 여야(與野)의 합의로 만들어야 한다는 것이다. 만일 이러한 숙의 과정 없이 집권 세력이 일방적으로 만들게 되면, 그 결과로 나오는 법·제도는 합리적인 것이 되기 어려울뿐더러 언론과 표현의 자유를 억압하는 수단으로 전락할 수 있다. 비록 '우수한 정치지도자'를 선출하는 것이 가능하지 않더라도 토론과 타협으로 합의를 이끌어 내는 숙의 민주주의는 작동해야 한다. 궁극적으로는 위로부터의 억제력보다 아래로부터의 자발성이 근본적인 해결책임을 유념하여 시민사회와 지역공동체의 형성과 주체적 노력에 힘을 모아야 한다.

우리나라의 문제로 돌아오면, 우리나라의 정치·사회적 실상은 탈진실과 부족 본능으로 설명되지 않는, 그래서 공동체 의식을 회복하는 데 장애로 작용하는, 특유의 문제가 있다. 일제(日帝)로부터의 해방과 민족분단, 6·25와 남북대치, 5·16과 산업 발달, 5·18과 민주주의 발달로 이어진 굴곡진 근현대사와 남북분단의 현실이 만들어 낸 상처이다. 이것들이 복잡하게 얽혀 친일파·반일, 친북·종북, 친중·반미, 민족·민중, 반자본주의·반기업 등 비현실적 이념들이 만들어져 우리 사회에 암운을 드리웠고, 그 영향으로 정치가 과거와 이념에 구속되는 질곡에 빠졌다. 시민사회가 성숙해져 정치가 현실을 직시하도록 만들 때 비로소 해소될, 비현실적인 속박이다. 그러나 생계·생존 문제보다 더 중요한 이념은 없고, 미래를 이기는 과거는 없다. 과거는 용서와 화해의 따

뜻한 눈으로 보아야 속박이 풀리고, 현실은 실사구시의 냉철한 눈
으로 보아야 미래가 열린다. 비현실적, 과거지향적 이념들의 속
박에서 벗어나 현실적, 미래지향적 자세로 자유민주주의를 확고
히 다지는 것이 근현대사의 상처를 치유하고 사회적 암운을 걷어
내는 첩경이다.

  미래로 눈을 돌리면, 디지털 혁명과 초연결의 정보통신이 만든
토대 위에서 차세대의 과학기술이 미지의 신세계를 만들어 간다.
인류사회가 각종 정치·사회적 병리 현상에 갇혀 있는 동안, 차
세대 과학기술은 기업 간, 국가 간의 경쟁으로 가속되어 플랫폼
을 만들고, 알고리듬을 만들고, 데이터를 모으고 있다. 그렇게 형
성되는 미래는 장수욕(長壽慾)과 행복욕(幸福慾)과 능력욕(能力慾)
을 미끼로 인류를 알고리듬과 '데이터교(敎)'의 지배하에 끌어들
일 것이다.[18] 인권, 자유, 법치, 언론 등 자유민주주의의 기본 가
치를 갖추지 못한 나라에서는 차세대 과학기술을 안면인식에 의
한 개인 이동의 감시와 디지털 화폐에 의한 경제활동의 감시에 이
용하여 국민을 통제체제의 노예로 전락시킬 수 있고, 그렇게 길든
국민은 미래 알고리듬 기계의 통제하에 무기력하게 넘어갈 수 있
다. 그러한 미래에도 인간의 존엄을 지키며 인간다운 삶을 살 수
있는 사회를 지켜 내기 위해서라도, 우리는 정치·사회적 병리 현
상과 민주주의 위기를 해소하고, 선의의 공동체 의식과 굳건한 시
민의식에 기초한, 복원력 있는 자유민주주의 사회를 확고히 다져
야 할 것이다.

  그러므로 민주주의가 탈진실-신부족주의의 도전을 이겨 내고

건강하게 뿌리내릴 수 있도록 돕는 과학기술의 역할이 중요하다. 무엇보다도 전 국민에게 합리적 자세를 견지시켜 줄 과학적 사고, 그리고 사회적 변화를 예견하고 대처할 수 있는 과학기술 이해력을 길러 줄 수 있도록 역할을 해야 한다. 그것을 가능하게 해 줄 수 있는 길은 '전 국민의 과학화'에 있고, 이를 뒷받침할 '전 국민의 과학교육'에 있다. 전 국민의 과학화란 전 국민이 과학문해력을 갖추는 것을 의미한다. 그리고 전 국민의 과학교육이 지향할 목표 지점은 과학적 사고와 과학적 접근방식이다. 수학·과학·기술·정보에 관하여 단편적인 수식이나 지식을 암기하는 것이 아니라, 과학적 탐구를 문화적·지적 역사의 관점에서 이해하고, 과학기술이 실생활과 어떻게 연관되는지 이해하며, 과학의 개념과 원칙에 입각하여 사물을 이해하고, 과학적 가치와 자세 및 사고를 갖출 수 있도록 교육하는 것이다. 문과·이과를 구분했던 과거의 초·중등교육에서 완전히 벗어나 인문·사회·과학기술이 아우러지도록 교과과정을 개편하고 차질 없이 실천에 옮겨 전 국민의 과학교육을 실천한다면, 그 토대 위에서 전 국민의 과학화가 이루어지고, 그와 함께 민주주의가 굳건히 뿌리내릴 수 있게 될 것이다.

미주

1 이병기(2021. 4. 1.). 오늘의 정치·사회적 병리 현상과 과학적 배경에 대한 고찰. 대한민국학술원통신 333호 참조.
2 'post-truth'의 접두어 'post'는 일반적으로 '특정 상황이나 사건이 발생한 뒤의 시간'의 의미로 사용되지만, 여기서는 '특정 개념이 중요하지 않게 되거나 관련 없게 된 시간'을 뜻한다. 그래서 '진실후(後)'가 아닌 '탈진

실'로 번역한 것으로 간주된다. Flood, A. (2016. 11. 15.). *The Guardian*
참조.

3 미셸 마페졸리는 저서 『부족의 시대』에서 포스트모던 사회에서의 문화
현상이자 인간의 행태로서 신부족주의를 논했고, 에이미 추아는 저서
『정치적 부족주의』에서 인간의 내면에 내재한 부족 본능이 정치적으로
표출되는, 소위 '정치적 부족주의' 현상을 논했다.

4 여기서 이성주의는 욕구를 철저하게 배제하고 이성만이 행동의 원리가
된다는 합리주의 철학적 의미가 아니라, 욕구를 잘 충족하기 위해서도
이성이 필요하다고 하는 경험주의 철학의 의미로서의(즉, 도구적 합리
성) 이성주의를 말한다.

5 '직교적(直交的, orthogonal)'이란 과학적인 용어로, 수학적으로는 각 요
소가 서로 독립적이라는 의미이고, 공학적으로는 각 신호 간에 상관성
이 없다는 의미이다. 본문에서는 현실 세계 공간과 (인터넷) 사이버 세
계 공간은 서로 독립적이고 상관성이 없기 때문에 이 두 공간을 중첩(重
疊)해서 상호보완적으로 사용할 수 있다는 의미를 담고 있다.

6 인터넷 검색 알고리듬은 검색자 개인 맞춤형의 빠른 서비스를 제공하기
위하여 과거에 검색했던 내용을 기억해 두었다가 그것과 유사한 범위에
서 검색어를 찾아 제공하도록 설계되었기 때문에 검색자는 자신도 모르
는 가운데 과거의 검색 이력의 범주 내로 정보를 여과(濾過, filter)당하
게 되는데, 이를 '필터버블(filter bubble)' 효과라고 부른다.

7 소셜미디어는 참여자 간에 활발하게 의사소통하는 가운데, 마치 반향실
안에서는 어떤 소리를 내도 똑같은 소리가 되돌아오는 것처럼, 동질적
인 신념이 증폭되거나 강화되는 현상을 만들어 내게 되는데, 이를 '반향
실(echo-chamber)' 효과라고 부른다.

8 최근 들어 플랫폼 사업에 대한 국가별 대응이 시작되거나 준비되고 있다.
우리나라 국회는 구글과 애플에 대해서 자사(自社)의 앱(applications)
결제를 강제하지 못하도록 입법했고, 유럽과 미국 등도 디지털 플랫폼
기업들에 대해 공정경쟁의 차원에서 규제하는 논의가 진행되고 있다.

9 이병기(2022. 2. 1.). 민주주의의 발전을 위한 과학기술의 역할. 대한민
국학술원통신 343호 참조.

10 백완기 교수는 제베데이 바르부의 저서를 인용하여 모든 분야에서 삶의 합리화(rationalization)가 일어나지 않고는 민주주의는 성공하기 어렵다고 지적했다. 백완기(2017). 한국사회에서 성숙한 민주주의는 가능한가?-문화심리학적 시각-. 대한민국학술원 제44회 국제학술대회 '위기 속의 민주주의' 논문집. 참조.

11 링컨 대통령의 게티즈버그 연설에 나오는 '국민의, 국민에 의한, 국민을 위한 정부'는 민주주의 정부의 전범(典範)으로 간주되는데, 이를 한마디로 요약하면 '국민이 주인인 정부'라고 말할 수 있다.

12 정치지도자를 대리인(代理人, delegate)으로 보느냐 신탁인(信託人, trustee)으로 보느냐는 논란의 여지가 있다. 민주주의가 잘 발전된 단계에 이르면 신탁인이 되는 것이 바람직하겠지만, 그럴 수 있으려면 민주주의 발전과정에서 대리인의 역할을 충실히 수행하여 신뢰를 쌓는 것이 전제된다.

13 '대리인 문제'는 개인이나 집단의 일을 대리인에게 위임할 때 발생하는 문제를 일컬으며, '주인-대리인 문제'라고 부르기도 한다. 대리인 문제는 주로 주인과 대리인 간의 정보의 비대칭성을 이용하여 대리인 개인의 이해관계를 추구함으로써 주인의 이해관계에 반하게 될 때 발생한다. 대리인 문제가 관심사가 되는 대표적인 사례가 주주와 전문경영인의 관계인데, 주주는 스톡옵션 같은 인센티브를 통해서 전문경영인을 격려하면서도 사외이사제도를 통해서 전문경영인을 견제한다.

14 보색의 사전적인 의미는 혼합했을 때 무채색이 되는 두 색이다. 즉, 색상이 다른 두 색이 섞여 하양이나 검정이 되는 두 색을 보색이라 한다. 과학기술과 민주주의는 서로 다른 색에 해당하는데, 과학적 사고를 민주주의에 결합하면 건강한(이상적인) 민주주의가 될 수 있다는 의미에서 보색의 관계이다.

15 리처드 뮬러는 세계적 정치지도자가 되려면 테러리즘, 에너지, 원자력, 우주, 지구온난화 등에 관해서 상당한 수준의 지식이 필요하다고 주장한다. 리처드 뮬러(2008). 대통령을 위한 물리학. 살림. 참조. 한국의 정치지도자는 이들 중 에너지, 원자력, 지구온난화에 관해서는 숙지해야 한다고 본다.

16 마이클 셸런버거는 저서 『지구를 위한다는 착각』에서 원자력, 태양광, 조력, 풍력 등 신재생 에너지 문제를 포함한 여러 환경 문제와 관련하여 세간에 잘못 알려진 착각들을 소개하고 그에 대한 바른 이해를 촉구한다. 마이클 셸런버거(2021). 지구를 위한다는 착각. 부키. 참조.

17 THE MILLENNIUM PROJECT(2020). Work/Technology 2050: Scenarios and Actions Report. 이 보고서는 싱크탱크 '밀레니엄 프로젝트'로, 45개국 300여 명의 미래학자, AI 등 기술전문가, 경제학자와 유관 분야 전문가들이 광범한 문헌과 연구결과를 검토하여 미래의 기술과 일의 변화에 대한 시나리오 초안을 만들고 다른 450명의 미래학자 등이 세 차례에 걸쳐 실시간 델파이(Delphi) 설문 방식으로 검토하여 작성한 보고서이다.

18 '데이터교'란 정보를 의미와 권위의 원천으로 삼고, 만물의 운행을 데이터의 흐름으로 보아, 미래에는 어떤 현상이나 실체의 가치가 데이터 처리에 기여하는 바에 따라 결정될 거라고 상정(想定)하는 유발 하라리의 미래관(未來觀)이다. 유발 하라리(2017). 호모데우스. 김영사. 참조.

참고문헌

리처드 뮬러(2008). 대통령을 위한 물리학. 살림.

마이클 셸런버거(2021). 지구를 위한다는 착각. 부키.

미셸 마페졸리(2017). 부족의 시대. 문학동네.

백완기(2017). 한국사회에서 성숙한 민주주의는 가능한가?-문화심리학적 시각-. 대한민국학술원 제44회 국제학술대회 '위기 속의 민주주의' 논문집.

에이미 추아(2020). 정치적 부족주의. 부키.

유발 하라리(2017). 호모데우스. 김영사.

임혁백(2021). 민주주의의 발전과 위기. 김영사.

재레드 다이아몬드(1998). 총, 균, 쇠. 문학사상사.

THE MILLENNIUM PROJECT(2020). Work/Technology 2050: Scenarios and Actions Report.

민주주의와 법치주의

⬤ 최병조(崔秉祚)

DEMOCRACY

1. 왜 지금 민주주의인가

오늘날 민주주의와 법치주의에 대해 이야기한다는 것은 어쩌면 시대에 뒤떨어진 일일지도 모른다. 민주주의와 법치주의에 대한 공감대는 1948년에 건국된 이후로 우리가 겪어 온 정치적, 사회적 격변 속에서도 착실하게 자리 잡아 왔기 때문이다. 그러나 우리는 늘 민주주의와 법치주의에 대해 이야기할 필요가 있다. 특히 지금의 정치 현실을 생각하면 아주 시급한 일이다. 그런데 민주주의와 법치주의는 추상적인 개념이다. 과연 어떠한 민주주의가, 또 어떠한 법치주의가 이상적인 것일까? 또 어떤 것이 우리가 지향하고 실현해야 하는 민주주의이며, 법치주의일까?

이 문제는 늘 변화하는 삶 속에서 우리가 항상 모색하고 추구해야 하는 절실한 문제이다. 언뜻 명확해 보이는 두 개념에 대해서 모든 사람이 공통된 이해를 가지고 있는 것은 아닌 것으로 보이고, 이러한 현실은 이 문제를 더 어렵게 만들고 있다. 특히 시대의 흐름 속에서 '민주', '민주화', '민주주의'라는 용어들을 '신화화'하면서, 실제로 우리나라의 「헌법」과 법질서가 정해 놓은 민주주의 및 법치주의와 괴리가 생기고, 법 생활에서는 드물지 않게 마찰과 갈등이 빚어지곤 한다. 그렇기에 우리는 이 문제에 맞서, 무엇보다도 지금까지 우리가 정착시켜 온 「헌법」과 법질서가 마련한 민주주의 및 법치주의의 제도들에서부터 시작하지 않으면 안 된다.

오늘날 우리나라에서 민주주의와 법치주의의 문제는 이에 대한 인식의 부족이나 오류에 기인한다기보다는 오히려 국회 입법을 포함한 법규화 과정에 선행하는 민의 수렴과정에서 드러나는 다양한 이해관계의 충돌과 이미 마련된 법질서 내에서의 수범자들의 각종 일탈적 행태에서 기인하는 바가 훨씬 심중하다고 생각된다. 이 글에서는 우리나라 법질서에 마련된 민주주의와 법치주의의 핵심적 모습을 「헌법」에 근거하여 제시하면서, 그에 어긋나는 중대한 일탈의 다양한 면모를 그때그때 지적함으로써 시급한 교정을 요하는 현실을 드러내고자 하였다.

2. 민주주의란 무엇인가

1) 다수결주의와 소수자 보호

그럼 민주주의의 가장 기본적인 이해로부터 시작해 보자. 민주주의란 글자 그대로 국민이 주인인 정치체제이다. 그래서 민주주의의 가장 이상적인 모습은 모든 이가 뜻을 모아 결정하는 것이다. 그런데 모든 사안을 만장일치로 결정하는 것은 원천적으로 불가능하다. 그래서 옛날부터 민의를 모으는 최적의 방법으로 채택되어 온 것이 바로 다수결원칙이다. 우리 「헌법」이 규정한 대의제 민주주의하에서 대표를 선출하는 선거도 다수결이고(「헌법」 제41조 제1항, 제67조 제1항 및 제2항), 국회에서의 의결 역시 다수결을 원칙으로 한다(「헌법」 제49조).

오늘날의 민주주의와 법치주의의 중요한 한 축이 이러한 다수의 지배라고 한다면 동시에 소수자의 보호가 강조되어야 한다. 다수가 수만 믿고 불합리한 횡포를 일삼으면 그로 인한 피해는 다수자들도 받게 되고 국가공동체는 쇠락하기에 견해가 다른 소수 의견을 지닌 이들도 보호받고 존중되는 합리적인 운영이 무엇보다도 중요하기 때문이다. 또 다수와 소수란 사안에 따라 늘 변동하기 마련이라는 점도 우리는 항상 생각해야 할 것이다.

다른 한편으로 모든 이가 참여하는 민주주의를 보완하는 중요한 역할이 각계의 전문가에게 부여된다. 민주적 의사결정의 전제가 되는 현실에 대한 올바른 정보의 제공과 필요시 이해가 부족한 다중을 설득하는 과업을 부여받는 것이다. 복잡다단한 현대사회에서 전문가집단의 공평무사한 역할은 갈수록 중요해지고 있다. 가령, 원자력에 대해서 일반인들은 솔직히 모르지 않는가? 관련 전문가들이 정확한 정보를 이해할 수 있게 제공하는 것이 그래서 중요해진다.

2) 자유민주주의

(1) 자유민주주의

오늘날 우리는 민주주의를 말할 때 그냥 '민주주의'라고 하곤한다. 그런데 여기서 '민주주의'란 무엇을 말하는 것일까? 우리가 '민주주의'라고 할 때 그것은 사실 '자유민주주의'를 의미하는 것이다. 이러한 이해는 민주공화국인 대한민국에서 살아가는 국민으로서는 너무나도 당연하다고 할 수 있다. 우리 「헌법」은 자유민주주의를 달리 '자유민주적 기본질서'라고 표현하며 「헌법」 전문(前文)과 제4조, 제8조 제4항에서 이를 명기하고 있다. 그리고 그 핵심은 주권재민의 원칙과 이를 실현하는 가장 중요한 방도인 대표를 선출하는 선거제도라고 할 수 있다. 개개인의 입장에서는 선거권(「헌법」 제24조), 공무담임권(「헌법」 제25조) 등으로 표현된다. 그러나 우리 사회의 한편에는 이러한 간편한 표현을 왜곡의 수단으로 악용하는 사람들이 있다. 그들은 그들이 말하는 '민주주의'('민중민주주의', '촛불민주주의')와 「헌법」이 말하는 '민주주의'를 같은 말인 것처럼 오해하도록 만들고, 그를 통해 자신들의 정치적 목적을 달성하고자 한다. 이러한 왜곡은 '평화'나 '평등'처럼 다른 추상적 말들에서도 나타난다. 따라서 우리는 '민주주의'라고 하는 말을 들으면 그것이 과연 「헌법」이 말하는 민주주의인지를 따져 보지 않으면 안 되는 안타까운 상황에 있다.

다음의 예는 우리나라 지식인 사회에 놀랍게도 이러한 현상이 이미 굳게 자리 잡았음을 잘 보여 준다.

"한반도에서 민주주의의 정체를 공식 선언하며 등장한 최초의 국가는
대한민국이고, 곧이어 조선민주주의인민공화국이 등장했다. 양자는 비
록 분단정부의 형태로 출발했지만, 모두 주권재민의 민주공화국과 인민
공화국을 선포했다."[2]

　인민민주주의를 '민주주의'라고 부르면서 주권재민의 자유민주주
의와 동렬에 놓는 것은 명백히 「헌법」의 명문규정과 그 정신에 반
할 뿐만 아니라, 북한의 정체(政體) 및 현실과도 일치하지 않는다.
우리 「헌법」이 제4조에서 "대한민국은 통일을 지향하며, 자유민주
적 기본질서에 입각한 평화적 통일 정책을 수립하고 이를 추진한
다."고 명언한 것은 '인민공화국'인 북한의 '인민민주주의'가 민주
공화국인 대한민국의 자유민주주의가 아님을 명백히 한 것이다.
평화통일정책의 수립에 관한 대통령의 자문에 응하기 위한 민주
평화통일자문회의(「헌법」 제92조 제1항)의 '민주'도, 또한 정당 규정
(「헌법」 제8조 제4항)이나 「국가인권위원회법」 제1조의 '민주적 기
본질서'에서 '민주'도 역시 '자유민주'임은 물론이다. 우리나라 「교
육기본법」 제2조는 "교육은 홍익인간(弘益人間)의 이념 아래 모든
국민으로 하여금 인격을 도야(陶冶)하고 자주적 생활능력과 민주
시민으로서 필요한 자질을 갖추게 함으로써 인간다운 삶을 영위
하게 하고 민주국가의 발전과 인류공영(人類共榮)의 이상을 실현
하는 데에 이바지하게 함을 목적으로 한다."고 규정한다. 여기서
'민주국가' 역시 '자유민주국가'이지 다른 것이 결코 아니다. 우리
의 자유민주주의 체제는 비단 북한[3]에 대한 관계에서뿐만 아니라

대외적으로도 반드시 지키지 않으면 안 되는 우리의 생존을 위한 존립기반이다. 특히 북한이나 중국과 같은 공산체제의 침투공작에 대하여 굳건히 지키지 않으면 안 된다.

오늘날 특히 북한의 입장에 경사되어 대한민국의 존재와 역사에 대한 부정적 시각을 취하면서(이른바 '헬 조선') 자유민주주의에서 '자유'를 삭제하려는 개헌 등의 움직임[4]은 우리나라 「헌법」에 정면으로 반하므로 극력 저지되어야만 한다. "유구한 역사와 전통에 빛나는 우리 대한국민은…"으로 시작하는 「헌법」 전문(前文)의 긍지에 찬 선언은 우리나라의 자유민주적 법치주의의 사상적 초석이다.

(2) 전자정부

우리나라는 시대의 흐름에 발맞춰 세계에서 선도적으로 2001년 「전자정부 구현을 위한 행정업무 등의 전자화촉진에 관한 법률」을 제정하였고, 후속 개정법인 「전자정부법」이 2007년 3월 1일 이후 시행되고 있다.[5] 원활한 국민생활을 위한 「전자정부법」 제1조는 "이 법은 행정업무의 전자적 처리를 위한 기본원칙, 절차 및 추진방법 등을 규정함으로써 전자정부를 효율적으로 구현하고, 행정의 생산성, 투명성 및 민주성을 높여 국민의 삶의 질을 향상시키는 것을 목적으로 한다."고 규정하는데, 타당하게도 그 목적이 궁극적으로는 민주성의 제고에 있음을 밝히고 있다. 동시에 「전자금융거래법」(2007. 1. 1. 시행)이 국민 경제생활의 모습을 일신한 것도 우리나라의 선진적인 발전상이다.[6] 왜냐하면 국민을 위한다는 위민주의(爲民主義)의 정신이야말로 민주주의를 떠받들고 있는 실질적 기반이기 때문이다.

3) 대의민주주의

(1) 대의제

옛날에도 그랬지만 오늘날의 국가는 이미 그 규모상 모든 이가 국정에 직접 참여하여 결정을 하는 직접민주주의가 불가능하다. 또 모든 이가 국정에 참여하는 것이 가능하다고 해도 이로 인한 낭비는 엄청난 것이 된다. 그래서 채택된 것이 대의민주주의이다. 우리 「헌법」도 국정을 담당할 대표자들을 국민들의 보통·평등·직접·비밀선거로 선출하도록 규정하고 있다「헌법」제41조 제1항(국회의원); 제67조 제1항(대통령). 지방자치단체의 경우에도 같다: 「헌법」 제114조~제118조; 「지방자치법」. 대의제는 특히 국민대표인 국회의원의 국정 참여라는 모습으로 정착된 이래 지금까지 그 이념적·제도적 형태에 거의 변화가 없이 유지되어 왔다. 대의제의 성공은 애국심과 공공정신이 투철하고 능력 있는 현명한 이들이 선출되는가에 달려 있다. 국정 운영상의 무능은 부패와 함께 큰 죄악이다.

(2) 정당

대의제에 있어서 현실적으로는 정당의 후보 공천 제도가 매우 중요하다. 정치적 의사형성에서 주도적인 역할을 해야 할 정당

정치가 제대로 정착하지 못한 채 그때그때 정치적 이해타산에 따라 이합집산하는 정치풍토에서는 개인이나 시민단체의 욕구 분출이 중구난방, 각개전투식으로 강화되는 것이다. 정당의 자유로운 설립과 복수정당제가 보장되고 있다는 점(「헌법」 제8조 제1항)에서는 우리 정치의 장이 가감할 것이 없어 보이지만, 동조 제2항이 규정하는바 "정당은 그 목적·조직과 활동이 민주적이어야 하며, 국민의 정치적 의사형성에 참여하는 데 필요한 조직을 가져야 한다."는 요청(「정당법」 제1조)이 과연 제대로 실현되고 있는지는 되돌아볼 필요가 있다. 특히 '국민의 정치적 의사형성에의 참여'가 지속 가능한 모습으로 유지되기 위해서는 정당 자체가 이념정당, 실용정당으로 자리 잡고, 공정한 절차를 통하여 능력 있는 인재를 공천하는 정치의 본령에 충실하며, 다른 한편으로는 국민 교육의 장으로서도 기능하면서 세대를 아우르는 정치 인력의 양성도 담당해야 한다. 그러나 우리나라 정당정치의 현장은 건국 이후 거의 80개의 정당이 명멸하였다. 물론 대체로 양대 정당이 국정을 뒷받침하였지만, 정치적 변혁에 따라 특히 특정 인물을 중심으로 부침이 무상하여 안정적인 정당정치의 풍토를 조성하지 못하고 있는 점은 하루 속히 불식되어야 할 병폐이다.

(3) 청원

한편, 민주주의와 상관 있는 제도로 청원 제도가 있다. 국민이 직접 자신의 의견을 국가기관에 대하여 표명할 수 있는 청원 제도(「헌법」 제26조)는 민주성을 확보하기 위하여 국가기관과 국민 개

개인의 직접적인 소통을 보장하기 위한 것이다.[7] 또 유사한 현상
으로 오늘날에는 온라인 사이트를 통한 의견 수렴의 기회가 늘어
났다(가령, 국회입법예고 사이트; 청와대 국민청원게시판). 이에 따라
그렇게 수렴된 이른바 '민의'의 대표성이 문제시되곤 한다. 본질
적으로 대의제는 이념과 규범 차원의 관념적 구상체(構想體)로서
국민과 사회를 통하여 실현되는 것이 아니라 국민과 사회에 대하
여 실현시켜야 하는 인위적 구조인데, 오늘날 직접민주주의적 요
청에 갈수록 대면하는 상황에 처하고 있는 것이다. 또 이러한 요
청에 부분적으로 대처하는 기능을 하는 것으로 공공기관 정보의
공개청구 제도가 있다(「공공기관의 정보공개에 관한 법률」; 「교육관련
기관의 정보공개에 관한 특례법」).

(4) 국민투표

「헌법」은 대의민주주의에 대한 예외로서 국사의 가장 중요한 사
항에 대하여 국민의 뜻을 직접 묻는 국민투표 제도를 마련하여 예
외적으로 직접민주주의를 구현하고 있다(「국민투표법」). 그 하나
는 「헌법」 개정을 위한 국민투표이고(「헌법」 제128조~제130조), 다
른 하나는 대통령이 필요하다고 인정할 때 외교·국방·통일 기
타 국기안위에 관한 중요정책에 대하여 국민의 뜻을 묻는 국민투
표이다(「헌법」 제72조). 지방자치단체의 경우 주민투표가 이에 해
당한다(「주민투표법」).

4) 자유시장경제 질서와 '경제의 민주화'

(1) 경제질서

앞에서 우리「헌법」상 민주주의는 '자유민주주의'라는 점을 이야기했는데, 자유민주주의의 빼놓을 수 없는 한 축이 바로 자유시장경제 질서이다. 이에 대하여「헌법」제119조 제1항은 "대한민국의 경제질서는 개인과 기업의 경제상의 자유와 창의를 존중함을 기본으로 한다."고 규정함으로써 자유시장경제 원칙을 천명하였다.「소비자기본법」제1조는 아예 "자유시장경제"를 명언하고 있다. 사영기업의 보장(「헌법」제126조)도 같은 맥락이다. 우리나라의 법질서가 자유시장경제 질서인 것에 틀림이 없다.

그런데「헌법」제119조 제2항은 "국가는 균형 있는 국민경제의 성장 및 안정과 적정한 소득의 분배를 유지하고, 시장의 지배와 경제력의 남용을 방지하며, 경제주체 간의 조화를 통한 경제의 민주화를 위하여 경제에 관한 규제와 조정을 할 수 있다."라고 이른바 '경제민주화'를 선언하였다. 여기서 '민주'는「헌법」제32조 제2항이 "모든 국민은 근로의 의무를 진다. 국가는 근로의 의무의 내용과 조건을 민주주의원칙에 따라 법률로 정한다."라고 규정할 때의 '민주주의'와 한 가지로 본래적 의미의 정치적 민주주의[8]와 무관한 개념이고, 그래서 그 실체를 파악하기가 쉽지 않다. 독일에서 유래하는 이 '경제민주화'는 아직도 발전 중인 개념이라고 할 수 있다. 이 맥락에서 '민주주의'는 기업근무자들에 의한 기업의 내부적 통제(참여, 공동결정, 공동책임) 및 이익분배와 직결되어 있으며, 이처럼 경제적 맥락에서의 실질적 분배 및 통제는 관철의 정도에 따라서 기업자산의 소유구조와 시장 및 그에 대한 규제, 더 나아가서 금융, 조세, 환경 등등, 경제 체제 전반에 대한 평등과 공유를 지향하는 연대와 공동체 아이디어에 의하여 성격이 규정되는 데까지 이를 수 있다.[9]

　따라서 동조 제1항과 제2항의 조화를 어떻게 이룰 것인가 하는 쉽지 않은 과제에 직면하게 된다. 물론 경제의 민주화 역시 자유민주주의 국가의 틀을 벗어나서는 안 되지만, 자유시장경제가 작동하기 위해서는 일정한 조정이 필요한 것도 사실이다. 그래서 우리나라도 자유시장경제의 거래 질서를 위하여 특히 「자본시장과 금융투자업에 관한 법률」 및 「독점규제 및 공정거래에 관한 법률」을 제정하여 시행하고 있다. 경제질서의 다른 중요한 한 부분인 소비자 보호의 문제도 잘 규율되고 있다(「헌법」 제124조; 「소비자기본법」; 「금융소비자 보호에 관한 법률」; 「전자상거래 등에서의 소비자보호에 관한 법률」). 그러나 국민경제에서 차지하는 비중을 고려할 때 제조업 등 산업[10](「산업발전법」; 「산업융합 촉진법」; 「산업기술혁신 촉진법」; 「엔지니어링산업 진흥법」; 「연구산업진흥법」)과 정보통신산업(「정보통신산업 진흥법」) 및 대외무역에 대한 국가 차원의 육성, 규제 및 조정(「헌법」 제125조)만큼 중요한 경제적 과제도 없다(「대외무역법」). 이에 대한 기반은 과학기술의 혁신과 정보 및 인력의 개발(「헌법」 제127조 제1항; 「과학기술기본법」; 「해양과학조사법」; 「해양수산과학기술 육성법」) 및 저작자·발명가·과학기술자와 예술가의 권리에 대한 법률적 보호이다(「헌법」 제22조 제2항). 국가표

준제도의 확립 역시 핵심 토대이다(「헌법」 제127조 제2항; 「국가표준
기본법」). 당연히 관광 진흥도 이루어져야 한다(「관광기본법」; 「관광
진흥법」). 국민문화의 창달(「헌법」 제9조; 「문화기본법」; 「문화예술진
흥법」; 「문화산업진흥 기본법」; 「대중문화예술산업발전법」; 「음악산업
진흥에 관한 법률」; 「영화 및 비디오물의 진흥에 관한 법률」; 「애니메이
션산업 진흥에 관한 법률」; 「콘텐츠산업 진흥법」)과 이를 바탕으로 한
이른바 한류 문화제작물(K-팝, K-드라마, K-패션 등 K-콘텐츠,
K-푸드[11] 등)의 세계적인 유통과 전파도 경제는 물론 대외적 국
력 신장 차원에서도 촉성되어야 한다. 2021년 9월 17일에 넷플릭
스를 통해 공개된 드라마 〈오징어 게임〉의 세계적 성공의 예를
생각해 보자. 아울러 국제 경제 및 개발 협력 역시 착실히 추진되
어야 한다(「대외경제협력기금법」; 「국제개발협력기본법」; 「한국국제협
력단법」). 이는 유엔무역개발회의(UNCTAD)가 2021년 7월 2일 설
립 57년 만에 특정국의 지위를 개발도상국에서 선진국으로 변경
한 첫 사례인 한국의 국제적 위상을 높이는 일이기도 하다.[12]

(2) 통계

경제는 물론, 모든 국가 작용의 가장 기본적인 자료는 정확한
통계이다(「통계법」). 통계의 조작이나 은폐는 현실을 있는 그대로
파악할 수 없게 함으로써 국가의 진로와 존립을 위태롭게 하는 중
범죄이다. 이웃 나라 일본이 8년간이나 건설수주 통계를 조작하
여 국민총생산(GDP)을 발표했다는 소식은 일본이 쇠락하고 있다
는 분명한 징표이다.[13]

5) 민주주의의 본질

그런데 주권재민의 자유민주주의를 좀 더 깊이 생각해 보면 국가의 대의제적 지배구조가 민의의 수렴과 확인 과정에서 역설적 난국에 처하게 된다. 그러나 이러한 난국에서 민주주의의 참된 본질이 비로소 드러난다는 데 민주주의의 '역설'이 엿보인다.

> 민주주의의 民이 主라는 의미는 ① 우선 첫째로, 民이 아닌 다른 누구도 主일 수 없고 主가 아니라는 부정의 의미를 지닌다. 일인의 독재도, 소수의 과두적 귀족정체도 모두 거부하는 것이다. 그렇다고 다수의 횡포를 긍정하는 것이 아니다.
>
> ② 다음으로, 민주주의의 民이 主라는 의미는 늘 民이 主가 되는 과정, 절차의 개방성을 지향한다는 뜻이다. 늘 하나의 이해관계를 공유하고, 단일한 의지와 의사를 구사하는 어떤 불변의 실체가 존재하여 그것이 주인 노릇한다는 뜻이 전혀 아니다. 이러한 관념적 구성체로서의 民은 설명의 편의를 위한 비유에 불과할 뿐이다. … 모든 이의 참여를 허용한다는 점에서 이것은 결국 어느 한순간에도, 그래서 결국 모든 시점에, 어느 누구에게도 전권을 허용하지 않는다는 의미이고, 그래서 우리는 민주주의를 … 오히려 외견상 아주 역설적이게도 '아무도 주인이 아닌 체제', 즉 無主主義로 이해하지 않으면 안 된다. 이를 실현하기 위해서 권력의 분립도 하는 것이고, 개개인에게 기본권도 보장하는 것이다. 어떤 형태의 권력 남용도 배제하겠다는 의지가 바로 민주주의에 체현되어 있는 것이다. … 미국의 대통령 존 퀸시 애덤스(J. Q. Adams)는 "민주주의의

참된 본질은 우상 파괴이다"라고 설파했다고 한다. 파괴되어야 할 우상에는 '민주'도 포함된다는 데에 민주주의의 위대성이 있는 것이다.

그러므로 ③ 셋째로, 민주주의에서는 스스로를 다스리는 훌륭한 治者가 된다는 것은 훌륭한 被治者가 된다는 것과 같은 의미이다.[14]

3. 법치주의의 발전 내용

1) 법치주의의 단계

법치주의란 영미법의 Rule *of* Law(법의 지배)를 번역한 말이다. 대륙법 쪽에서는 법치국가(Rechtsstaat)라는 표현을 쓴다. 이것은 '법을 수단으로 이용한 지배'(rule *by* law)와 구별해야 한다. 법치주의는 법을 만든 자들을 포함하여 최고권력자라 하더라도 법의 구속을 받는 것을 말하며 모든 이가 법 앞에 평등한 정체의 원리이다(「헌법」 제11조 제1항). 종래 역사적으로 *Princeps legibus solutus*('군주는 법률의 구속에서 벗어나 있다')로 지시되던 인치(人治)의 시기를 극복하고 확립된 원칙이다. 처음에는 당시 주권자였던 군주의 억압을 벗어나는 것에, 즉 자유와 안전을 확보하는 것에 가장 관심이 집중되었었고(형식적 법치주의 단계), 그 후에는 인간의 존엄과 가치, 실질적 인권의 보호, 복지의 구현 등을 포함하는 단계(실질적 법치주의)로 발전하였으며, 우리 「헌법」은 이 최종적 성취를 수용한 현대적 「헌법」이다.

2) 법을 이용한 지배

'법을 이용한 지배'란 주권적 지배자가 법을 좌지우지할 수 있는 위치에서 법을 동원하여 통치하는 체제이다. 고대의 전제 왕정이 대표적이며, 고대 중국의 법가(法家)가 의식적으로 추구했던 체제이다. 백성은 국왕의 이름으로 발령되는 법에 복종해야만 했고, 그 내용이나 반포에는 전혀 영향을 미칠 수 없었다. 이 '법을 이용한 지배'에서는 상의하달식 억압적 권위주의적 풍토가 만연하고 사법권의 독립, 기본권과 인권의 보장이 미흡할 수밖에 없다. 이 단계에서는 국가에 의한 시민사회의 통제 내지 억압이 궁극적으로는 사회발전의 저해 요인으로 작용한다. 법가의 가장 큰 잘못은 시민사회를 의식적으로 봉쇄하고 백성은 단지 일개 무력한 개인으로 전능한 국가를 상대해야만 하도록 조치한 것이다. 법가에서 법은 철저하게 '백성을 제압하는 근본'이었다.[15] '법을 수단화한 지배'는 법 자체가 공포의 수단이거나 아니면 다른 공포의 수단을 동원하는 경우 법이 전도된 불법질서를 탄생시킬 수 있는데, 극명한 예가 독일의 나치 법질서였다.

3) 형식적 법치주의

형식적 법치주의에서는 법의 독자성이 인정되고, 그에 따라 법이 가지는 형식적 특징들, 즉 법의 일반성, 소급효 금지, 명확성, 안정성, 예측가능성 등이 인정되며, 이에 따라 개인의 자유와 재산권의 보호가 보장된다. 이때 법은 형식적 절차를 거쳐서 만들어지는 한, 존재가치를 인정받음으로써(법률실증주의) 인간의 존엄과 가치라든가 실질적 정의의 관점에서 문제가 있더라도 형식적으로 민주주의의 요건(다수결)을 갖춘 성과물이면 그 효력이 승인된다. 현대적 독재는 흔히 포퓰리즘적 선동이나 가짜 뉴스, 또는 폭압의 행사로서 민의를 왜곡 형성함으로써 형식적 법치주의마저도 실질적으로 무력화시킨다.

4) 실질적 법치주의

실질적 법치주의는 형식적 법치주의에서 더 나아가서 인간의 존엄과 가치, 행복추구권, 불가침의 기본적 인권(「헌법」 제10조)과 자유민주적 기본질서의 상위법적 가치를 인정한 가운데 소수자의 보호를 포함하는 자유민주주의를 실현하며, 사회가 국가를 통제하는 하의상달식 법문화 풍토를 보장한다. 시장경제는 무엇보다도 법치주의하의 자유계약과 각종 제도보장 속에서 발달한다. 실질적 법치주의를 보장하는 중요한 축의 하나가 비로 우리나라 「헌법」도 채택하고 있는 법률에 대한 사법심사이다.[16]

우리나라 「헌법」에 반영된 법치의 구체적인 요청들을 살펴보면 법치적 질서가 지향하는 바가 무엇인지 확연히 알 수 있다.

(1) 국가

법치 질서의 출발점은 「헌법」이다. 정체 및 통치구조의 규정과 조직법적 차원에서 민주공화국인 대한민국 자체(「헌법」제1조 제1항)의 구성에 대한 법적인 기초로서 「헌법」이 작동하는 것이다. 국민의 자격 요건도 이에 해당하고(「헌법」제2조; 국적법), 영토 조항(「헌법」제3조; 영해에 관해서는 「영해 및 접속수역법」) 또한 같다. 국민이란 단순한 법적 형식적 자격요건을 갖춤으로써 완성되는 것이 전혀 아니다. 더 중요한 것은 그 법공동체의 가치에 대한 공감과 문화 및 전통에 대한 공유(「헌법」제9조 참조), 국가와 사회에 대한 의무[특히 납세의 의무(「헌법」제38조)와 국방의 의무(「헌법」제39조)]의 여행(勵行) 등 정신적 자세와 실천이 더욱 결정적이다.

「헌법」은 통치기구들(국회: 「헌법」제3장, 「국회법」; 정부: 「헌법」제4장, 「정부조직법」; 법원: 「헌법」제5장, 「법원조직법」; 헌법재판소: 「헌법」제6장, 「헌법재판소법」; 지방자치: 「헌법」제8장, 「지방자치법」) 간의 상호관계를 공조·협력과 견제와 균형이 가능하게 관할을 획정하고 있다. 이것은 권력의 오·남용을 방지하기 위해 권력의 독점을 불가능하게 한 것이다. 크게 입법부, 행정부, 사법부의 3권 분립이 확정되고, 사법의 영역에서 법원과 헌법재판소가 분립되었다. 대통령의 국회 의결 법률안에 대한 재의 요구권은 상호견제의 한 예이다(「헌법」제53조 제2항~제4항). 특히 헌법재판소의 기능이 주목된다.[17] 심지어 대통령 및 법관·헌법재판관도 국회의 소추(「헌법」제65조 제1항)와 헌법재판소의 심판으로 탄핵될 수 있다. 2016년 12월 9일 탄핵소추안이 국회에서 가결되고 2017년 3월 10일 헌법재판소에서 초단시간 내에 재판관 전원일치로 인용된 박근혜 대통령 탄핵은 지금껏 대한민국 역사상 관철된 유일한 대

통령 탄핵 사례이다(2016헌나1).[18]

사법부의 재판에 대한 대통령의 사후적 개입인 사면 제도(사면, 감형, 복권: 「헌법」 제79조, 제89조 제9호; 「사면법」)는 왕정시대의 유제(遺制)로서 권력분립의 차원에서 문제가 된다. 특히 일반법규인 대통령령에 의하는 일반사면과 달리 대통령이 행하는 특별사면, 특정한 자에 대한 감형 및 복권(「사면법」 제9조)은 나름으로 행정적 절차가 정해져 있기는 하나 정치적으로 오·남용될 소지가 크다. 결국은 성숙한 민주주의만이 이러한 오·남용을 막을 수 있다.

(2) 절차법

국가 권력의 작용에 있어서 민주주의적 과정을 정한 절차법 규정의 준수는 민주주의와 법치주의에 필수적이다. 절차법은 본질적으로 국가 권력 작용의 실행에 있어서 그 정당성을 확보하기 위해서는 항상 준수되어야 하는 일차적인 법규이며, 이것은 법치주의의 본령에 속한다. '법을 이용한 지배'가 대체로 실체법적인 법규범을 통한 규율과 통제라고 한다면, 법치주의는 실체법에 앞서서 절차법에 의해 기속된다는 점에서 큰 차이가 있다. 특히 민주주의는 그 본질의 태반이 참여 절차의 공정성에 있으므로 과정을 무시한 채 결과만을 노리는 이른바 '민주'란 진정한 민주주의일 수가 없다.

(3) 법치

모든 국가 권력 작용은 법에 따라 이루어져야 한다. 이때 주로 역할을 하는 것은 다양한 실체법이다. 가장 일상적인 것이 법치

행정의 요청이며, 이것은 또한 권력담당자의 책임성을 포함한다
(「헌법」제29조). 공무원(「헌법」제7조)의 행위 기준은 각각의 관할 내
에서 「헌법」과 법률이 규정하는 국민의 권리와 의무(「헌법」제2장)
의 구체적인 내용들이다.

더 나아가서 입법 역시도 「헌법」에 부합하지 않으면 안 된다. 헌
법제판소에 의한 규범통제 제도가 마련된 까닭이다. 법률은 일차
적으로 법적 안정성, 일반성, 평등성과 같은 '합법성의 원칙들'에
부합해야 하고, 그렇지 못하면 법률은 법으로서 승인받을 자격이
없게 된다. 이러한 요소는 법치의 최소한의 요건이라 할 수 있다.

(4) 기본권

자유민주주의에 기반한 실질적 법치주의의 근본 보호가치는 생
명(「헌법」제30조), 자유, 재산권이다. 우리 「헌법」은 이 핵심가치를
체화한 주체인 인간의 존엄과 가치를 선양하고['개인의 존엄과 가
치'(「개인정보보호법」제1조); '개인의 존엄'(「헌법」제36조 제1항)], 미국
독립선언문의 예를 따라 행복추구권도 명문으로 규정한다(「헌법」
제10조). 그러나 자유, 평화, 평등, 인간의 존엄과 가치 등은 성문
화됨으로써 비로소 가치를 얻게 되는 것들이 아니고, 따라서 우리
나라 「헌법」도 제37조 제1항에서는 "국민의 자유와 권리는 「헌법」
에 열거되지 아니한 이유로 경시되지 아니한다."고 규정한다. 더
나아가서 제2항에서 "국민의 모든 자유와 권리는 국가안전보장·
질서유지 또는 공공복리를 위하여 필요한 경우에 한하여 법률로
써 제한할 수 있으며, 제한하는 경우에도 자유와 권리의 본질적

인 내용을 침해할 수 없다."고 명언하고 있다. 이것은 이들 가치를 시인하는 상위법(higher law)의 관념이 내재해 있음을 보여 주는 것이다. 이에 따라 "모든 개인이 가지는 불가침의 기본적 인권을 보호하고 그 수준을 향상시킴으로써 인간으로서의 존엄과 가치를 실현하고 민주적 기본질서의 확립에 이바지함을 목적으로" (「국가인권위원회법」 제1조) 국가인권위원회를 설립하였다(2001년 11월 25일 출범). 또 국가의 공권력 행사 또는 불행사로 인하여 기본권을 직접 침해당하였다고 주장하는 국민이 헌법재판소에 그 구제를 구하는 헌법소원을 제도화하였다(「헌법」 제111조 제1항 제5호; 「헌법재판소법」 제68조~제75조). 특히 오늘날과 같이 개인정보가 투명하게 노출될 수 있는 사회에서는 다양한 개인정보의 보호가 필수적이므로 관련 법률들을 제정하였다(「개인정보보호법」; 「디엔에이신원확인정보의 이용 및 보호에 관한 법률」; 「신용정보의 이용 및 보호에 관한 법률」).

이러한 가치를 가지는 존재로서 모든 국민은 법 앞에 평등하다 [「헌법」 제11조; 「헌법」 제36조 제1항(양성의 평등)]. 이 평등권이야말로 민주주의의 실현에 있어서 알파이며 오메가이다. 「헌법」이 정하는 보통·평등선거야말로 바로 그 증거이다. 민주주의적 형태의 선거를 통한 참정권의 보장이야말로(「헌법」 제24조) 법치주의와 민주주의가 합체하는 지점이다.

법치주의의 출발점은 따라서 사적인 폭력과 강제의 억제이다. 「헌법」 제12조가 규정하는 신체의 자유는 우선적으로 국가권력에 의한 침해의 방지에 주안점이 있지만(「헌법」 제12조; 제13조; 제16조

(주거의 자유)], 그 본질은 모든 이에 대한 관계에서, 즉 사인 간에
도, 보호되는 가장 근원적인 기본권이다. 이로부터 죄형법정주의
의 요청(「헌법」 제13조 제1항)과 진정소급입법의 엄격한 제한(「헌
법」 제13조 제2항)이 도출된다. 생명과 신체의 자유를 침해하는 인
신매매나 불법한 장기 적출은 인류의 공적(公敵)이다.

　그러나 인간의 존엄과 가치가 현실태로서 긍정될 수 있으려면
추상적 가치의 주창만으로는 태부족하다. 현세를 살아가는 인간
인 국민은 삶에 필요한 모든 물적 자원을 필요로 한다. 이를 위한
헌법국가의 기본적인 모습이 복지국가(광의)이다[인간다운 생활을 할
권리(「헌법」 제34조); "인간다운 삶을 영위하게"(「교육기본법」 제2조)].
「헌법」은 이에 따라 직업 선택의 자유(「헌법」 제15조), 교육을 받을
권리(「헌법」 제31조; 「교육기본법」),[19] 근로의 권리(「헌법」 제32조; 「근
로기준법」; 「근로복지기본법」; 「최저임금법」). 사회보장과 사회복지를
누릴 지위(「헌법」 제34조 제2항~제6항; 「사회보장기본법」; 「국민연금
법」; 「기초연금법」; 「장애인연금법」), 건강한 환경을 누릴 권리(「헌법」
제35조; 「환경보건법」; 「환경기술 및 환경산업 지원법」; 「환경친화적 산업
구조로의 전환촉진에 관한 법률」), 혼인과 가족생활의 보장(「헌법」
제36조 제1항; 「민법」), 모성의 보호(「헌법」 제36조 제3항; 「모자보건
법」), 보건에 관한 보호(제36조 제4항; 「보건의료기본법」; 「공공보건의
료에 관한 법률」; 「국민건강보험법」; 「의료급여법」; 「재난적 의료비 지원
에 관한 법률」; 「보건의료기술 진흥법」) 등을 국민의 권리로 또는 국
가의 의무 및 과제로 천명하였다. 보건에 관한 보호는 2019년 말
이래 전 세계에 광범위하게 확산되어 2022년 2월 14일 기준 확진

자 약 4억 1,230만 명, 사망자 약 583만 6,500여 명(우리나라: 확진자 140만 5,200여 명, 사망자 7,100여 명)의 불의의 희생을 가져온 코로나19 바이러스로 인한 인류 차원의 비상사태를 맞이하여[20] 미증유의 의미를 갖게 되었다. 방역과 감염병 퇴치에 대한 공공의 긴급한 필요에도 불구하고 개인의 생명에 대한 천부의 권리에 대하여 누구도 좌지우지할 수 없다. 그리고 거주·이전의 자유(「헌법」 제14조)는 자유권이지만, 예컨대 주택정책의 부작용으로 인한 부동산 가격의 급격한 상승으로 사실상 주택 구입이나 이사가 가능하지 않게 되거나 가계 부채의 폭증을 가져온다면 이것은 국가경제의 기반을 흔들 뿐 아니라 개인 복지의 측면에서도, 자유의 측면에서도 기본권에 대한 침해로 귀착할 수 있다. 특히 이로 인해 혼인과 출산이 기피되면서 지금도 가임여성(15~49세) 1명당 0.84(2020년)에 불과한 세계 최저의 출산율[21]이 한층 악화하여 국가 존립의 인구적 기초가 더욱 크게 흔들리는 위기를 초래할 수 있다. 복지정책에 있어서는 무조건적인 확대가 능사가 아니라 다음 세 가지의 기본적 관점의 정립이 중요하다. 첫째, 구체적인 복지시책 도입보다 더 시급한 선결과제가 미해결로 남겨져서는 안 된다. 둘째, 복지시책의 확대는 필연적으로 국민부담의 증대가 수반한다는 사실이 확실히 인식되어야 한다. 셋째, 복지의 시혜가 집단 중심이 아닌 개인 중심으로 논의되어야 한다는 사실이 인식되어야 한다.[22]

우리 「헌법」의 자유민주주의적 근본가치인 재산권의 보장(「헌법」 제23조 제1항)은 「민법」에 의해 소유권제도(「민법」 제211조 이하)를 위시하여 상속에까지 제도적 보장(「민법」제997조 이하)이 확보된, 각인의 삶에서 가장 현실적이고 본질적인 생존기반의 문제를 토지 사유를 포함하여 사유경제의 구조 속에 자리매김한 결단이다.[23] 재산권 중에는 오늘날 갈수록 가치가 중요해지고 있는 지식재산권도 포함된다.[24] 이에 따라 「헌법」 제126조는 "국방상 또는 국민경제상 긴절한 필요로 인하여 법률이 정하는 경우를 제외하고는, 사영기업을 국유 또는 공유로 이전하거나 그 경영을 통제 또는 관리할 수 없다."고 명정(明定)한다. 그러나 다른 한편으로 과중한 상속세제로 인하여 재산권과 사영기업의 존속 보장이 실질적으로 침해될 정도라면 경쟁력 있는 국가경제를 위해서 재고할 필요가 있다.

또 전지구적 차원의 기후변화에 따라(「기후변화대응 기술개발 촉진법」;「기후위기 대응을 위한 탄소중립·녹색성장 기본법」) 빈발하는 미증유의 자연재해(태풍·폭우·해일·지진·산사태·한파 등)로 인하여 국민의 생명과 재산을 보호해야 할(「기상법」 제1조) 국가의 책무가 날로 커지고 있다(「재난 및 안전관리 기본법」;「자연재해대책법」;「재해구호법」;「재난안전통신망법」).

4. 민주주의와 법치주의는 형제지간

그렇다면 민주주의와 법치주의는 어떤 관계일까? 역사적 발전과정에서 볼 때 민주주의와 법치주의는 밀접한 관련이 있어 왔고, 특히 자유민주주의의 발전과정에서 이것이 잘 드러난다. 민주주의와 법치주의는 대한민국의 국법질서를 지탱하는 두 기둥이다. 민주주의는 기본적으로 정치의 영역에 속하며 민의의 수렴 과정을 법제도를 통하여 보장하는 차원에서 법치주의와 접목한다. 민주주의와 법치주의는 말하자면 형제지간이다. 민주주의에 의하여 다수의 국민이 원하는 바를 법으로 제정하고, 다수의 국민이 원하는 인물이 국정의 요직을 담당한다. 이러한 민의는 시간의 흐름에 따라, 시대 상황의 변천에 따라 변화하기 마련이므로 일정한 기간 후에는 다시금 국정을 담당할 새 인물을 선출하고 새로운 입법을 하며, 이에 따라 새로운 정책과 미래 비전하에 국민으로서의 삶을 영위해 나아간다. 이처럼 민주주의는 정치의 영역과 겹쳐 있으며 동적인 성격을 지닌다. 민주주의는 현실타파적이고 적극적인 태도를 취한다. 민주주의는 심지어 감성적이라고 표현할 수 있다.[25] 민주주의는 이념적 대립과 이해관계의 충돌을 수반하는 역동적인 과정의 문제인 것이다. 그러나 실질적 법치주의의 원칙상 다수결의 관철만이 능사는 아니며, 민주주의의 작동 역시 「헌법」과 법률이 정하는 바의 법적 · 제도적 틀 안에서 이루어진다.

법치주의의 발달사를 살펴보면, 시기적으로 그 제1의 층위는 권력의 제한을, 제2의 층위는 자유와 권리보호를, 제3의 층위는 민주주의(정치)와 법치를 핵심 목표로 발전하였다.[26] 역동적인 민주주의는 상대적으로 정적(靜的), 현상유지적, 소극적이고 이성적이라고 할 법치주의의 안정적 기반을 필요로 한다. 그렇지 못하면 고대 그리스의 철인들이 일찍이 설파했듯이 중우(衆愚)정치로 퇴행하기 마련이다. 이 지점에서 민주주의의 실천에 참여하는 시

민들의 행태가 중요한 인자로 고려되지 않으면 안 된다. 시민적
덕(civic virtue)에 대한 논의가 대두하는 것은 이처럼 중우정치의
폐해를 방지하기 위한 것이다.[27] 대중인기영합주의(포퓰리즘)로
인한 민의의 왜곡과 정치문화의 부패는 세계 곳곳에서 쉽게 목도
되는 현상이다. 그러나 이런 위험은 비단 국내적으로만 문제되는
것이 아니다. 국가 간의 체제 경쟁으로 인해 공식적인 외교와 교류
이외의 방법으로 은밀한 침입(여론전·심리전·법률전)이 이루어지
는 것이 세계 현실정치의 실태이다. 따라서 자유민주주의와 법치
주의는 국내외를 막론하고 이를 악용하고 그 근간의 훼손이나 체
제 전복의 모든 기도에 대하여 생존과 체제 유지 차원에서 의연히
대적하지 않으면 안 된다. 민주주의 자유를 악용하여 민주주의
자체를 공격하는 행태는 아무리 '민주주의'를 표방하고 있더라도
용납할 수 없는 것이다. 이것이 '방어적 민주주의'이다. 따라서 민
주주의와 법치주의의 병리학적 현상에 대한 궁구와 그 예방 내지
금압을 위한 대처가 반드시 필요해진다. 이제 이 점을 살펴보자.

5. 민주주의와 법치주의는 왜 아플까

1) 민주주의의 병리학

(1) 민의

민주주의의 병리적 현상은 민의 수렴 과정의 곳곳에서 나타날

수 있다. 병리현상은 외형적으로도 쉽사리 확인 가능한 형식적 일탈 이외에도 형식적으로는 법을 준수하는 외양을 띠지만 실질적으로는 민주주의를 왜곡하는 탈법행위적인 경우도 드물지 않게 일어난다. 실로 민주주의가 법치주의 내에서 제대로 작동하기 위해서는 그 역동성이 법의 안정성이 담보하는 제도의 틀 속에서 순치된 형태로 이성적이지 않으면 안 된다. 왜냐하면 법치주의가 인간에 대한 불신을 근거로 자의적·폭력적 지배를 배제하고 국민의 의사에 따라 제정된 법에 의한 '이성의 지배'를 요구하는 통치원리라고 한다면,[28] 민의 수렴 자체가 자의적, 폭력적이거나, 제정법을 따르되 이성적 결과를 도출하는 것이 아니라 비이성적이고 편파적인 결론을 선취하는 식으로 이루어진다고 하면[29] 이때의 민의는 '국민'의 의사라고 할 수 없기 때문이다.

특히 오늘날의 발달된 정보화수단을 동원한 의식적인 여론의 호도와 세몰이의 위험은 매우 강조할 만하다. 이 점에서 무엇보다도 전자기기 내의 백도어나 해킹의 방지 등 국가안보 차원의 빈틈없는 대처와 이른바 빅·테크, 즉 각종 온라인 포털 등을 지배하는 거대 플랫폼 기업의 중립성과 공정성이 담보될 수 있는 법적 제도적 장치가 필수적이다. 오늘날 세계 곳곳에서 목도되는 '가짜 뉴스'와 여론 조작의 범람과 그에 따른 정보의 왜곡('탈진실 사회')은 국민의 선택과 결정에 있어서 심대한 부작용과 굴절을 야기하곤 한다. 근자의 이른바 '드루킹' 사건은 여론 조작의 대표적인 사례이다.[30] 사회적 연결망을 통하여 삽시간에 수많은 인원이 정보를 공유하고 단체 행동에까지 나설 수 있으며, 동영상과 오감을 이용한 순간적인 인지작용에 의존하는 매체의 특성상 지면으로 소통하던 시기의 차분하고 이성적인 판단의 여지는 현저히 줄어들고, 순간의 비이성적 결정이 역사를 바꾸는 지경에까지 이르렀다. 예컨대, 촛불시위 현상이 이에 해당한다. 이런 상황에서 조작된 정보의 제공은 끔찍한 범죄이다. 이런 세태와 시류를 잘 활용하는 자들이 흔히 직접적인 이익의 제공으로 유혹하면서 정치의 세계에서 세를 얻고, 권력을 장악하는 사태가 발생한다. 연예인에 대한 팬덤 현상이 정치인에게까지 확산되면 편가르기에 따라 국가의 공적 영역이 사화(私化)하는 위험이 초래되고('부족주의 현상'), 궁극적으로는 사회에 불신풍토를 조성한다.[31] 이러한 사회문화적 현상들은 법이 규제하거나 통어할 수 있는 범위가 제한적일 수밖에 없다. 이에 대한 가능한 대처는 물론 법치주의의 틀 안에서 이루어져야만 한다.

(2) 언론

정당과 함께, 혹은 정당보다도 어떤 의미에서는 더 중요한 민주주의의 지주 중 하나가 종래 언론과 출판, 통신과 방송으로 대변되어 온 매스미디어의 활동이다(「헌법」 제21조). 이것은 넓은 의미에서 시민의 정신활동을 보장하는 다양한 측면의 헌법규정― 「헌법」 제17조(사생활의 비밀과 자유), 「헌법」 제18조(통신의 비밀),[32] 「헌법」 제19조(양심의 자유), 「헌법」 제20조(종교의 자유), 「헌법」 제22조(학문과 예술의 자유)―과 함께 시민의 민주주의적 참여가 이성적인 참여가 되도록 하는 데 기여하는 정보의 광장을 마련하고 국가권력 및 사회세력에 대한 비판적 기능을 수행함으로써 국가와 사회의 전반적인 진보에 정신문화적 토대를 마련한다는 점에서 제대로 된 민주주의의 실현을 위해 반드시 보장되어야 할 공기(公器)에 해당한다. 사상과 표현의 자유야말로 자유로운 담론을 통한 집단지성의 발휘를 비로소 가능하게 만드는 산소와 같은 것이다. 이것이 침해되는 방식에는 크게 두 가지가 있다. 하나는 사상의 주체들이 스스로 그 공적 책임의식을 몰각하는 경우이고(부패), 다른 하나는 국가권력이나 사회세력이 마음에 들지 않는 매스미디어에 재갈을 물리려고 시도하는 경우이다(폭압).

현대사회는 범람하는 정보의 홍수 속에서 매스미디어마저도 때로는 생존의 위협까지 받을 정도로 경쟁이 치열하고, 이를 타개하기 위한 방편으로 손쉬운 선정적 혹은 조작된 정보 제공의 유혹에 빠지기도 하고, 아니면 이권이나 권세를 좇는 세속적 행태로 정론을 벗어나는 곡학아세의 도구로 전락하기도 하므로 매스미디어 세계의 건실한 발전과 건전한 의사소통의 장을 마련하는 것은 국민 모두의 과업이 아닐 수 없게 된다. 그러나 무엇보다도 국가권력 등에 의한 사상 자유의 억압은 모든 전제체제의 일상사로서 자유민주주의를 위협하는 가장 가공할 만한 사태이다. 그 억압은 사실적인 폭력 등의 사용일 수도 있지만 법치의 탈을 쓴 교묘한 억압일 수도 있다. 이에 대응하기 위해서는 매스미디어계 자체의 자정능력이 특히 중요하다.

또 사상의 자유와 짝을 이루는 집회·결사의 자유(「헌법」 제21조 제1항)가 법치주의의 틀을 벗어난 위법한 형태로 남용되면 사회의 불안을 유발하고, 더욱이 정치적 셈법에 따라 공정하지 못한 대처가 이루어지는 경우 법치주의에 흠이 가는 것은 물론 민주주의의 온전한 작동 역시 해치게 된다. 현실에서 위세적인 혼란은 흔히 정치색을 띤 집회와 시위에서 발생하곤 한다. 근로자의 단체행동권(「헌법」 제33조; 「노동조합 및 노동관계조정법」; 「공무원의 노동조합 설립 및 운영 등에 관한 법률」; 「교원의 노동조합 설립 및 운영 등에 관한 법률」)의 행사도 이러한 성격을 띨 때가 적지 않다. 그러나 모든 권리의 행사와 법집행은 그것이 아무리 민주주의의 명분을 표방한 것일지라도 법치주의의 틀 안에서 수행되지 않으면 안 된다.[33]

(3) 정당

특히 민주주의와 법치주의의 접합점으로 주목할 것은 위헌정당의 「헌법」에 따른 해산이다(「헌법」 제8조 제4항; 「헌법재판소법」 제55조~제60조). 그 사유가 '정당의 목적이나 활동이 민주적 기본질서에 위배될 때'이기 때문이다. 민주주의의 실현을 위한 주체인 정당은 그만큼 자신이 자유민주주의에 충실한 조직으로서 그에 부합하는 활동을 전개해야만 하는 것이다. 가장 대표적인 위헌정당 해산 사례는 2014년 12월 19일 선고된 통합진보당 해산심판 사건이다(전원재판부 2013헌다1).

(4) 투표

법치가 깨지면 민주주의도 함께 괴멸하는 관계가 가장 두드러지는 영역이 선거 및 국민투표·주민투표 관리의 영역이다. 대통령선거 등에 적용되는 「공직선거법」이 정한 절차에 따라 선거관리가 투명하고 공정하게 시행되지 않는다면 민주주의의 본질적 요소인 민의 수렴이 치명상을 입게 되고, 그러한 왜곡되고 굴절된 거짓 민의에 바탕한 모든 국가권력의 구성과 행사는 헌법적 정당성을 상실하게 된다. 따라서 모든 투표절차는 만전을 기해야 하며, 특히 전산화를 이용한 투·개표(중앙선거관리위원회 「전산조직에 의한 투표 및 개표에 관한 규칙」)는 신속하다는 장점이 있으나 프로그램의 조작이나 외부 해킹의 위험이 상존하므로 철저한 대비가 필요하다. 또 투표방식이 다양화되면서(가령, 사전투표, 투표기간의 연장, 우편투표 등) 관리·감시의 어려움이 가중되고 부정이 개입할 소지가 증대한 점도 위험요소이다.[34] 선거관리위원회나 관계자가 부정선거에 개입하면 더 이상의 민주주의와 법치주의는 없다. 절차의 문제를 떠나서 실질적으로 투표권자, 특히 귀화인과 외국인의 투표자격요건과 범위를 어떻게 정하는가도 국가의 운명을 좌우할 수도 있는 중대사이다. 민주주의의 명분이나 정치적 타산만으로 확대하기 전에 외세의 침입을 초래할 위험에도 대비해야 한다.

사후조처로서 선거재판에 관할권을 가진 대법원의 신속한 준법재판이 무엇보다도 중요함은 두말할 것도 없다.[35] 2021년 8월 현재 대법원 단심 선거소송사건 누계 미제건수가 155건이나 된다.[36] '지연된 정의는 정의가 아니다.'라는 말을 떠올리게 한다.

2) 법치주의의 병리학

(1) 범법

법치주의가 제대로 작동하지 않는 경우는 매우 다양하다. 대부분의 경우는 관련자들이 법으로부터 일탈하는 경우이다. 그래서 「헌법」은 국가의 세입·세출의 결산, 국가 및 법률이 정한 단체의 회계검사와 행정기관 및 공무원의 직무에 관한 감찰을 위하여 대통령 소속하에 '직무에 관하여는 독립의 지위'를 가지는 감사원을 두었다(「헌법」 제97조~제100조; 「감사원법」 제2조 제1항). 일탈의 전형적인 경우는 형법 기타 처벌법규가 정하는 위법행위나 범죄를 저지르는 경우이다. 이때에도 그에 합당한 법적 처리가 잘 이루어지면 법치주의는 살아 있는 것이고 병리적 상태에 있다고 할 수 없다. 그러나 사법부의 독립을 저해하는 권력작용이 현실화하고(이른바 '정치적 사법') 경찰[37]이나 검찰[38] 또는 공수처 수사 공무원[39]이 법이 정한 공정·중립의 의무에 위배하거나, 법관이 「헌법」 제103조가 규정하는바 "헌법과 법률에 의하여 그 양심에 따라 독립하여 심판한다."는 법치주의의 기둥격인 요청에 부응하지 못한다면 법치주의는 타격을 입게 된다.[40] 특히 대규모의 조직적 부패, 이른바 거악(속칭 '-게이트')에 대한 척결이 제대로 행해지지 못하면 법치주의는 신음하게 된다. 또한 수사권의 분열로 인해 지리멸렬을 초래하고 사회정화에 난항을 겪으면 이 또한 심각한 문제이다.

법치주의의 부패는 사법공무원이 아닌 공무원들의 경우에도 그들이 법을 위반하여 행위하면서 이를 은폐하는 경우에도 당연히 초래된다. 이에 대한 대처로서 내부신고자 등을 보호하기 위하여 「공익신고자 보호법」이 2011년 9월 30일자로 시행되었다. 관할기관은 국민권익위원회이다.[41]

같은 취지에서 법치행정을 위하여 「행정절차법」이 시행되고 있으며, 행정청의 위법 또는 부당한 처분이나 부작위, 그 밖에 공권력의 행사·불행사 등으로 인한 국민의 권리 또는 이익의 침해를 구제하기 위하여 행정심판(「헌법」 제107조 제3항, 「행정심판법」)과 행정소송(「행정소송법」) 제도가 마련되어 있다.

다른 한편 국회가 여·야의 정쟁으로 걸핏하면 파행하든지, 행정부의 독주에 국회가 거수기의 역할에 그치든지, 행정부가 국회의 국정감사를 잠탈하든지, 심지어는 사법부가 권부의 눈치를 보며 정치적 판단으로 기운다든지 하면 권력분립의 법치주의는 그저 명목상의 것으로 타락하고 만다. 특히 행정·입법·사법의 어느 부서이든 인사권자가 인사권을 전횡하여 특정인에 대한 부당한 이익이나 불이익을 줌으로써 그가 원하는 방향의 결정이 내려지도록 도모하는 교활한 방식의 권력남용은 흔히 형식을 준수한 가운데 실질을 부패시키는 대단히 위험한 국정 운영의 모습을 드러내는 것이므로 확실한 예방책이 마련되지 않으면 안 된다. 그것이 대법관이나 헌법재판관의 자리라면 그 위험은 법치주의에 대해서 치명적일 수 있다.

(2) 위헌법률

관련자들은 법을 준수하는데, 오히려 법 자체가 법치주의의 요청을 만족시키지 못하거나 위헌적인 경우에도 법치주의는 병리적 상태로 추락한다. 국회의 입법에 문제가 있는 경우인데, 합리적인 입법을 위한 국회의 복잡한 입법절차에도 불구하고 때로는 정치적인 이유에서 또는 단순히 기술적인 이유에서도 최종적인 법률이 「헌법」에 위배되거나 기존의 법률들과 정합적이지 않아서 법질서의 통일성이 깨지거나 비례의 원칙과 같은 법의 이성적 법리에 반하는 조문으로 인하여 문제가 발생할 수가 있다. 상당한 경우에는 대법원의 합리적인 해석을 통하여 문제를 해결할 수가 있으나, 이러한 범위를 초과하는 경우에는 헌법재판소가 개입한다. 헌법재판관이 사건을 처리함에 있어서 「헌법재판소법」 제4조가 규정한바 "헌법과 법률에 의하여 양심에 따라 독립하여 심판한다."는 요청에 부응하지 못한다면 법치주의는 파탄에 이른다. 헌법재판소는 1988년 출범 이래 2021년 12월 기준 위헌법률사건 접수 1,046건 중 위헌 300건, 헌법불합치 84건, 한정위헌 18건, 한정합헌 7건을 처리하여 상당한 정도로 입법에 대한 통제를 수행하고 있다.[42]

그리고 흔히 간과되는 것이지만 기존의 법에서만 위헌성이 문제되는 것은 아니다. 장차 펼치려는 정책의 내용이나 선거 공약이 위헌일 가능성도 존재한다. 특히 선거 공약은 투표에서 이기는 경우 별다른 점검 없이 실현되는 경우가 다반사이지만, 제대로 된 법치주의가 정착하려면 그 위헌성 여부에 대한 국민적 관심과 비판이 필수적이다. 그래야 위헌적인 포퓰리즘적 공약을 사전에 예방할 수 있다.

(3) 공동선의 차원

현대 사회의 제반문제는 대단히 복잡하고 이해관계 역시 중층적이고 복합적이며, 이에 지향하고자 하는 바가 이데올로기적으로 첨예하게 갈리는 경우도 다반사이므로 어떤 한 세력의 주장만으로 위헌이라는 결정을 쉽게 할 수 있는 것도 아니고, 어떤 실정법규를 비민주적이거나 반민주적이라고 쉽사리 단정하기도 어려운 것이 실상이다. 이러한 문제의 처결을 위하여 특히 법원과 헌법재판소가 존재하는 것이지만, 적어도 국민 대다수의 삶에 직결되는 중요한 공적 문제들만큼은 민주주의의 차원에서든 법치주의의 맥락에서든 전반적인 판단기준이 존재하지 않으면 안 된다. 우리 「헌법」은 이 기준으로 '국가안전보장'[「헌법」 제37조 제2항; 제76조 제1항; '국가의 안위'(제76조 제3항); '국가 보위'(제69조)],[43] '공공의 안녕질서'[「헌법」 제76조 제1항; 제77조 제1항; 제37조), '공공복리'(「헌법」 제23조 제2항; 제37조 제2항; 「기상법(氣象法)」 제1조; '국민의 복리'(「에너지법」 제1조)], '공공필요'(「헌법」 제23조 제3항)를 제시하고 있다. 이러한 기준은 국적법상 대한민국 국민이 되려는 귀화의 요건이기도 하다.[44] 이것들은 전통적 공동선(bonum commune)의 개념하에 포섭될 수 있을 법공동체의 목적이자 목표이고 과제이며 기능일 수 있는 핵심가치이다. 이에 관련된 중요한 문제들은 수없이 많겠지만, 국가안위에 관한 사항(「헌법」 제72조 참조)인 영해에 관한 것, 국방·안보 및 에너지 정책만큼 중차대한 것도 드물 것이다. 이미 지적했듯이 오늘날에는 외부로부터 문화와 의식(意識)의 침투까지 행해진다.[45] 국가의 생존이 걸린 이와 같은 사항들의 결정에 있어서는 관련 전문가들은 말할 것도 없고 일반 국민에 의한 민주주의적 뒷받침이 필요하고 법치주의적 적정수단의 채택(가령, 국민투표)이 필수적이다.

　사실 국가의 운영은 실정법규로써만 재단할 수 없는 정책적 및 재량적 요소와 측면이 상당한 부분을 차지한다. 그 때문에 한때는 대통령의 직무수행과 관련하여 법치의 예외적 성격을 가진다고 하는 이른바 '통치행위' 관념이 사용되기도 하였다. 또 공무원의 직무수행에 대하여 직무유기(「형법」 제122조)나 직권남용(「형법」 제123조) 여부의 판단에 상당한 어려움이 따르는 것이다. 오늘날 행정절차법 등에서 처분을 할 때 거치도록 한 청문과 공청회 등의 절차는 공무원의 재량의 여지를 나름으로 제약하는 기능을 한다.

　그러나 그것이 공공복리와 같은 실질적 기준이든, 청문과 같은 절차적 요건이든 모든 경우에 국가작용의 역기능을 방지할 수는 없다. 그렇다고 매번 국가작용에 대하여 시민이 걸핏하면 형사고발이나 고소를 한다거나, 반대로 국가가 시민을 상대로 그와 같은 사법적 절차를 통한 위협적 방법을 동원하는 것은 바람직하지도 않고 사회경제적으로도 낭비이다. 우리나라의 법문화적 특성 중 하나가 일단 모든 분쟁을 형사적 방도로 처리하고자 하는 습성이 매우 강하다는 것이다. 오랜 전통사회의 습벽이 여전히 통용되는 모양새인데, 이러한 풍토는 대등한 시민 간의 사적 소통마저 국가 공권력에 의존하여 경색시키고, 더 나아가서는 민주주의적 여론 광장의 형성에 저해요인으로 작용한다. 특히 권력자나 권세가가 이른바 '갑질'을 하거나 고소·고발을 남발함으로써 상대방을 겁

박하여 정상적인 법치주의적 법집행이 지장을 받게 되는 일은 극력 막아야만 할 병폐이다. 특히 이른바 내로남불의 위선적인 작태를 보임으로써 법질서의 공정함에 대한 불신을 초래하는 행실은 어떠한 경우에도 사회적으로 지탄받아야 하며, 철저하게 법치주의적 규율에 따라 금압되지 않으면 안 된다. 일단 사회적으로 법질서의 공정성과 투명성에 대한 불신이 생기면 그 치유와 회복은 엄청난 노력을 기울여도 달성하기가 매우 어렵기 때문이다.

(4) 법률가

법치주의를 현실적으로 실현하는 데 있어서 관(官)의 역할만이 중요한 것은 결코 아니다. 오히려 오늘날처럼 국가의 역할이 증대하고 시민사회가 활성화되면 될수록 모든 영역에서 법률전문가의 역할이 그에 비례하여 중요성을 더해 간다. 공(公)과 사(私)의 거의 모든 문제가 최종적으로는 법률적 해법을 통해 해결될 수밖에 없으며, 그만큼 법률가들의 활약이 필수화하기 때문이다. 말하자면 이런 의미에서 전방위적인 전문가로서 법률가들은 어느 부문에서도 한 몫을 차지할 수 있는 인적 자원으로 기능하는 것이다. 이로 인해 권력과 부(富)에 접근할 수 있는 기회도 다른 직업군에 비하여 수월하고, 부패하더라도 법을 이용한 자기방어에 능하기 때문에 그 교정이 매우 어렵다. 법률가들끼리의 동류의식이 공정을 해칠 우려 또한 존재한다. 다수의 법률가로 구성된 국회가 민주주의나 법치주의와 어울리지 않는 행태로 지탄받을 모습을 보이는 것이나, 법률가 출신의 단체장들이 일탈적 행태를 보인 사례들을 우리는 쉽게 목도할 수 있다. 법치주의를 위하여 법률가의 직업윤리를 강화해야 한다. 재조(在朝)와 재야(在野)를 막론하고 법조계 자체의 자기정화 작용이 크게 강화되어야 할 것이다.

(5) 정치인

그리고 이러한 요청은 정치인들의 경우에는 더더욱 타당하다. 일반시민들의 평균적 수준에도 미치지 못하는 도덕적, 법적 행장을 보이는 정치인들은 정치 일선에서 배제되어야 한다. 이를 위해서는 법제도의 정비도 필요하겠지만 무엇보다도 일반시민들의 각성과 단호한 행동이 요구된다.

6. 우리는 어찌 해야 할까

민주주의는 민주주의대로, 또 법치주의는 법치주의대로 서양의 역사 속에서 발전해 온 체제이다. 따라서 오늘날의 민주주의와 법치주의 속에는 그 오랜 역사의 침전, 특히 자유주의의 유산이 녹아 있다. 이 글에서는 우리나라 「헌법」과 이에 근거한 법질서에 반영된 내용에 중점을 두어 전체적인 조망을 시도하였다. 주안점을 둔 것은 규범과 현실의 괴리, 당위와 존재의 이원론을 어떻게 극복할 것인가 하는 점이었다. 당위의 차원은 「헌법」과 법률에 의한 많은 법제도 속에 이미 체현되어 대한민국이라는 거대구조의 정체와 조직과 작용을 담지하고 있으며, 그에 따라 자연스럽게 우리나라와 우리 사회의 자유민주주의적 질서와 법치주의의 작동을 가능하게 하고 있다. 현행 「헌법」은 대한민국이라는 법공동체의 기본법으로서, 근본법으로서 작용할 충분한 자격을 갖추고 있다.

따라서 제기되는 문제의 관건은 이 「헌법」과 「헌법」의 기준에 맞춰 입법된 법률하에서 생활하는 모든 수범자가 얼마나 자신들의 실제 행동을 「헌법」과 법률에 맞게 수행하는가 하는 것이다. 이럴 때 민주주의적 과정을 통한 정당성의 획득은 법치주의의 기반을 새삼 다져 주는 순기능을 한다. 그러므로 요컨대, 결국은 진정으로 민주주의가 작동할 수 있는 사회 풍토를 조성하는 것이 무엇보다도 긴요하다. 특히 비대해진 디지털 정보화사회의 다양한 역기능이 이성적 민주주의의 정착을 저해하지 않도록 철저한 대비가 필요하고, 더 나아가서는 그 순기능을 시대 흐름에 부응하는 정치문화와 법문화의 형성을 위해 선용하는 지혜가 절실하다. 그리고 무엇보다도 법치주의의 직근 담당자인 정치가들과 법률가들의 헌신이 요청된다. 이 글이 지속 가능한 자유민주주의의 실현에 도움이 되기를 희망한다.

미주

1 다수제의 '게임의 규칙'에 기반한 민주주의의 작동기제에 관해서는 최병조(2018). 비교법문화론. 민속원, pp. 125-143.
2 정용욱(2015). 민주주의(한). 역사용어사전. 서울대학교출판문화원, p. 712.
3 「헌법」 제3조: 대한민국의 영토는 한반도와 그 부속도서로 한다.
4 이미 중·고교 역사 교과서 집필기준은 노무현 정부(2003~2008): '민주

주의', 이명박·박근혜 정부(2008~2017): '자유민주주의', 문재인 정부 (2017~2022): '민주주의'로 바뀌었다. 그러나 이것은 정권에 따라 달라져 서는 안 되며 「헌법」에 맞게 유지되어야 한다. http://www.focuscolorado. net/news/articleView.html?idxno=19312. 정경희(2013). 한국사 교과서 어떻게 편향되었나. 비봉출판사; 정경희(2015). 한국사 교과서 무엇이 문제 인가. 비봉출판사. 참조.

5 대한민국 공식 전자정부 누리집 https://www.korea.kr/news/policy NewsView.do?newsId=148874634: "한국, 전자정부발전지수 2위·온 라인참여지수 공동 1위 기록. 10일, 2020년 UN 전자정부평가 발표… 193개 회원국 중 두각" 2020. 7. 13. 행정안전부 [출처] 대한민국 정책브 리핑(www.korea.kr).

6 그 밖에도 「전자서명법」, 「전자문서 및 전자거래 기본법」, 「전자무역 촉 진에 관한 법률」 등.

7 「청원법」 제5조에 의한 청원 사항: 1. 피해의 구제; 2. 공무원의 위법· 부당한 행위에 대한 시정이나 징계의 요구; 3. 법률·명령·조례·규칙 등의 제정·개정 또는 폐지; 4. 공공의 제도 또는 시설의 운영; 5. 그 밖 에 청원기관의 권한에 속하는 사항.

8 이행 옮김(1989). 민주주의 이론의 재조명 Ⅰ·Ⅱ. 사르토리 저. 도서출판 인 간사랑, 제1장(23ff). 특히 경제적인 측면의 체계 구성과 정치적인 근본 체제로서의 민주주의는 구별해야 한다는 점에 관해서는 같은 책 I, 30ff; 또한 II, 제14장(539ff).

9 Andres Frick et al., Thesen zur Demokratisierung der Wirtschaft (August 2020)=https://www.denknetz.ch/wp-content/uploads/2020/ 08/Thesen_Wirtschaftsdemokratie.pdf 참조.

10 방위산업에 대해서는 「방위산업 발전 및 지원에 관한 법률」; 「방위산업 기술 보호법」.

11 '김치의 세계화 촉진'을 목적의 하나로 삼고 있는 「김치산업 진흥법」(시 행 2012. 1. 22. 법률 제10884호, 2011. 7. 21. 제정); 「한식진흥법」(시행 2020. 8. 28. 법률 제16553호, 2019. 8. 27. 제정).

12 한경 "개도국 57년 만에 한국 '선진국' 됐다" 송영찬 기자 입력 2021. 7.

4. 17:44 수정 2021. 7. 5. 01:27 지면 A1=https://www.hankyung.com/politics/article/2021070453421.

13 연합뉴스 "일본 GDP 뻥튀기?…건설수주 통계 8년간 조작돼" 송고시간 2021. 12. 15. 11:5=https://www.yna.co.kr/view/AKR20211215068500073.

14 최병조(2018). 비교법문화론. 민속원, 141f.

15 김영식 옮김(2000). 상군서. 상앙 저. 홍익출판사, p. 199.

16 최대권(2012). 법치주의와 민주주의. 서울대학교출판문화원, pp. 254-278.

17 「헌법」 제111조 제1항: 헌법재판소는 다음 사항을 관장한다.

1. 법원의 제청에 의한 법률의 위헌여부 심판

2. 탄핵의 심판

3. 정당의 해산 심판

4. 국가기관 상호간, 국가기관과 지방자치단체간 및 지방자치단체 상호간의 권한쟁의에 관한 심판

5. 법률이 정하는 헌법소원에 관한 심판.

18 총 9인 중 1인이 결원된 재판부(재판관 이정미, 김이수, 이진성, 김창종, 안창호, 강일원, 서기석, 조용호)에서 내려진 이 파면결정(「헌법」 제65조 제4항 참조)에 대해서는 현실정치적 진영논리가 법논리보다 우세하여 법치주의에 어긋나는 결정이었다는 강한 비판의 목소리가 존재한다.

19 오늘날 이른바 젠더 이슈들이 크게 확산되고 있는데(특히 동성애, 동성혼, 포괄적 차별금지법 등), 교육 현장에서도 기존의 성 관념과 가정의 가치 등을 잠식하는 급진적 성교육의 문제가 첨예하게 대두되고 있어 이에 대한 국민적 차원의 대처가 시급하다.

20 코로나19(COVID-19) 실시간 상황판 마지막 업데이트: 2022. 2. 14. 오후 2:56:35=https://coronaboard.kr. 코로나19 관련한 제반 법률문제에 대해서는 이원우, 김태우 편저(2021). 코로나19 위기와 법치주의. 홍문사. 참조.

21 ChosunBiz "작년 합계출산율 0.84명 '전세계 꼴찌'…출생아수도 20만명대로 떨어져"(입력 2021. 8. 25. 12:00)=https://biz.chosun.com/policy/policy_sub/2021/08/25/FW6K5TDXDVFGZO6V5VCX2LIGOA/.

22 "Cover story 경제영역에서 국가의 역할"(최광 전 보건복지부 장관 인터 뷰), 『월드뷰』 2021년 11월호(통권 257호), pp. 11-24, 20-22.

23 서은경 옮김(2008). 소유와 자유. 리처드 파이프스 저. 나남. 참조.

24 지식재산권에는 크게 산업재산권(「특허법」; 「실용신안법」; 「디자인보호 법」, 「상표법」), 저작권(「저작권법」; 「콘텐츠산업 진흥법」), 신지식재산권 (「반도체집적회로의 배치설계에 관한 법률」; 「식물신품종 보호법」)이 있 다. 이에 대한 시장에서의 보호에 대해서는 「부정경쟁방지 및 영업비밀 보호에 관한 법률」 참조.

25 김효전(2011. 6.). 법치주의와 민주주의. 공법연구, 39(4), 1-3.

26 김도균(2006). 근대 법치주의의 사상적 기초: 권력제한, 권리보호, 민주 주의 실현. 김도균, 최병조, 최종고 편. 법치주의의 기초: 역사와 이념. 서울 대학교출판부, pp. 1-123, 47-120 참조.

27 이 점에서 우리 전통의 유교문화와 접목하여 시민의식, 특히 공직자의 교양과 도덕을 함양하고자 하는 시도의 가치를 제시한 최대권(2012). 법 치주의와 민주주의. 서울대학교출판문화원, pp. 44-53, 278-300은 주목 할 만하다. 다만, 이러한 교육적-행태적 접근법은 반드시 제도적 차원 의 뒷받침이 가미되어야 한다는 점만 부연하기로 한다.

28 성낙인(2004). 헌법학(제4판). 법문사, p. 153.

29 대표적인 예가 특히 2008년 4월부터 8월까지 4개월 여에 걸쳐 대규모로 벌어진 광우병 선동을 통한 반미 시위이다.

30 「드루킹의 인터넷상 불법 댓글 조작 사건과 관련된 진상규명을 위한 특 별검사의 임명 등에 관한 법률」(제정 2018. 5. 29. [법률 제15622호, 시 행 2018. 5. 29.])까지 제정되었던 이 사건은 드루킹(김동원), 더불어민 주당 당원 3인과 20대 국회의원 김경수가 2014년에서 2018년 4월 사이 에 킹크랩 등의 프로그램을 이용하여 네이버 등 포털사이트 인기검색어 와 인터넷기사에 당시 19대 대선에 출마한 문재인 후보와 더불어민주당 에 유리하도록 댓글 및 추천, 검색어 등을 작업하여 여론조작을 벌인 사 건이다. 김동원(2021. 2. 13. 선고 2019도12194) 및 김경수 경남도지사 (2021. 7. 21. 선고 2020도16062)에 대한 대법원의 유죄판결로 일단락 되었다.

31 이러한 의미의 민주주의의 위기에 대해서는 최병조(2018). 비교법문화론. 민속원, pp. 123-125 참조.

32 오늘날에는 특히 「정보통신망 이용촉진 및 정보보호 등에 관한 법률」이 중요하다.

33 이와 관련 전국교직원노동조합(전교조)이 주목된다. 1989년(노태우 정부) 출범한 전교조는 10년 만인 1999년(김대중 정부) 합법화됐다. 그러나 해직교원 가입을 이유로 합법화 14년 만인 2013년(박근혜 정부) 법외노조 통보를 받고 2020년(문재인 정부) 대법원에서 법외노조 통보 처분이 취소되었다. https://www.eduhope.net/web/eduhope/introduce/eduhope_introduce2021.php?menu_id=1010.

34 재외선거는 2022년 2월 23일~2월 28일에, 사전투표는 2022년 3월 4일과 3월 5일, 본 투표는 2022년 3월 9일에 실시될 예정인 대한민국의 제20대 대통령을 선출하는 선거에 즈음하여 최근 「공직선거법」과 유관 법규의 개정으로 부분적으로나마 선거의 투명성을 제고하기 위한 개선이 있었다. 「공직선거법」 [시행 2022. 1. 21.] [법률 제18791호, 2022. 1. 21., 일부개정]

35 「공직선거법」 제225조: 선거에 관한 소청이나 소송은 다른 쟁송에 우선하여 신속히 결정 또는 재판하여야 하며, 소송에 있어서는 수소법원은 소가 제기된 날부터 180일 이내에 처리하여야 한다.
대법원의 납득할 수 없는 판정과 재판 지연에 대해서는 가령 중앙일보 Opinion: 로컬 프리즘 "배춧잎 투표지와 선거 민주주의"(김방현 기자, 중앙일보 대전총국장) 입력 2021. 10. 28. 00:09=https://www.joongang.co.kr/article/25018824.

36 법원통계월보[선거]=https://www.scourt.go.kr/portal/justicesta/JusticestaViewAction.work?gubun_code=G06&tcode=T01&scode=S01&year=2021&gubunyear=2021&month=08.
또 사법연감(통계)=https://www.scourt.go.kr/portal/justicesta/JusticestaListAction.work?gubun=10, 04_2019년_사건의현황(가사_행정_특허_선거).pdf. 941쪽의 선거소송사건 건수표에 의하면 2019년도 접수 대법원 단심 사건의 총수가 32건인데(모두 선거무효소송) 각하명령 4건, 각

하판결 15건으로 대부분 각하이고 원고승소 건수는 없고 원고패소 3건
이며, 미제가 23건이나 된다.

37 「국가경찰과 자치경찰의 조직 및 운영에 관한 법률」 제5조.

38 「검찰청법」 제4조 제2항.

39 많은 논란 끝에 2021년 1월 1일부터 시행된 「고위공직자범죄수사처 설
치 및 운영에 관한 법률」 제22조.

40 국민이 원하면 모든 것이 정당하고 그래서 무엇이라도 해도 된다고 여기는,
동일성 이론의 함정에 빠져 있는 법조인에 대한 비판은 김태규(2021).
법복은 유니폼이 아니다: 표현의 자유가 신음하는 나라. 글마당. 참조.

41 「부패방지 및 국민권익위원회의 설치와 운영에 관한 법률」(제8878호,
2008. 2. 29. 폐지제정).

42 헌법재판소[일반통계]=https://www.ccourt.go.kr/site/kor/stats/select
EventGeneralStats.do.

43 이 점에서 특히 '국가의 안전보장과 국토방위의 신성한 의무를 수행함을
사명으로' 하는 국군의 존재(「헌법」 제5조 제2항)와 '국가의 안전을 위태
롭게 하는 반국가활동을 규제함으로써 국가의 안전과 국민의 생존 및
자유를 확보함을 목적으로' 하는 「국가보안법」이 불가결하게 중요하다
(「국가보안법」 제1조 제1항).

44 「국적법」 제5조(일반귀화 요건) 외국인이 귀화허가를 받기 위해서는 제
6조나 제7조에 해당하는 경우 외에는 다음 각 호의 요건을 갖추어야 한
다. …

6. 귀화를 허가하는 것이 국가안전보장·질서유지 또는 공공복리를 해
치지 아니한다고 법무부장관이 인정할 것.

45 대표적으로 중국 정부가 중국어 교육 및 중국과의 교류 협력을 표방하면
서 2004년부터 세계 각지 대학 캠퍼스에 설치해온 공자학원이 오늘날 세
계적으로 중국 공산당의 통일전선전술 거점이자 이데올로기 선전기지
로 지목되고 있다. 서울 강남에 세계 최초로 1호점을 열었으며, 이후 2020
년 7월까지 전 세계 162개 국가 및 지역에 541개의 공자학원과 1170개의
공자학당을 설치했다. 한해 운영예산은 2017년 기준 3,700억원 규모로
알려졌다. https://kr.theepochtimes.com/search/공자학원 (2021. 10.

20. 검색). 김희주 옮김(2021). 중국의 조용한 침공: 대학부터 정치, 기업까지 한 국가를 송두리째 흔든다. 클라이브 해밀턴 저. 세종서적; 박성현 옮김(2021). 중국은 괴물이다: 중국공산당의 세계지배 전략. 로버트 스팔딩 저. 심플리쿠스. 참조.

참고문헌

김도균, 최병조, 최종고(2006). 법치주의의 기초: 역사와 이념. 서울대학교출판부.

김영식 옮김(2000). 상군서. 상앙 저. 홍익출판사.

김태규(2021). 법복은 유니폼이 아니다: 표현의 자유가 신음하는 나라. 글마당.

김효전(2011. 6.). 법치주의와 민주주의. 공법연구, 39(4), 1-3.

김희주 옮김(2021). 중국의 조용한 침공: 대학부터 정치, 기업까지 한 국가를 송두리째 흔든다. 클라이브 해밀턴 저. 세종서적.

박성현 옮김(2021). 중국은 괴물이다: 중국공산당의 세계지배 전략. 로버트 스팔딩 저. 심플리쿠스.

서울대학교 역사연구소 편(2015). 역사용어사전. 서울대학교출판문화원.

서은경 옮김(2008). 소유와 자유. 리처드 파이프스 저. 나남.

성낙인(2004). 헌법학(제4판). 법문사.

이원우, 김태우 편저(2021). 코로나19 위기와 법치주의. 홍문사.

이행 옮김(1989). 민주주의 이론의 재조명 I · II. 사르토리 저. 도서출판 인간사랑.

정경희(2013). 한국사 교과서 어떻게 편향되었나. 비봉출판사.

정경희(2015). 한국사 교과서 무엇이 문제인가. 비봉출판사.

최대권(2012). 법치주의와 민주주의. 서울대학교출판문화원.

최병조(2018). 비교법문화론. 민속원.

제6장

민주주의와 국제질서

● 안병준(安秉俊)

DEMOCRACY

어느 나라에서건 민주주의가 꽃을 활짝 피우려면 그 나라의 주변국 나아가서는 전 세계에서 민주주의가 홍성해야 한다. 이 문제를 이해하기 위해서는 세계민주주의가 가능한지 살펴보는 것이 도움이 된다. 현존하는 모든 국가가 민주주의를 채택하거나 그들이 주권을 포기하고 민주적인 세계정부의 지배하에 들어가면 세계민주주의가 현실이 될 것이다. 그러나 그것은 실현되기 어려운 꿈이다.

민주주의는 시민들이 동의를 거쳐서 스스로 정부를 선택하는 장치 또는 절차로서 기본적으로 국내정치체제와 관련된다. 그런데 세계는 국가 간의 갈등을 중재할 중앙정부가 없는 무정부 상태에 놓여 있으므로 국제정치체제에서는 기본적으로 힘이 지배한다. 그러한 상황이므로 힘이 센 나라, 곧 강대국의 다수가 민주주의와 자유주의 국제질서를 준수하고 옹호하면 민주주의 국가가 권위주의 국가를 압도할 수 있을 것이다. 그러나 21세기에 들어와서 권위주의 강대국으로 급부상한 중국이 자유주의 국제질서를 주도해 온 미국에 강하게 도전하고 있는 작금의 세계에서는 민주주의 체제와 권위주의 체제 간에 경쟁과 갈등이 불가피해질 것이다.

민주주의 체제와 권위주의 체제는 각기 장점과 단점을 갖고 있다. 근래에 다소 후퇴하고 있기는 하지만 여전히 민주주의가 권위주의보다 더 많은 장점을 드러내고 있다. 반면에 권위주의로 기울어진 나라도 적지 않다. 다가오는 세상에서는 한국을 비롯한 많은 나라가 양자 사이에서 자기에게 더 유리한 것을 선택하면서 불안한 세상을 헤쳐 나가야 할 것이다.

1. 민주주의 변천

1) 민주주의의 탄생

민주주의는 고대에는 직접민주주의로 탄생했으나 현대에 와서 간접 또는 대의민주주의로 변천해 왔다. 제2차 세계대전과 냉전 이후까지 민주주의는 승승장구하다가 21세기 초부터 '불황기'를 맞이하고 있다. 그런데도 현황은 적어도 형태에 있어서 민주주의 국가들은 권위주의 국가들보다 훨씬 많은 것이 사실이다. 궁극적으로 민주주의는 유권자, 즉 시민들이 스스로 지키고 적극적으로 가꾸어 가야 생존할 수 있을 것이다.

민주주의는 고대의 작은 국가들의 사람들이 시도했던 직접민주주의로 시작했다. 최근에 흥미로운 한 연구에 의하면 민주주의는 고대 서양의 아테네에서 발생한 것이 아니라 동양과 중동 및 아프리카의 작은 나라에서 치자들이 피치자들의 도움을 받기 위해 자연히 발생했다고 한다. 예컨대, 휴론(Huron)과 메소포타미아의 부족국가에서 치자가 세수입과 군인이 필요해 피치자들에게 정보와 도움을 얻고 그들의 동의가 필요해 치자와 피치자들이 동의한 정부를 탄생시켰다는 것이다. 이 결과 원시적인 시민사회가 먼저 조성되어 직접민주주의를 시작했다는 이야기이다.

그런데 중국과 중동의 이슬람국가에서는 고대에 이미 중앙집권적인 국가들이 시민사회가 조성되기 전에 만들어졌다. 중국에서는 기원전에 주나라부터 국가 관료조직이 피치자들에 관한 정보를 직접 파악해 권위주의 체제를 수립했다. 이 전통은 오늘의 공산주의 국가 중국에서 그대로 지속되고 있다. 아랍국가에서는 고대 칼리프 제국 때부터 종교와 국가가 분리되지 않아 자율적 시민사회가 형성되지 못했다. 이 전통은 오늘날의 아프가니스탄에서 탈레반이 그대로 유지하고 있다. 이런 나라에서는 민주주의가 뿌리를 내리지 못하고 있는 것이다(Stasavage, 2020).

직접민주주의는 17세기부터 간접민주주의로 전환되기 시작했다. 국가의 영토와 인구 규모가 방대해지자 피치자들이 직접 치자를 선출하기 어렵게 되어 그들의 대표를 뽑아 의회에 보내 간접민주주의, 즉 대의민주주의를 제도화해 왔던 것이다. 이러한 전환은 먼저 영국에서 시작되어 그 후에 미국에서 구체화되었다. 18세기에 서양 시민들이 직접민주주의의 핵심 가치인 자치에 더

하여 자유를 간접민주주의의 핵심 가치로 옹호해 자유민주주의
를 출범시켰다.

영국의 군주는 전쟁과 무역에 필요한 자금을 마련하기 위해 부
유한 소상인들에게 세금을 징수할 필요가 있었다. 소상인들은 정부
결정에 참여하지 않으면 세금을 낼 수 없다고 주장했다. 1689년
에 군주는 이 요구를 수용해 의회는 '권리장전'을 채택해 국가재
정권을 장악했다. 영국의회는 군주가 통솔하는 행정부의 독재를
막기 위해 「헌법」과 삼권분립 및 법치제도를 채택했다. 이 결과 영
국과 미국은 견제와 균형을 제도화해 국가가 시민들의 자유와 권
한을 보호해야 한다는 자유민주주의가 정착하기 시작했다. 자유
민주주의 국가들은 19세기에 자본주의와 산업화를 수행하는 현
대화과정에서 시민들은 자율적인 단체와 직업협회를 구성해 정
부를 감시하고 자신들의 이익을 의회에 반영하려고 노력했다. 이
결과 정당과 사회민사회가 형성되어 정부의 정책과정에 그들의 이
익을 추구했다. 권위주의 국가에서는 이러한 시민사회의 발전을
허용하지 않았고 오히려 억압한 것이 민주주의와 다른 점이다.

2) 민주주의의 확산

20세기에 민주주의는 세계 각지에 확산되었다. 헌팅턴은 그의
저서 『제3의 물결』에서 1974년부터 1990년까지의 세계에서 30개
국이 민주주의 정부를 수립했던 과정을 설명했다. 제1의 물결은
1828~1921년 사이에, 제2의 물결은 1943~1962년에 일어났다.

제3의 물결은 1974년부터 시작되었으나 1989년에 냉전이 종식되고 소련이 붕괴한 뒤에 신흥국가들이 의회 민주주의체제를 채택한 결과 더욱더 거세어졌다(Huntington, 1991). 이 시기에 대다수 서방 국가는 이 물결이 지속될 것이라는 희망을 표시했다. 그러나 이 전망과 달리 21세기에 자유민주주의는 쇠퇴하기 시작했다. 민주주의 국가들의 수는 2006년에 감소하기 시작해 2020년에 15년째 감소하고 있다.

민주주의는 현재 '불황기'이지만 그 형태에 있어서는 민주주의 국가의 수가 여전히 권위주의 국가의 수를 앞서고 있다. 영국의 저명한 경제지 『이코노미스트』는 공정한 선거, 정부기능, 정치문화 및 시민 자유 등 수 개의 '민주주의 지수'로 세계 164개 UN 회원국을 포함한 167개 국가의 민주주의 지수를 평가했다(*Economist*, 2021).

이 지수에 의하면 23개국이 가득찬(full) 민주주의 국가로 평가됐는데 한국은 그 23번째였다(Iceland, Sweden, New Zealand, Canada, Finland, Denmark, Ireland, Australia, Netherland, Taiwan, Swiss, Luxemboug, Germany, Uruguai, UK, Chile, Austria, Costa Rica, Mauritius, Japan, Spain, South Korea). 이 밖에 결함 있는 민주주의 국가는 52개국, 혼용(hybrid) 민주주의는 35개국, 권위주의는 57개국이었다. 미국과 인도는 결함 있는 국가에 속했다. 여기서 대만과 한국은 동아시아에서 가장 민주적 국가로 평가된 데 유의할 필요가 있다. 이 두 국가는 중화질서 속에서 수 세기 동안 강력한 권위주의 전통을 가지고 있었으나 1948년 이후 미국의 자유민주주의 영향을 받아 민주주의 제도와 이를 지지하는 시민사회를 조성해 단시일 내에 압축적 민주화를 성공시킬 수 있었다.

3) 민주주의의 후퇴

민주주의가 후퇴하고 있는 이유는 무엇일까? 이에 대해 간단하게 대답하는 것은 매우 어렵다. 각 국가가 직면하고 있는 현실은 실로 다양하고 복잡하기 때문이다. 한 가지 분명한 사실은 민주주의를 지탱하는 지도층과 지지세력이 약화하거나 분열 또는 양극화해 안정적인 지배연대를 유지하지 못하면 민주주의는 약화되고 심지어 붕괴한다는 것이다.

이러한 변화를 초래한 데는 통신기술의 발전, 과도한 경제적 세계화와 가짜정보가 넘치는 사회 매체(SNS)의 발전이 적지 않은 영향을 미쳤다. 이러한 사회에서 소외된 시민들은 극심한 불평등과 신분의 불안을 느껴 포퓰리즘을 선동하는 지도자를 추종하게 되고 그들이 선출한 포퓰리스트 지도자들이 민주주의 핵심요건인 법치와 관용 및 자제규범을 무시하고 독재자로 변신하면 민주주의는 안에서 사망하게 된다(Levitsky & Ziblatt, 2018).

이러한 현상은 2020년 대선을 전후해 트럼프가 취한 행동에서도 잘 나타났다. 바이든이 공정한 선거에서 당선된 후에도 그는 부정선거라 우기면서 승복하지 않고 공화당을 장악하고 있었는데 이는 실로 성숙한 민주주의를 위협하는 사태이다. 이와 비슷한 사태를 폴란드, 헝가리·및 터키에서도 찾아볼 수 있다. 일반적으로 정치인들은 자신의 권력과 이익을 장악하기 위해서는 온갖 수단과 방법을 가리지 않고 달콤하고 간단한 메시지를 반복하면서 대중의 마음을 사로잡는다. 이 결과 민주주의 신봉자보다 대중을 선동하는 지도자가 인기를 누리게 된다.

이 현상은 민주주의 자체가 실패해서 생긴 것이라기보다 민주주의 밖의 요인들, 즉 경제 및 사회정책 실패가 초래한 것이라 하겠다. 민주주의는 아무 데서나 모든 문제를 해결하는 요술 방망이가 아니고 다만 정치체제에 정당성을 제공하는 중요한 역할을 수행할 뿐이다. 한 가지 분명한 사실은 민주주의 국가도 절차적 정당성만으로는 생존하기 어렵고 당면한 경제, 사회 및 심지어 문화적 정체성 문제를 효과적으로 해결하는 능력을 발휘해 업적 정당성을 과시해야 지속될 수 있다는 것이다.

그런데도 민주주주의 국가는 권위주의 국가보다 더 많은 장점을 나타내고 있다. 비교적 시각에서 민주주의 국가들은 인도를 제외한다면 권위주의 국가들보다 물질적으로 더 부유하고 국민들의 건강수준과 교육수준이 높고 인권을 보호한다. 그러나 민주주의 국가들이 모두 권위주의 국가들보다 반드시 나은 업적을 낸다는 보장은 없다.

대다수 국가의 현대화 과정에서 공통적으로 발견된 현상은 그 나라의 1인당 국민소득이 약 8천 달러를 넘으면 시민들은 빵에만 만족하지 않고 자신들의 자유와 권한을 주창해 민주주의를 추구한다는 것이다. 자유와 함께 민주주의 국가의 장점은 그것의 결점을 공개하고 그것을 고쳐 가는 능력을 발휘하는 데 있다. 민주주의의 최대 장점인 회복성(resilience)은 1인 독재의 비밀성과 경

직성보다 월등한 능력이다. 그럼에도 민주주의는 각 국가의 국내
정치 여건과 함께 역사 및 전통에 알맞게 최선이 아니라 최적한
형태로 진화하는 실험과정이다.

우리가 추구해야 할 일은 민주주의 여부가 아니라 주어진 환경
에서 가장 적합한 민주주의를 찾아 그것을 더 발전시키는 것이라
하겠다. 원래 민주주의는 연약한 정치체제이다. 그런데도 윈스턴
처칠이 말했던 것처럼 민주주의는 최악의 체제이나 그보다 나은
대안이 없는 체제이다. 궁극적으로 자유민주주의가 소중하다면
깨어 있는 유권자들이 힘을 모아 그것을 스스로 지키고 꾸준히 가
꾸어 가야 생존할 것이다.

2. 세계민주주의, 가능한가

세계민주주의는 세계정부가 수립되거나 모든 국가가 민주주의
를 채택한다면 실현 가능할 것이다. 현재의 국제정치에서 세계정
부가 수립될 가능성은 매우 희박하다. UN은 세계정부가 아니다.
이는 193개 주권 국가의 한 국제조직이다. 이 조직에서는 강대국
들, 즉 미국, 중국, 영국, 러시아 및 프랑스가 안보이사회의 상임
위원이 되어 전쟁과 평화에 대한 결정을 내리고 있다. 현재의 세
계에서는 193 UN 회원국을 포함한 200여 개 주권 국가들이 각기
다른 역사, 지정학, 경제 및 국내 정치 상황에서 생존을 위해 서로
경쟁하고 있다. 이러한 세계에서 모든 국가가 민주주의를 채택할

가능성은 거의 없다고 보아야 할 것이다. 중앙정부가 존재하지 않는 세계의 주권 국가들 간에는 정당성보다도 힘이 지배한다.

여기서 '정당성'이라는 개념은 을이 자발적으로 갑을 존경해 순순히 그의 요구를 받아들이게 하는 능력이다. 이러한 능력을 가진 국가는 강제력을 사용하지 않아도 타국의 순종을 누릴 수 있는 귀중한 자산이다. 저명한 사회학자 막스 베버는 이러한 능력은 법률 및 합법적 제도, 대대로 내려오는 전통 또는 갑이 가진 비범한 능력이나 경험에서 유래하는 카리스마라고 했다.

한편, '힘'은 국력 또는 파워이다. 파워는 한쪽이 상대에게 자기가 원하는 것을 하게 만드는 능력이다. 이 힘은 정당성과 달리 상대방에게 강제력을 사용하거나 적어도 사용할 수 있다는 위협이 존재할 때 성립한다. 개념적으로 그 형태에 있어서 파워는 하드 파워(hard power)와 소프트 파워(soft power)로 나눌 수 있다. 전자는 무력 및 경제력과 같이 가시적으로 측정이 가능한 물질적 능력을 의미한다. 후자는 위협이나 유인 없이 한 국가가 타국으로 하여금 자기를 매력적으로 보고 부러워하게 만드는 능력이다.

국제정치에서 민주주의를 실현하려면 대다수 국가나 강대국이 민주주의를 지지하고 전파하면서 국제협력을 추구할 때 실현 가능해진다. 특히 강대국들이 이러한 정책을 추구한다면 자유주의 국제질서가 수립될 것이다.

19세기에 영국은 식민지에서 지방정부의 자치를 인정해 주었다. 20세기에 미국은 필리핀과 같은 식민지의 독립을 허용했다. 제2차 세계대전 후에 미군이 점령한 국가에서도 미국은 신속하게 점령군을 철수한 뒤 민주주의 국가의 수립을 지원했다. 이 결과 독일, 일본, 인도 등지에서 자유민주주의 국가가 탄생했고 그들은 자유주의 국제질서의 우산 아래 민주주의를 추구했다. 자유주의 패권을 추구하는 영국과 미국이 그들의 주권을 보호해 주고 물심 양면으로 그들을 지원했다.

국제정치학에서 '민주평화론'을 옹호하는 학자들은 인류 역사에서 민주주의 국가들은 그들 상호 간에는 전쟁을 하지 않았다고 주장한다. 철학자 칸트는 민주주의 공화국들이 국제법을 준수하고 자유무역을 실시하면 '영구평화'도 달성할 수 있다고 했다. 이처럼 민주주의 국가들이 많으면 많을수록 세계는 평화와 번영을 누릴 수 있을 것이다. 실제로 제1차 세계대전 때 윌슨 대통령은 민주주의가 안전해지는 세계를 달성하자고 제의했다. 제2차 세계대전 후 루스벨트 대통령은 처칠 수상과 함께 자유주의 국제질서를 제도화하기 위해 세계 유일 보편적 국제기구인 UN을 출범시켰다.

20세기 중엽부터 미국과 소련이 냉전을 수행했을 때 자유주의 질서는 서방 국가들 간에 실시되었고 소련과 중국 등 동구 국가들 간에는 공산주의 질서가 강압되었다. 냉전 이후의 세계에서 미국과 중국이 패권경쟁을 격화하자 자유주의 국제질서는 약화되고 다시 강대국 정치가 강화되고 있다. 2021년에 취임한 바이든 대통령은 전임자 트럼프와 달리 자유주의 질서를 부활하는 데 세계적 리더십을 행사해 중국이 주도하는 권위주의 질서와 경쟁하겠다고 선언했다.

3. 국제질서의 변천

1) 국제질서

국제질서는 정당성과 힘의 구조에 따라 변천해 왔다. '국제질서'라 함은 주권 국가들 간에 통용되는 규칙, 제도, 규범 및 관례가 어느 정도의 안정과 예측 가능성을 유지하는 상태를 의미한다. 이 질서는 모든 주권 국가가 정당성에 대해 합의하고 그것을 이행하는 힘의 분포에 균형을 이루어야 정립될 수 있다. 역사적으로 이러한 질서는 흔하지 않았다. 이와 비슷한 상태는 유럽에서 1648년에 웨스트팔리아 조약이 조인되었던 시기와 1815년 나폴레옹전쟁이 종결된 후에 잠시 존재했던 것이다. 당시 동아시아에서 중국은 이 질서에 속하지 않았고 고유한 중화 질서를 유지했다.

국제질서는 사실상 어느 제국 또는 패권국이 세계적 헤게모니를 강행했을 때 유지되었다. 현대국제체제는 17세기 베스트팔렌 조약에서 출범했다. 그 뒤에 수많은 국가가 부상해 경쟁과 전쟁을 전개했으나 어느 국가도 패권을 행사하지 못했다. 19세기 초에 프랑스가 제국으로 등장한 뒤 나폴레옹이 패권 전쟁을 실시했으나 실패했다. 영국은 이 유럽 제국 간의 전쟁에서 약한 편을 지원해 세력 균형을 유지하는 데 기여했다. 그 결과 1815년부터 1914년 제1차 세계대전이 터질 때까지 한 세기 동안 평화가 지속되었다. 이는 사실상 영국이 세계적 패권을 행사했기 때문에 가능했다. 19세기에 영국은 세계적 패권을 행사하는 동안 나쁜 일도 많이 했지만 좋은 일도 많이 했다. 식민지를 약탈한 것은 전자에 속하고 민주주의와 영어를 전파한 것은 후자에 속한다. 1914년에 독일제국의 카이저 빌헬름 2세가 유럽에서 패권을 시도했으나 미국 및 영국과의 전쟁에서 패배했다. 1936년에 히틀러가 다시 제2차 세계대전을 일으켰지만 미국이 개입해 전쟁을 종결시켰다.

2) 자유주의 국제질서의 부침

20세기 중엽부터 미국은 '자유주의 국제질서'를 추구해 민주주의를 전 세계에 전파했다. 이 질서는 자유주의적 규칙, 제도, 규범 및 관례를 의미한다. 미국이 이 질서를 주도할 수 있었던 것은 당시 전 세계의 군사력과 부의 절반 이상을 보유해 이 방대한 국력으로 그것을 이행했기에 가능했던 것이다.

냉전기(1945~1990)의 국제정치구조는 미국의 자유주의와 소련의 공산주의가 대결해 양극화를 나타냈다. 1990년에 소련이 붕괴하고 냉전이 종식되자 2008년까지 세계는 잠시 단극화를 경험했다. 미국은 이때 이른바 '신자유주의'를 추진해 민주주의와 자본주의를 온 세계에 전파했다. 그 결과 자본주의와 정보기술의 세계화가 급속도로 진전해 지구는 하나의 촌으로 변했다. 바로 이 시점에 후쿠야마는 '역사의 종언'을 선언해 성급하게 자유주의의 승리를 제창했던 것이다(Fukuyama, 1992).

그러나 역사는 단선적으로 발전하지 않고 굴곡을 거쳐 변천해 왔다. 클린턴 행정부는 소련이 붕괴한 후 독립된 일부 주변국들에게 NATO를 확장해 러시아의 반발을 자아냈다. 2001년 미국이 중국을 WTO(세계무역기구)에 가입시킨 뒤 중국경제는 자본주의를 도입해 급성장하기 시작했다. 2003년 부시 행정부는 민주주의 국가를 건설하겠다는 명분으로 이라크와 아프가니스탄에 군사적 개입을 강행했으나 소기의 목적을 달성하지 못했다.

　이러한 군사적 과다 확장에 더해 미국은 경제적으로 신자유주의라는 이름으로 이른바 '워싱턴 컨센서스'를 전파해 과도한 부채를 초래했고 2008년에 마침내 최악의 금융위기에 직면했다. 부시는 이 위기를 극복하기 위해 중국 및 기타 신흥국들의 정상을 워싱턴에 초청해 G-20 회담을 출범시켰다. 이는 상대적으로 미국의 국력은 쇠퇴하고 중국의 국력이 급부상해 세력 균형은 단극화에서 다극화로 이전하고 있는 징조였던 것이다.

　이처럼 미국이 세계 헤게모니를 더 이상 행사하지 못하게 되자 중국, 일본, 러시아, 인도 등 신흥국들이 제각기 강렬한 민족주의를 추구하기 시작했다. 이러한 세계에서 키신저는 정당성과 세력 균형을 겸비한 '세계질서'는 존재하지 않고 다만 몇 군데에서 강대국들이 서로 경쟁하는 지역 질서가 작동하고 있다고 설명했다 (Kissinger, 2014).

　21세기 초부터 자유주의 질서는 약화되고 상대국 정치가 강화되고 있다. 무엇보다도 이 현상을 적나라하게 보여 준 사건은 2017년에 트럼프 대통령이 미국 제일주의를 표방하면서 자유주의를 위한 리더십을 스스로 포기했고 영국의 메이 수상이 영국을 유럽연합에서 탈퇴시켰던 행동이었다. 왜 이러한 일이 발생했을까? 그 이유를 이해하기 위해서는 자유주의의 의미와 그것이 당면한 도전과 그 장래에 대한 구체적 분석이 필요하다. 국내정치에서 자유주의는 민주주의, 법치 및 인권을 의미한다. 국제정치경제에서 자유주의는 국제협력, 집단안보, 자본주의, 개방되고 규칙에 기초한 자유무역 및 다자협력을 의미한다.

역사적으로 자유주의 정신은 18세기의 계몽사상에서 싹텄던 것이다. 이 사상은 개인의 자유와 인간의 이성을 중시했다. 1941년 루스벨트와 처칠은 이 정신을 계승해 '대서양 헌장'을 선언했고 1946년 이 정신은 UN 헌장에도 반영됐다. 특히 미국은 자유주의 질서를 전파하는 데 스스로 책임과 비용을 부담하면서 세계적 리더십을 발휘했다. 이것이 가능했던 이유는 정치 지도자들이 강한 의지로 그것을 밀어붙였고 동시에 중산층의 유권자들이 합의를 이루어 지지했기 때문이다. 이러한 여건에서 미국은 세계안보를 도모하기 위해 UN과 NATO를 주도했고 세계 경제를 관리하기 위해 IMF, WTO, 세계은행으로 구성되었던 브레튼 우즈 체제를 주도했다. 냉전기에 양극화되었던 세계에서 미국은 소련과 대결하기 위해 동맹국들에게는 어느 정도의 무임승차를 허용해 사실상 헤게모니를 행사했기 때문에 자유주의 질서가 우세했던 것이다.

경제적으로 미국이 세계화의 명분으로 자유무역을 무제한 추진했을 때 그것은 역설적으로 국가경쟁력의 약화를 초래했다. 예컨대, 중국은 세계화의 결과 제조업에서 세계의 공장으로 부상했으나 미국 근로자들은 소득감소와 실업에 직면했던 것이다. 그 결과 미국에서는 노동을 제공하는 근로자들의 임금이 한 세대 동안 침

체해 그들이 종래에 즐겼던 중산층 지위를 상실했다. 정치적으로
이는 '매우 중요한 중산층(the critical middle class)'의 붕괴와 민주
당과 공화당 간에 극심한 양극화를 초래했다. 트럼프는 2016년 대
선에서 대학에 가지 못한 백인들의 분노를 효과적으로 동원해 어
렵게 당선되었다. 2017년에 대통령으로 부임한 뒤 그는 미국 근로
자들의 이익을 보호하기 위해 WTO를 약화 또는 고사시키려고 노
력했다. 동시에 그는 환태평양경제동반자협정(TPP)과 기후변화에
관한 파리 협정에서 미국의 탈퇴를 명령했다. 2020년에 그는 심지
어 세계보건기구(WHO)에서 미국을 제외하는 조치까지 취했다.

  미국 내에서 자유주의를 지지하는 세력이 붕괴하고 있다는 사
실은 매우 심각한 도전이다. 이러한 의미에서 자유주의 질서는
강대국들의 국내정치 변화에 의해 더 많이 위협받고 있다고 보아
야 할 것이다. 이러한 현상은 미국뿐만 아니라 영국 및 유럽국가
에서도 나타나고 있기 때문이다. 현재 자본주의가 세계를 지배하
고 있지만 그것이 가져오는 최대 난제는 불평등을 해소하는 일이
다. 지금처럼 급속하게 진전하는 정보기술, 자동화 인공지능 및
사회 매체(SNS)를 감안할 때 노동집약적 제조업을 부활해 중산층
을 재건하기는 결코 쉬운 일이 아니다.

  이러한 여건에서 트럼프 대통령은 4년 동안 자유주의 질서를
약화 또는 파괴하는 정책을 행동으로 실천했다. 국제정치에 대해
그는 미국 제일주의를 표방하면서 세계적 리더십을 아예 포기하
고 적나라하게 포퓰리즘의 표본인 대중선동을 공공연하게 연출
했다. 영국의 존슨 총리는 2020년에 드디어 EU에서 완전히 탈퇴

하는 합의를 이루었다. 무엇보다도 이러한 행동들의 절정을 과시한 사건은 2021년 1월 6일 트럼프가 선동했던 폭도들이 1812년에 영국이 워싱턴을 침범한 후 처음으로 미국의회 회의장을 점령해 폭력으로 바이든의 당선을 증명하는 행사를 중단시켰던 것이다. 이 사건은 성숙한 민주주의도 쉽게 뒷걸음칠 수 있다는 것을 잘 보여 주었다.

한편, 국제정치에서는 강대국 정치가 복귀했다. 사실 인류 역사에서 강대국 정치가 떠난 일이 없었다. 다만, 그 형태가 변천해 왔을 뿐이다. 미국이 자유주의 질서에 대해 세계적 리더십을 중단하자 강대국 정치가 더욱 활성화되었던 것이다. 저명한 언론인 케이건은 이 결과 정글이 다시 성장하고 있다고 주장했다. 그는 자유주의 질서를 하나의 정원으로 보고 그 대신에 나타나고 있는 강대국 정치를 '정글'로 묘사했다. 이 정원은 미국이 자신의 힘과 재원으로 잘 가꾸어 왔으나 이제 미국이 그것을 포기하자 다시 넝쿨과 잡초가 성장하는 정글이 되어 맹수들이 판을 치는 약육강식과 각자도생의 세계가 등장하고 있다는 것이다(Kagan, 2019).

4. 자유주의 국제질서의 붕괴 조짐

1) 코로나19 팬데믹

2019년 말에 세계를 강타하기 시작한 코로나바이러스감염증

세(코로나19)는 이 강대국 정치가 정말로 정글처럼 보이게 만들었다. 한평생 국제정치를 연구하고 직접 체험한 97세의 노학자 키신저는 이 바이러스가 세계질서를 '영구히' 변경시킬 것이라 했다(Kissinger, 2020). 이 재난은 배타적 민족주의, 보호주의, 권위주의를 더 강화해 자유주의 질서를 파손했기 때문이다.

이 재난은 그동안 이미 진행되고 있었던 강대국 정치의 부정적인 면을 그대로 노출시켰다. 예컨대, 국경을 개방하고 자유로운 교역과 이민을 허용해 왔던 유럽연합의 회원국들도 국경을 봉쇄했다. 트럼프는 아예 이민을 중단하고 특히 아랍국가들과의 여행을 금지하는 조치를 취했다.

2008년에는 미국이 당시 돌발한 금융위기를 극복하기 위해 G-20을 급조하는 데 세계적 리더십을 행사했으나 2020년 코로나 바이러스 유행에 대해 트럼프는 세계적 리더십을 외면한 채 국내에서 자신의 입지를 보호하는 데 몰두했다. 그는 중국을 바이러스의 발원지로 비난하고 무역전쟁을 격상하면서 중국이 WHO를 통제해 효과적 대응책을 마련하는 데 실패했다고 비난했다.

중국도 선제적으로 초기 방역을 마련하지 못했고 세계적 리더십은 시도하지도 않았으며 오히려 미국의 행동을 비판했다.

이처럼 인류가 공동으로 처한 코로나바이러스에 대해 미국, 중국 등 강대국이 집단행동을 취해 협력하지 않고 심지어 이른바 '백신 민족주의'를 표출하고 있는 것은 강대국 정치의 추악한 면이라 하겠다.

2) 미 · 중 패권전쟁

21세기에 미 · 중 패권경쟁은 동아시아에 집중해 자유주의 체제와 권위주의 체제 간의 경쟁으로 지속할 것이다. 이 강대국 정치의 중심에서 미국과 중국이 패권경쟁을 격화하고 있다. 그러나 미국과 중국 어느 편도 세계적 패권을 장악하기는 어려울 것이며, 그들은 동아시아와 인도 · 태평양에서 지역 패권을 획득하기 위해 경쟁할 것이다.

덩샤오핑이 주도한 개혁과 개방 정책이 풍성한 결실을 낳으면서 중국이 국제무대의 새로운 강대국으로 부상하고 있다. 21세기에 들어와서 미국에 버금가는 국력을 갖추게 된 중국이 그동안 자유주의 국제질서를 주도해 오던 미국에 도전하기 시작했다. 그 결과는 누구도 회피하기 어려운 '신냉전'이다. 이처럼 두 초강대국이 정치 및 군사적으로 대치하는 현상은 미 · 소의 양극화, 곧 미 · 소 냉전과 유사하다. 다만, 전 세계를 공산화하고자 혁명 이데올로기를 전파하는 데 주력한 소련과 달리 중국은 과거에 그가 누렸던 '천하의 중심'으로서의 위상을 회복하려는 강렬한 중화 민족주의를 나타낸다는 점이 다르다. 과거의 소련 및 소련 블록 국가는 서방과 거의 완전하게 단절된 경제 관계를 표방하였으나 현재의 중국은 무역, 금융, 정보, 기술 등 거의 모든 분야에서 서방세계와 아주 깊숙하게 연관되어 있다는 점 역시 다르다.

그 결과 21세기 정치구조는 양극화보다도 다극화를 지향하고 있다. 아시아에서 일본, 인도 및 기타 중견국들이 미 · 중 경쟁이 경직된 양극화로 발전하는 것을 지양하고 있기 때문이다. 앞으로 미·중 경쟁은, 전 시기 미·소 간의 냉전과는 다르게, 패권 경쟁, 체제 경쟁, 무역 경쟁, 기술 경쟁을 혼합한 '혼성전(hybrid war)'의 형태로 진행될 것이다.

2017년에 트럼프 행정부는 중국과의 관계를 종전의 전략적 동반자에서 전략적 경쟁자로 전환했다는 것을 분명히 천명했다. 미국은 2017년 국가안보전략(NSS), 2018년 국가방어전략(NDS), 2019년 인도·태평양전략보고(IPSR)와 같은 공식 문건에서 중국, 러시아 및 이란을 수정주의 국가로 규정하고 '강대국 경쟁'이 미국외교 및 군사정책의 초점이라고 선언했다. 미국은 이 국가들을 봉쇄하기 위해 현재 일본, 인도, 호주와 함께 '개방되고 자유로운 인도 태평양'을 건축하려고 노력하고 있다. 한편, 중국도 '일대일로 구상'을 확대하면서 중국 주변에 미국세력의 진출을 억제하려고 안간힘을 다하고 있다.

3) 패권전쟁의 현장 동아시아

이러한 경쟁은 동아시아에서 누가 지역 패권을 행사할 것인가에 집중될 것이다. 중국은 이 지역에서 19세기 청나라가 누렸던 영향력권을 회복하려고 기도하고 있다. 미국은 여기서 역외 균형자로서 기존 세력 균형을 보전하려고 노력하고 있다. 이 두 전략 간에 이미 긴장이 고조되고 있다.

중국이 남중국해에서 인공 섬들을 구축하고 거기에 군사 장비를 배치해 이것을 기정사실로 여기고 있다. 미국은 이를 인정하지 않고 중국의 추가 확장 기도를 억제하기 위해 국제법상 보장된 공해에 항공모함을 파견해 항행의 자유를 도모하고 있다.

군사적으로 중국은 동아시아에서 이미 최대강국으로 등장했다. 2020년 중국의 국방예산이 일본, 인도 및 10개 아세안국가의 것을 합한 것보다 더 많다는 사실이 이를 잘 증명해 준다. 이 추세에서 만약 미국이 동아시아에 전진 배치하고 있는 군사력을 철수한다면 세력 균형은 더욱더 중국에 유리하게 될 것이다. 중국은 시진핑이 주장한 바와 같이 2049년(공산정권수립 100주년)까지 미국을 이 지역에서 밀어내고 패권국이 된다면 동아시아를 넘어서 '전 인류를 위한 운명 공동체'를 실현하려고 기도할 것이다. 바로 이러한 중국을 봉쇄하기 위해 미국은 이 지역에 남아서 19세기 영국이 유럽에 대해 실시한 바와 같이 균형자 또는 안정자 역할을 계속해야 할 것이다.

21세기 미·중 경쟁은 무엇보다도 기술경쟁이 될 것이다. 중국은 이미 미국의 기술패권에서 독립하기 위해 '인터넷 주권'을 주장하면서 정부가 인터넷을 통제하고 독자적인 체제를 수립하고 있다. 2019년에 트럼프가 화웨이(Huawei)사의 제품을 전면금지하자 5G 이동전화기술에 대해 이미 전쟁이 시작됐다. 특히 AI가 미래의 경제 성장과 국가안보의 원동력이 될 것이므로 이 분야에서 이미 전쟁이 선포되었다. 시진핑은 AI 무기 개발에서 2030년까지 중국이 미국을 앞지를 것이라고 선언했다. 미국도 결코 이를 허용하지 않겠다고 다짐하고 있다.

　미국과 중국은 '투키디데스의 함정'을 피할 수 있을까? 고대 그리스의 역사가 투키디데스는 당시 스파르타는 아테네가 패권국으로 급부상한 데 대해 위협을 느껴 불가피하게 펠로폰네소스 전쟁을 일으켰다고 기술했다. 앨리슨은 과거 500년 동안에 일어났던 16개 전쟁에서 12번 이러한 패권 전쟁이 일어났다는 사실을 발견하고 이를 '투키디데스의 함정'이라 했다(Allison, 2017). 그 최근의 실례로서 그는 제1차 세계대전을 들었다. 미국과 중국이 첨예하게 대결해 간다면 대만, 한반도, 남중국해에서 오판에 의해 이러한 전쟁이 일어날 수도 있을 것이다.

5. 자유주의 국제질서 대 권위주의 국제질서

　현재 강대국 정치가 대세이지만 자유주의 질서는 여전히 지속되고 중국이 주도하는 권위주의 질서와 경쟁해 갈 것이다. 바이든이 자유주의 질서에 대한 세계적 리더십을 부활하겠다고 다짐한 이상 양국 간의 체제경쟁은 패권경쟁의 중요한 부분을 차지할 것이다. 2021년 1월 폭거를 목격한 뒤 중국은 미국 국내에서 민주주의를 파괴하고 있으면서 어떻게 외국에 그것을 전파할 것이냐고 미국을 조롱하고 있다. 그럼에도 바이든은 미국은 이제 '힘의 모범'이 아니라 '모범의 힘'을 과시하는 행동을 보여 줄 것이라고 강조하고 있다.

　2021년 9월에 바이든이 아프가니스탄에 주둔했던 미군을 철수

하자 곧 탈레반 반군들이 전 국토를 장악하고 말았다. 그동안 수
조 달러를 소비해 이 이슬람국가에 민주주의를 심으려는 미국의
노력은 수포로 돌아가 버렸다. 뼈저린 경험을 겪은 미국은 이제
7세기의 이슬람법을 강행하겠다는 아프가니스탄과 같이 민주주
의를 수용할 능력이 없는 나라에 힘으로 민주주의를 건축하려는
기도는 더 이상 하지 않을 것이다. 미국 자신이 다시 모범적 민주
주의 국가로 회생해야 미국은 민주주의라는 소프트 파워를 발휘
할 수 있을 것이다.

한편, 권위주의는 인간의 한 본성인 질서의 필요성에 호소해 자
유주의의 약점을 노리고 있다. 이 관점에서 중국은 자신의 권위주
의 체제를 민주주의 체제에 대한 대안으로 제시하고 있다. 그런데
개인의 자유도 중요한 인간 본성이다. 자유를 보장하기 위해 개인
의 기본권과 법치를 옹호하는 자유주의에 대해 국가가 개인의 전
화를 엿듣고 얼굴을 인식하여 행방을 감시하는 권위주의 감시국가
가 과연 그 대안이 될 수 있을까? 2019년 11월 홍콩의 지방선거와
2020년 1월 대만의 총통선거에서 야당이 압도적으로 승리한 것은
자유에 대한 인간의 열망이 얼마나 강한가를 잘 보여 주었다.

국제정치에서 자유주의 질서에 가장 신랄한 비판을 가한 학자
는 미어샤이머이다. 그는 국제정치적 자유주의 질서의 실현은 '대
망상'이며 종국적으로는 민족주의와 현실주의가 그것을 압도하게
된다고 주장했다(Mearsheimer, 2018). 현실주의자들은 국제정치적
자유주의 질서는 하나의 '신화'라 지적하면서 냉전기에 평화를 유
지했던 것은 자유주의에 의해서가 아니라 미국의 핵무기가 소련

의 공격을 억제했기 때문이라고 주장한다. 이러한 의미에서 미국
은 국제정치에서 도덕을 강조하는 '예외주의'를 실천한 것이 아니
라 기타 강대국들과 별로 다르지 않게 현실주의를 실천했다는 것
이다.

그런데도 초지일관 자유주의를 옹호했던 아이켄베리는 그보다
나은 대안이 없다고 주장하면서 민주주의를 지키고 평화를 유지
하기 위해서 스스로 개혁하고 타국에 간섭하지 않는 자유주의가
'가장 실용적 프로젝트'라고 주장하고 있다(Ikenberry, 2020). 그의
주장은 과거에 호황을 누렸던 자유주의를 부활시키는 것이 아니
라 미국인들이 허용할 수 있는 위험과 비용을 철저히 계산해 지속
가능한 자유주의를 가꾸어 가자는 것이다.

이 요지는 바이든의 외교정책 비전과 일치한다. 바이든은 동아
시아에서 2007년부터 일본이 주도해 왔던 '쿼드(Quad)', 즉 미국,
일본, 인도 및 호주와의 연대를 중국을 견제하는 느슨한 동맹으로
강화하기 시작했다. 그는 이 연대에 한국을 참여시켜 더 확대된
민주주의 국가 동맹으로 발전시키려고 노력하고 있다. 자유주의
질서는 민주주의가 계속하는 한 미국과 유럽 및 기타 동조하는 지
역에서 아름다운 정원이 못 되더라도 적어도 조잡한 공원으로 지
속될 것이다.

비교적 시각에서 자유주의가 권위주의보다 더 많은 정당성을
누리고 강한 힘을 유지하려면 절차 정당성만이 아니라 인류가 공
통적으로 당면하고 있는 코로나 팬데믹, 기후변화, 불평등 및 AI
와 같은 첨단기술이 야기하는 문제들을 척결하는 데도 구체적 업

적 정당성을 과시해야 할 것이다.

6. 한국의 민주주의는 어디로 가는가

대한민국은 지난 반세기 동안 자유주의 질서 속에서 산업화와 민주주의를 동시에 달성한 유일한 국가이다. 한반도는 중국, 일본, 러시아 및 미국 등 강대국들의 주변부이다. 이 지정학적 제약으로 인해 강대국들이 한반도의 운명을 결정해 왔다. 그 결과 한반도는 1895년 청일전쟁이 끝날 때까지 수 세기 동안 중화 질서에 속했고 1895년부터 1945년까지는 일본이 주도했던 동아시아 질서에 예속되었다. 그러나 대한민국은 드디어 1948년에 미국이 주도한 자유주의 질서에서 주권을 회복했다. 한반도에서 역사적으로 과거 정권은 수없이 변해 왔지만 이 지정학적 현실은 변하지 않았다. 그런데도 조선의 왕들은 강대국 정치에 무지한 채 국내에서 붕당정치를 계속해 오직 자기 정권 및 정파의 권력을 유지하는 데 몰두하다가 결국 국가위기를 초래했던 것이다. 오늘날 우리의 정치 지도자들도 이러한 구태를 반복하고 있지 않은가?

한국 민주주의는 자유주의 질서 속에서 착실히 발전해 오다가 문재인 정부가 집권한 후 후퇴하고 있다. 대체로 민주주의는 선거를 통해 정치참여를 확대하는 민주화, 「헌법」에 기초해 시민의 기본권과 법치를 보호하는 자유화, 자율적인 시민문화를 정착하는 제도화를 거치면서 발전한다. 제도화는 정치인들이 상대방을 적으로 보지 않고 경쟁자로 존중해 관용과 자제하는 관례를 축적해 규범과 문화로 실천하는 것이다.

한국 민주주의는 공정한 선거와 정치참여에서는 상당한 진전을 기록했다. 그러나 법치와 자유화는 언론자유를 제외한다면 한국 민주주의는 많은 문제를 노출하고 있다. 사법부와 검찰의 지나친 정치화가 가장 뚜렷한 실례이다. 시민문화와 시민 규범의 제도화는 더욱더 정착되지 않고 있다. 그 좋은 예가 시민단체들이 공익을 증진하기 위해 자율적으로 정부를 감시하는 역할을 제대로 발휘하지 못하고 있는 것이다. 많은 시민단체는 시민단체의 허울을 쓰고 있으나 사실은 정부를 변호하고 지지하는 이익단체로 변신하고 있다. 문재인 정부와 여당은 이와 같이 비민주주의적 행동을 공공연하게 연출했다.

민주주의는 상식과 순리를 지켜야 생존한다. 2021년 4·19민주화운동의 61주년을 맞이해 이를 최근에 서울과 부산에서 거행되었던 4·7 보궐선거와 대조해 그 함의를 새겨볼 필요가 있다. 4·19는 청소년 학생들이 순수한 정의감으로 피를 흘리면서 부정선거에 항의했던 시위로 13년간 지속한 장기 집권을 종식시켰던 계기였다. 4·7 보궐선거는 20/30대 세대가 민주주의의 핵심제도인 선거를 통해 4년간 지속해 온 집권당의 실책을 준엄하게 심판해 한국 민주주의 발전에 한 변곡점을 찍은 선거였다. 4·19와 4·7에서 발견하는 공통점은 젊은 세대가 정치변화를 촉발한 파수꾼 역할을 해냈다는 사실이다.

대의민주주의에서 선거는 유권자들이 집권 여당이 지금까지 실시해 온 정책과 그 결과를 심판한다. 투표 행동을 연구하는 정치학자들은 이러한 현상을 '회고적 투표'라 부른다. 유권자들은 후보자들의 미래 공약보다도 여당의 과거 실적을 심판해 투표하는 경향을 나타낸다는 것이다. 2020년 총선과는 정반대로 2021년 보선에서는 한국 인구의 32%를 차지하는 20/30대가 야당을 압도적으로 지지했다.

왜 이러한 변화가 일어났을까? 그 주 이유는 집권 정권과 여당이 상식과 순리를 벗어난 행동을 강행했기 때문이다. 가장 뚜렷한 두 예를 들자면, 부동산정책의 실패와 180석의 거대 여당이 보여 준 '다수의 횡포'라 하겠다. 부동산정책은 내 집 마련에 대한 젊은 세대의 소박한 꿈을 송두리째 무산시켰다. 선무당의 칼춤처럼 휘둘렀던 26번의 대책은 서민들에게 깊은 상처를 남겼다. 그럼에도 집값과 전세는 천정부지로 올라 버렸다. 이 결과 20/30대는 월급을 전부 저축해도 아파트 한 채를 사려면 수십 년 걸린다고 한다. 제20대 국회를 장악한 거대 여당은 야당의 반대를 전적으로 무시한 채 2만여 개의 입법을 쏟아냈다. 이러한 행태는 일찍이 토크빌이 19세기 중엽에 '다수의 횡포가 민주주의의 최대위험'이라고 했던 경고를 실감나게 해 주고 있다.

집권당의 행동은 상식과 순리를 무시한 산 증거이다. 상식은 누구나 다 알고 있는 지식이다. 순리는 누구나 다 옳다고 인정하는 이치이다. 정의론의 대가 롤스는 자유민주주의에서 정의는 공정을 말하며 공정은 기회의 분배를 순리적(Rawls의 용어는 reasonable)으로 실천하는 것이라고 했다. 4 · 7 보선에서 유권자들은 집권당이 상식과 순리를 무시한 데 대해 분노해 소극적인 '민심'을 적극적인 '시민문화 또는 시민 능력'으로 표출했다. 특히 젊은 세대와 중도파는 설익은 이념에 따라 이른바 '보수'와 '진보'로 편 가르지 않고 건전한 상식과 순리를 따라 투표했다. 그들이 정치인들보다 더 성숙한 시민 정신을 발휘했던 것은 높이 평가해야 할 것이다. 이러한 의미에서 젊은 세대는 한국 민주주의의 앞날을 밝게 해 주었다. 이 전통이 앞으로도 지속해 가기를 기대해 본다.

자유주의 국제질서에서 탄생한 한국 민주주의는 현재의 후퇴를 극복해 다시 동아시아에서 모범적인 민주주의 국가로 정상화되어야 할 것이다. 그러기 위해서 대한민국은 자유민주주의 국가라는 정체성을 분명하게 천명하고 그것을 행동으로 과시해야 한다. 나아가서 미국이 선도하고 있는 민주주의 운동에서도 주도적인 역할을 수행해야 할 것이다. 그래야 대한민국은 우방국들의 보호와 지원을 확보하고 적대 세력에 효과적으로 대처할 수 있기 때문이다. 이렇게 해야 국가안보, 경제번영, 정체성 확보라는 우리의 핵심 국가이익을 극대화할 수 있을 것이다.

참고문헌

Allison, G. (2017). *Destined for war: Can America and China escape Thucydides's trap?* Houghton Mifflin Harcourt.

Economist (2021. 2. 2.).

Fukuyama, F. (1992). *The end of history and the last man.* Hamish

Hamilton Ltd.

Huntington, S. P. (1991). *The third wave: Democratization in the late twentieth century*. University of Oklahoma Press.

Ikenberry, G. J. (2020). *A world safe for democracy: Liberal internationalism and the crises of global order*. Yale University Press.

Kagan, R. (2019). *The jungle grows back: America and our imperiled world* (Paperback Edition). Vintage.

Kissinger, H. (2014). *World order*. Penguin Press.

Kissinger, H. (2020. 4. 3.). The coronavirus pandemic will forever alter the world order. *Wall Street Journal*.

Levitsky, S., & Ziblatt, D. (2018). *How democracies die*. Crown.

Mearsheimer, J. (2018). *The great delusion: Liberal dreams and international realities*. Yale University Press.

Stasavage, D. (2020). *The decline and rise of democracy: A global history from antiquity to today*. Princeton University Press.

제7장

민주주의의 전복양태

◉ 이정복(李正馥)

1. 서언

통치자를 국민들이 선거로 선출하는 민주주의는 영국의 명예혁
명(1689), 미국의 독립혁명(1776), 프랑스의 프랑스 혁명(1789)을
계기로 서구에서 수립되기 시작해서 오늘날에는 대부분의 나라
가 채택하고 있는 정치체제이다. 민주주의의 기원은 기원전 시대
의 그리스에 두고 있으나 그리스는 조그만 도시국가들로 구성되
어 있었고 이 도시국가는 소수의 시민들에게만 참정권을 부여하
고 있었다. 이 시대의 철학자들은 이러한 도시국가의 민주주의가
데마고그와 궤변가들이 판치는 중우정치로 전락한다고 보고 플
라톤은 민주주의가 아니라 철학자가 통치자가 되는 철인정치를
주장하였다. 그리스 시대의 철학자들과는 달리 로크와 루소와 같
은 17세기, 18세기의 서구 정치철학자들은 정치권력의 기반이 통
치자를 유권자들이 직접 선출하는 민주주의에 있어야 한다고 생
각하였고, 실제로 영국과 프랑스에서는 이러한 체제가 수립되기

시작했다. 그러나 그 당시 영국, 미국, 프랑스의 민주주의는 일정액 이상의 재산을 가지고 있는 극소수의 백인 남성들에게만 선거권을 부여한 매우 제한적인 민주주의였다. 민주주의가 먼저 발전한 나라인 영국의 유권자 수는 1830년에 성인 남자들의 2%, 1867년에 성인 남자들의 7%, 1884년에 성인 남자들의 40%에 불과했고, 영국이 여성들을 포함한 모든 성인이 선거권을 갖게 된 것은 제1차 세계대전 이후 1928년에 와서야 가능했다. 유럽의 민주주의국가들의 성인 남녀들은 대체로 제2차 세계대전이 끝난 후에 와서야 모두 선거권을 갖게 되었다. 다시 말해, 이곳의 민주주의가 모든 성인 남녀들이 선거권을 갖는 민주주의로 발전한 것은 200년 가까운 세월이 지난 1940년대 말이다. 성인 백인남성들이 소유재산에 관계없이 선거권을 갖게 되는 데 100년 가까운 세월이 걸렸고, 여성들과 미국의 경우 흑인들이 실제로 선거권을 갖는 데는 200년 가까운 세월이 걸렸다. 프랑스와 스위스에서 여성들에게 선거권을 부여한 것은 각각 1944년과 1971년의 일이고, 미국에서 흑인들이 선거권을 행사하기 시작한 것은 1960년대 민권운동 이후의 일이다. 미국의 흑인들은 19세기 중반 남북전쟁 이후에 선거권을 갖게 되었으나 백인들이 만들어 놓은 여러 가지 제약조건 때문에 선거권을 실제로는 행사하지 못했었다. 마르크스는 그가 살던 19세기의 민주주의가 부르주아 민주주의이고 부르주아 민주주의 국가는 프롤레타리아를 억압하고 부르주아를 보호하는 집행기관에 불과하다고 비판했는데, 이는 선거권이 소수의 부르주아들에게만 제한된 당시의 민주주의를 비교적 정확하게 표현하는 주장이었다고 볼 수 있다.

영국, 미국, 프랑스의 민주주의는 제1차 세계대전 이후 다른 유럽 국가들과 캐나다와 같은 영연방국가들, 아르헨티나와 같은 라틴 아메리카 국가들에게도 확산되어 1918년에는 전 세계의 민주주의 국가의 수는 29개국에 달하게 되었다. 그러나 민주주의는 정치적 불안정성이 내재된 체제라는 속성을 가지고 있다. 민주주의 체제는 군주제나 독재체제와 같은 권력독점체제가 아니고 권력획득을 둘러싼 자유경쟁체제이기 때문에 정치세력을 분열시키고 이에 따라 국민들을 분열시켜서 정치적 혼란을 야기할 수 있는 속성을 가지고 있다. 특히 선거방식으로 비례대표제를 채택한 나라들에서는 영국이나 미국과 같이 단순 다수선거제를 가지고 있던 나라들에 비해 이와 같은 정치적 분열과 혼란이 더욱 두드러지게 나타났다. 비례대표제는 정치세력의 파편화와 다당제를, 단순 다수선거제는 정치세력의 구심화와 양당제를 야기하는 경향이 있기 때문이다. 실제로 제1차 세계대전이 끝난 이후 제2차 세계대전이 발발하기 전까지의 기간에 독일을 비롯한 유럽의 여러 민주주의 국가에서 정치적 분열과 혼란 때문에 민주주의가 전복되어 1942년에는 민주주의 국가의 수가 11개국으로 감소하였다.

민주주의는 제1차 세계대전 이후 확산되었다가 적지 않은 나라들에서 전복되었는데 이러한 패턴은 그 이후 계속해서 일어나고 있다. 제2차 세계대전 이후에도 민주주의가 확산되었다가 전복되었고, 냉전 종식 후에도 민주주의가 크게 확산되었으나 현재 다시 전복되는 추세에 있다. 민주주의는 수립되기도 어렵지만 그것을 유지하기도 어렵다.

　민주주의는 역사적으로 세 번에 걸쳐 전복되었다. 첫 번째는 1930년대에 파쇼세력에 의해서, 두 번째는 1960년대에 군부세력에 의해서 전복되었고, 세 번째는 최근 포퓰리스트세력에 의해서 전복되고 있다. 이 글의 목적은 민주주의가 현재 어떻게 전복되고 있는가를 이러한 일이 일어난 대표적 나라들의 사례를 중심으로 소개하는 데 있다. 그러나 첫 번째와 두 번째의 민주주의 전복에 대해서도 간단하게 소개할 것이다. 이러한 사례들을 소개하는 이유는 이러한 사례들이 한국의 민주주의는 현재 어떠한 상태에 있는가를 객관적으로 볼 수 있는 거울의 역할을 하기 때문이다.

2. 파쇼세력에 의한 민주주의 전복

　제1차 세계대전 이후에 민주주의가 수립된 나라들에서는 파쇼세력들이 민주주의를 전복시켰고, 그 대표적인 예가 독일이다. 우선, 독일의 위대한 사회학자 막스 베버의 한 강연내용을 소개하고 히틀러가 혹은 파쇼세력들이 어떻게 민주주의를 파괴하였는가를 살펴보기로 한다.

1) 베버의 소명정치론

막스 베버는 독일이 제1차 세계대전에 패배하여 패전국으로 전

락하고 빌헬름 2세 황제가 퇴임하여 입헌군주제가 폐지되고 민주
공화국으로의 출범을 바로 앞에 둔 1919년 1월에 독일의 정치적
장래를 걱정하면서 뮌헨의 자유학생연맹의 학생들 앞에서 〈소명
으로서의 정치(Politik als Beruf)〉라는 강연을 하였다. 그는 이 강
연에서 우선 그가 다루는 정치가 국가의 리더십에 국한된 것이고
국가의 특성은 물리적 힘을 정당하게 사용할 수 있는 데에 있다고
강조하였다. 국가는 물리적 힘을 정당하게 행사할 수 있는 막강
한 권력을 가지고 있기 때문에 누가 국가의 권력을 장악하느냐는
그 구성원들의 삶의 방식을 결정하는 매우 중요한 문제이다. 그
는 당시 극좌세력과 극우세력을 포함한 좌우의 정당들이 국가권
력을 장악하기 위해 이데올로기적으로 맹렬하게 서로 투쟁하는
것을 목격하고 정치 지도자들이 어떠한 자질을 가져야만 할 것인
가에 대해 논하였다.

　그는 이 강연 이전에 이미 가치관의 충돌을 과학이 근본적으로는
해결할 수 없고 사회과학자들은 가치관 충돌에 매몰되지 말고 객
관성을 유지해야 한다고 주장한 바 있다. 그는 이 강연에서도 좌우
정치세력의 이데올로기적 대립에 대해 논하지 않고 그 대신 독일
의 정치가들이 가져야만 하는 자질에 대해 논하였다. 그에 의하면
정치 지도자는 열정(Leidenschatt), 책임감(Verantwortungsgefuehl),
안목(Augenmass)의 세 가지 자질을 가져야 한다. 여기서 열정은
심적인 흥분상태로서의 열정이 아니라 사실적인 의미에서의 목
표에 대한 헌신이라는 열정이다. 그러나 이 자질만으로 정치 지
도자가 되는 것은 아니다. 그의 열정이 목표에 대한 책임감을 동

반할 경우에만 그는 정치 지도자가 되는 것이고, 그러한 지도자가
되기 위해서는 안목을 가지고 있어야 한다. 정치 지도자는 인물
들, 사건들, 그리고 그 자신과도 거리(Distanz)를 두고 현실을 객관
적으로 파악하는 안목을 가지고 목표의 실현을 추구하는 책임감
을 가져야 한다.

　정치 지도자는 신념윤리(Gesinnungsethik)와 책임윤리(Verant-
wortungsethik)를 겸비하고 있어야 한다. 신념윤리는 정치 지도자
가 그의 신념에 따라 행동하는 것이고 책임윤리는 이러한 행동이
가져올 결과에 대해 책임감을 느끼면서 행동하는 것이다. 여기
서 우리는 신념윤리는 무책임과, 책임윤리는 무원칙한 기회주의
와 동일하다고 생각해서는 안 된다. 이 두 윤리는 서로 다른 윤리
이나 상호보완적 관계를 가져야 한다. 정치 지도자가 그의 신념
에 따라 행동하나 그 행동의 결과가 나쁘게 나올 것 같다면 그는
이에 책임을 져야만 한다는 윤리의식을 가져야 한다. 그러나 정
치인들은 신념윤리와 책임윤리를 겸비하고 있기보다는 권력욕에
도취되고 자만심(Eitelkeit)에 빠지기 쉽다. 정치인들이 권력추구
에 도취해 자만심에 빠져 버리면 그것은 국가와 사회에 커다란 해
악을 끼칠 것이다.

　정치가들 중에는 우파든 좌파든 간에 권력욕과 자만심에 빠져
있는 사람들이 있다. 그들은 국가를 위해서 일한다고 주장하지
만 그 기저에는 불타는 사적 권력욕과 자만심이 있고, 권력을 잡
기 위해서는 어떠한 사술이라도 동원하며, 권력을 잡은 다음에는
어떠한 사술을 써서라도 이를 유지하고자 필사의 노력을 기울이

는 사람들이다. 정치가가 권력투쟁에 실패하면 백수건달로 전락하는 사회에서는 이 노력이 더욱 필사적이다. 베버의 소명정치에 대한 이 강연은 정치가의 이와 같은 본능적 권력욕과 자만심이 국가와 사회를 재앙 속으로 몰고 갈 수 있다고 보고 정치가의 자기 반성적 성찰을 요구한 강연이다.

2) 파쇼세력의 대두와 민주주의의 전복

베버의 강연은 독일 민주주의가 바로 소개한 바와 같은 자질을 갖춘 소명의 정치 지도자들을 필요로 하고, 권력욕에 도취되어 자만심에 빠져 있는 정치인들을 경계해야 한다는 것을 강조한 강연이다. 그러나 이 강연을 한 다음 해에 그는 세상을 떠났기 때문에 독일의 민주주의가 소명을 가진 정치인들이 아니라 권력욕과 자만심으로 가득 찬 히틀러와 같은 포퓰리스트 정치가에게 포획되어 그의 기대와는 너무나도 달리 전개되는 것을 보지 못했다.

그가 사망하기 전에도 그랬지만 그의 사후에도 독일의 좌우 정당 정치인은 각각 그들의 세계관을 실현하기 위해 투쟁하였고 비례대표제는 어느 한 정당도 과반수 이상의 의석을 차지하지 못하게 만들었다. 제1차 세계대진 종선 후 약 10여 년간 사회민주당을 중심으로 좌우의 중도파 정당들이 연립하여 내각을 구성하였었으나 대공황의 압력 속에서 1930년 3월에 이와 같은 연립도 깨지고 정당 간의 타협도 불가능한 상태에 이르렀다. 이러한 상황에서 광신적인 종족주의 세력인 히틀러의 나치당과 극좌세력인 공산당이 그 세력을 괄목할 만하게 신장하였다. 특히 나치당은 1930년 9월 선거에서 과거의 선거들에서보다 다섯 배나 많은 18%의 득표를 하였고 1932년 11월 선거에서는 의회 내에서 가장 많은 의석을 차지한 정당이 되었다. 당시 군 출신으로 전통적인 보수주의자였던 힌덴부르크 대통령은 1933년 1월에 히틀러를 연립내각의 수상으로 임명하였다. 히틀러는 다음 달 2월에 의회 빌딩에 대한 방화사건이 일어나자, 이것이 공산주의자들의 정부전복 음모라고 주장하였고, 힌덴부르크 대통령은 이에 따라 국가비상사태를 선포하였다. 3월에 다시 의회 선거가 있었고 이 선거에서 나치당은 44%의 득표를 하였다. 히틀러는 즉시 그에게 비상대권을 주는 수권법을 의회가 통과시키도록 만들었고 이 법에 의거해 그는 7월에 나치당을 제외한 모든 정당을 해산시키고, 게슈타포(Gestapo) 조직을 가진 나치 일당독재체제를 수립하였다. 독일의 바이마르 민주주의체제는 법적인 절차를 통해서 나치 일당체제로 전락하였고, 이러한 체제변혁에 걸린 시간은 몇 달에 불과하였다.

민주주의가 먼저 수립된 미국과 영국에서는 민주주의가 정치가들의 무한한 권력욕과 자만심을 억제하는 제도적 장치로 작용했으나 독일에서는 민주주의가 그러한 역할을 하지 못하고 오히려 파쇼세력의 권력욕과 자만심을 조장하는 역효과를 내었다고 볼 수 있다. 민주주의는 다수에 의해 통치자를 선출하고 이러한 통치자의 횡포를 막는 견제장치가 필요한데 신생 민주주의 국가인 독일에서는 이 두 가지가 다 제대로 작동되지 않았다.

　이미 지적한 바와 같이 이와 같은 민주주의 체제의 전복이 독일에만 국한된 것은 아니었다. 독일에 앞서 이탈리아에서도 이러한 전복이 일어났고, 스페인에서는 1936년에 좌파세력이 선거에서 승리하자 이를 받아들이지 못하는 우파세력과의 내전이 일어나 결국에는 프랑코 장군의 독재체제가 수립되어 그가 사망하는 1975년까지 지속되었다.

　현대 민주주의의 발상지 중 하나라고 볼 수 있는 프랑스에서는 프랑스 혁명 이후 정치적 분열과 혼란이 계속되어 전진과 후퇴를 반복하였고 전쟁 중에는 파시스트들이 정권을 장악한 적도 있었다. 이 나라에서는 1789년의 민주주의 혁명 이래 두 번이나 왕정복고가 있었고 다섯 번의 체제변화가 일어났다. 안정된 민주주의가 수립된 것은 드골 장군의 이니시어티브로, 1959년에 형식적으로는 이원집정체제이나 실제로는 대통령 중심제에 가까운 제5공화국이 수립된 이후의 일이다. 제1차 세계대전 이후 민주주의 국가들은 미국, 영국, 캐나다와 같은 영연방 국가들을 제외하고는 독일, 이탈리아, 스페인과 같이 전복되거나 그렇지 않은 국가들은 정치적 불안정 속에서 위태롭게 그 체제를 유지하였다.

3. 군부세력에 의한 민주주의 전복

　제2차 세계대전 발발을 전후로 12개국으로 감소한 민주주의 국가의 수는 1945년 종전 후 다시 증가하기 시작하여 1962년에는 36개국으로 증가하였다. 독일, 이탈리아, 일본 등의 패전국가들이 다시 민주주의 체제를 수립했고, 제2차 세계대전 이후 독립을 획득한 신생국가들도 서방진영에 속하는 나라들은 민주주의를 채택하였다. 신생국들이 채택한 민주주의는 서구의 초기 민주주의와 같이 선거권이 재산소유자들에게만 국한된 제한 민주주의(limited democracy)가 아니라 성인이 된 국민들에게는 모두 선거권을 부여하는 무제한 민주주의(full democracy)였다. 영미의 민주주의는 초기에는 절대다수의 무산자는 제외하고 극소수의 재산소유자들이 운영하는 민주주의였으나 제2차 세계대전 이후에 탄생한 신생국가들의 민주주의는 절대다수의 무산자와 극소수의 재산소유자들 모두가 참정권을 가지고 있는 민주주의였다. 사회경제적 발전수준이 떨어지고 민주정치의 경험이 없는 신생국들이 일거에 모든 국민이 참여하는 민주주의를 채택하였으니 이것이 제대로 운영될 리가 없었다. 일찍 산업화에 성공한 서구제국이 200년에 걸쳐 수립한 민주주의를 후진 신생국가들이 일거에 수립할 수는 없는 일이었다. 신생국가들의 민주주의는 명목적인 의미에서만 민주주의였다.

그러나 이러한 명목적 민주주의도 정치적 분열과 혼란의 지속을 이겨 내지 못하고 1960년대와 1970년대를 통해서 전복되는 경우가 많았다. 아시아, 아프리카에서는 신생국가들이 모두 빈곤국가들이었고 이러한 빈곤국가의 정치인들이 빈곤의 퇴치를 위해 매진하기보다는 서로 권력싸움에만 몰두하여 분열과 혼란만을 조장하니 일반 국민들은 정치인들을 불신하게 되었다. 이를 배경으로 일사불란한 명령체계를 가지고 있는 군부가 쿠데타로 국가권력을 장악하게 된 것이다. 라틴 아메리카에서는 여러 나라가 아시아, 아프리카에 비해 사회경제적으로 발전된 상태에 있었고 민주주의 경험도 가지고 있었으나 정치인들이 한편의 지주, 자본가들과 다른 한편의 노동자들 간의 이해관계의 충돌을 슬기롭게 조정하지 못했기 때문에 군부가 노동자들을 탄압하고 지주, 자본가들의 이해관계를 보호하는 쿠데타를 일으킨 경우가 많았다. 전전에 파쇼국가였던 독일, 이탈리아, 일본의 민주주의에 대해서도 1950년대와 1960년대에는 과연 다시 전복되지 않을까 하는 우려가 상당히 있었으나 역사상 유례없는 빠른 경제발전이 배경이 되어 이러한 일은 일어나지 않았다.

4. 포퓰리스트세력에 의한 민주주의 전복

1) 민주주의의 승리와 역사종언론

민주주의 국가의 수는 1980년을 전후해서 다시 증가하기 시작하여 현재 그 수는 100여 개에 이르고 있다. 첫째, 라틴 아메리카의 여러 나라에서 군부 쿠데타 정권들이 무너지고 민주주의가 다시 수립되었다. 라틴 아메리카에서는 1978년에는 콜롬비아, 코스타리카, 베네수엘라의 세 나라만이 민주주의 체제를 가지고 있었으나 1995년에는 쿠바와 아이티를 제외한 모든 국가가, 즉 20여 개의 국가가 민주주의 체제를 갖게 되었다. 둘째, 아시아의 필리핀, 한국, 대만도 1980년대 후반에 독재국가에서 민주국가로 이행하였다. 셋째, 냉전이 종식되는 1989년부터는 동구와 구소련연방의 여러 나라도 공산독재체제를 버리고 민주주의 체제를 채택하였다. 같은 시기에 아프리카의 여러 나라에서도 민주화가 진행되었다. 이 시대에 민주주의가 이렇게 많이 확산된 배경은 나라마다 다르다. 라틴 아메리카의 경우에는 군부 정권들이 경제상황을 그 이전보다 더 악화시켰다는 배경이 있고, 한국과 대만의 경우에는 이와 반대로 독재정권이 경제를 발전시켜 민주주의의 기반을 다져 놨다는 배경이 있다. 동구와 구소련의 경우에는 공산독재체제의 전반적인 실패라는 배경이 있다.

냉전의 종식과 이와 같은 민주주의의 전 세계적인 확산을 보고 후쿠야마는 역사는 끝났다고 선언하였다. 이제 인류가 어떤 체제에서 사는 게 좋으냐의 문제는, 다시 말해 체제를 둘러싼 투쟁의 역사는, 민주주의의 승리로 종결되었다고 주장하였다. 그에 의하면 민주주의는 오랜 기간의 세습적 군주제, 제1차 세계대전 이후의 파시즘 체제, 그리고 최근의 공산주의 체제와의 투쟁에서 승리하여 이제는 우리 모두가 최선의 통치체제라고 동의하는 체제가 되었다. 이 체제는 '인류의 이데올로기적 진화의 끝', 다시 말해 '역사의 끝'이다. 민주주의 이전의 모든 정치체제는 그 내부의 단점과 비합리성으로 인해 붕괴했으나 민주주의는 이와 같은 내부적 모순을 가지고 있지 않은 체제이다. 민주주의 국가들도 여러 가지 불의와 사회적 문제들을 가지고 있다. 그러나 이것은 민주주의의 기본 이념인 자유와 평등이 불완전하게 실현된 데서 나온 문제이지 민주주의 본래의 결점은 아니다. 민주주의 국가는 안정성을 잃고 신정체제나 군부 독재체제로 후퇴할 수도 있으나 민주주의의 이상 자체는 더 이상 개선할 수 없다. 모든 인간이 누구나 인간으로서의 존엄성을 유지하면서 자유롭게 살 수 있는 체제는 민주주의 이외에는 없다.

2) 민주주의의 의미

후쿠야마의 역사 종언론은 민주주의의 이상이 아직도 불완전하게 실현되어 있고 민주주의는 일시 후퇴할 수 있다는 것을 인정하고 있지만 기본적으로는 민주주의의 발전에 대한 낙관적 전망을 피력한 주장이다. 그러나 그의 역사 종언론이 나온 지 한 세대가 지난 현재 민주주의는 그의 기대와 같이 발전하고 있는가? 이에 대해 우리는 긍정적으로 답변할 수 없다. 그러나 이에 대해 논하기 전에 민주주의는 자유민주주의를 의미하는 것이고 자유민주주의가 아닌 것은 민주주의가 아니라는 점을 강조해 둘 필요가 있다. 최근 우리 사회의 일각에는 자유민주주의가 아닌 것도 민주주의라는 위험한 궤변이 있기 때문이다. 우리가 민주주의라고 말할 때에는 서구의 자유민주주의를 가리키는 것이지 역사적 대참극으로 끝난 구공산권의 인민민주주의를 의미하는 것은 결코 아니다. 인민민주주의는 민주주의의 적(敵)이다.

자유민주주의는 자유주의와 민주주의의 두 가지 요소로 구성되

어 있다. 민주주의는 권력 수립 절차로 통치자를 세습이나 강제
력에 의해 정하는 것이 아니라 국민들의 선거에 의해 결정하는 제
도를 가리키고, 자유주의는 국민 개개인의 자유를 국가권력의 침
해로부터 보호하기 위해 통치자의 권력을 제한해야 한다는 이념
이다. 이 자유주의 이념은 제도적으로는 법의 지배, 권력분립, 그
리고 언론, 출판, 결사, 종교, 재산권, 여행의 자유와 같은 인간의
기본권을 보장하는 헌법규정을 가리킨다. 서구에는 민주주의에
앞서 오랜 기간에 걸쳐 자유주의의 전통이 수립되기 시작했다.
법의 지배는 로마시대부터 발전되기 시작한 제도이고, 권력분립
은 몽테스키외와 매디슨과 같은 정치이론가들이 강력하게 주장
하였으며, 앞서 언급한 민주주의 혁명기부터 수립되기 시작한 제
도이다. 인간의 기본권 보호도 이 시대부터 수립되기 시작했다.
영국의 경우에는 이보다 훨씬 이른 시기인 1215년에 군주의 권력
을 제한하는 대헌장(Magna Carta)이 나왔다. 이 대헌장은 귀족들,
성직자들, 런던의 대표자들이 과거부터 누리던 자유와 권리를 당
시의 존 왕(King John)이 침해할 수 없다는 것을 못 박은 문서이
다. 통치자를 국민들이 선출하는 민주주의가 수립되기 이전에 세
습적 군주의 통치하에 있던 유럽의 여러 나라에서는 자유주의 전
통이 자라나고 있었다. 유럽의 민주주의는 이러한 자유주의의 전
통 속에서 나온 것이고 그 속에서 발전하였다. 제1차 세계대전 후
민주주의가 전복된 독일, 이탈리아, 스페인 등 여러 나라는 자유
주의 전통이 상대적으로 약한 나라들이었고 민주주의를 유지한
미국과 영국은 이 전통이 강한 나라였다. 새롭게 민주주의를 채

택한 많은 나라도 자유주의 전통이 약하거나 거의 없는 나라들이
었고, 이들 나라들에서의 민주주의의 전복도 자유주의 전통의 결
여와 밀접한 관계가 있다고 보아야 할 것이다.

자유주의 제도는 민주주의의 실현을 위해 필요불가결한 제도
이다. 민주주의는 국민들의 선거로 통치자를 결정하는 제도인데,
통치자가 법의 지배를 받고 삼권분립의 견제를 받고 언론의 자유
와 같은 국민들의 기본 인권을 보호하는 정치적 조건하에서의 선
거만이 공정한 자유선거가 될 수 있기 때문이다. 통치자가 법의
지배를 받지 않고 삼권분립의 견제를 받지 않고 언론의 자유를 보
호하지 않는 정치적 조건에서의 선거는 공정한 자유선거가 되지
않는 경우가 많다. 통치자는 다수에 의해 선출되었다는 명분으로
다수의 횡포를 부리고 그것은 공정한 선거의 부정으로 연결되기
쉽다. 민주주의는 국민들이 통치자를 선출하는 제도이나 이 제도
의 올바른 운영을 위해서는 법의 지배, 권력분립, 그리고 언론, 출
판, 결사의 자유와 같은 기본권의 보장이 필요불가결하기 때문에
민주주의는 민주주의와 자유주의의 두 요소를 모두 포함하는 제
도인 것이다. 민주주의 국가는 통치자를 국민들이 선출할 뿐만
아니라 바로 지적한 바와 같은 자유주의 제도가 확립되어 있는 나
라, 즉 자유민주주의 국가이다.

3) 민주주의 전복의 징후

현재 100여 개에 이르는 민주주의 국가의 수는 줄어들지 않고

있다. 그러나 적지 않은 수의 민주주의 국가들이 민주주의의 전복으로 이어질 수 있는 징후를 나타내고 있다. 우리는 최근 이러한 징후를 자유주의 전통이 약했던 신생 민주주의 국가들에게서뿐만 아니라 자유주의 전통이 강한 서구의 민주주의 국가들에게서도 찾아볼 수 있다. 이러한 민주주의의 전복이 1960년대와 1970년대에는 군부 쿠데타에 의해 일어났지만 최근에는 자유선거로 선출된 통치자들에 의해 자행되고 있다. 그리고 이러한 나라들은 세 가지의 공통된 특징을 나타내고 있다.

첫째, 이러한 나라들의 통치자들은 퍼주기식 사회복지정책을 수립하거나 이민자들을 엄격하게 통제하는 종족주의적 노선을 수립함으로써, 다시 말해 포퓰리스트 정책으로 지지표를 확보하고 있다.

둘째, 그들은 자기편은 항상 옳고 상대방은 항상 나쁘다는 진영논리를 펴서 국민들을 극심하게 분열시키고 있다. 통치자가 권력유지방책으로 국민통합노선을 채택하기보다는 국민분열노선을 채택하고 있다. 통치자가 지지자들의 반대세력에 대한 분노를 심화시켜 그들이 보다 많이 투표장에 나올 수 있게 자극하는 선거전략을 채택하고 있다.

셋째, 그들은 여야 간의 원활한 민주주의 운영을 위해 필요한 법적 제도적 자제를 하지 않고, 법과 제도를 자기편에게 유리하게 편파적으로 운영하거나 개혁이라는 미명하에 개악하고 언론의 자유와 같은 국민의 기본권을 침해하고 있다. 헝가리, 폴란드, 터키, 베네수엘라, 그리고 트럼프의 미국이 최근 그러한 나라들로 세계적 주목을 받고 있다.

(1) 헝가리와 폴란드

헝가리와 폴란드 중 헝가리는 제1차 세계대전까지 입헌군주국
였던 오스트리아-헝가리 제국의 일원이었고, 폴란드는 유럽에서
제일 먼저 1791년에 성문헌법을 채택한 유서 깊은 나라였다. 이
두 나라는 제2차 세계대전 이후 구소련의 위성국가가 되어 공산
독재체제를 채택하였었으나 이에 대한 항거운동이 매우 강렬하
게 일어났었고 1989년 냉전 종식 후에는 민주주의로의 이행이 순
조롭게 진행되어 유럽연합(European Union)의 회원국이 된 나라
이다. 그러나 최근 헝가리는 빅토르 오르반(Viktor Orban)이 이끄
는 자유청년당(FIDESZ)이 2010년 선거에서 중도좌파정당 출신 수
상의 비리 스캔들을 배경으로 선거에 승리한 이래 민주주의가 전
복되는 징후를 나타내고 있다. 공산 독재시대에 반독재 민주투사
였던 오르반이 국가주도의 경제적 재분배 정책을 적극 추진하고
아랍 피난민들의 이민을 일정 부분 수용하라는 유럽연합의 권고
를 거부하는 등 포퓰리스트 노선을 견지하고, 상대 세력을 부패한
세력으로 내몰며, 반민주적 통치체제를 노골적으로 수립해 나가
고 있다. 그는 집권 후 사법부, 특히 헌법재판소의 권한을 축소하
는 개헌을 하였고, 헌법재판소의 재판관들을 그의 지지자들로 채
웠다. 그는 선거관리위원회도 그의 지지자가 장악하도록 만들었
다. 그는 정부가 지원하는 모든 텔레비전, 라디오 방송국을 하나
의 큰 회사로 합병하고 그의 지지자를 이 회사의 사장으로 임명하

는 등 여러 가지 방법으로 언론 통제를 하고 있다. 헝가리의 언론 자유 지수는 오르반이 집권한 2010년에 세계에서 23번째였으나 2019년에는 87번째로 하락하였다. 헝가리의 사회학자, 발린트 마자르는 헝가리가 오르반의 측근 인사들이 정부와 공기업의 요직을 전부 차지하고 정부의 모든 이권도 독점하고 있는 '마피아 국가'로 전락하였다고 비판하고 있다. 얼마 전 오르반은 자유민주주의를 반대한다고 공개적으로 발언하여 파문을 일으킨 적도 있다.

폴란드도 2015년에 집권세력의 부패 스캔들을 배경으로 법과 정의의 당(PiS)이 대통령직과 의회를 모두 장악한 이래 민주주의가 무너지는 징후를 나타내고 있다. 이 당은 집권 이후 유아보조금을 인상하고, 의료보험의 적용 범위를 확대하며, 은퇴자들의 연금보상을 늘리는 등 대대적인 소득재분배정책을 추진하고 있다. 이뿐만 아니라 공산독재 붕괴 이후 국가기업과 집단농장의 매각이 잘못되었다고 비판하고 경제 전반에 간섭하고 있고 국가가 국민들의 취업, 주거, 유아보호의 책임을 져야 한다고 강조하고 있다. 이 당은 국가 기관의 정치적 중립성을 손상하는 제도개악도 강행하였다. 사법부, 특히 최고법원인 헌법재판소를 장악하기 위해 그 재판관 수를 늘리고 자기파 법관으로 이 자리를 채웠다. 그럼에도 헌법재판소가 집권세력에게 불리한 판결을 내린 후에는 아예 헌법재판소의 권한을 축소시켜 버렸다. 이 당은 국영 텔레비전과 방송국을 장악하고 정부의 선전기관으로 전락시켰다. 과거의 집권세력도 국영 언론기관들을 장악했지만 현재와 같이 집권당에게 비판적인 방송인들은 전부 출연금지를 시키는 조치 같

은 것은 취하지 않았었다. 또한 이 당은 폴란드가 히틀러의 유대
인 학살에 협조한 역사적 사실을 지적하는 것을 불법화하는 법
도 제정하였다. 폴란드는 대통령과 수상이 있으나 그의 아버지
가 공산독재시대에 반독재운동에 앞장섰던 야로슬라프 카친스키
(Jaroslaw Kaczynski)가 법과 정의의 당의 의장으로 막후에서 실권
을 행사하고 있다.

(2) 터키

터키는 오토만 제국이 제1차 세계대전에서 패배하여 이 제국이
해체되고 군주제가 폐지된 이후 터키 독립전쟁의 영웅인 무스타
파 케말(Mustafa Kemal)이 아타투르크(Ataturk, 터키의 아버지)로서
세속주의를 바탕으로 1923년에 수립한 공화국이다. 터키는 오랫
동안 아타투르크의 추종자들이 이끄는 단일정당의 지배하에 있
었고 제2차 세계대전 이후 1946년부터 복수정당하에서의 선거
로 통치자를 선출하는 민주주의 국가가 되었다. 이러한 터키의
민주주의는 1960년과 1980년의 군부 쿠데타, 1991년과 1997년
군부의 정치간섭으로 중단되기도 하였으나 정치발전은 계속되
어 터키는 2005년부터는 유럽연합의 회원국이 되기 위한 가입협
상에 들어갔다. 그러나 유럽연합은 2019년에 터키가 반민주적
인 독재국가로 전락함에 따라 이 협상을 중단시켰다. 에르도안
(Recep Tayyip Erdogan)이 2003년 수상이 된 이래 케말의 세속주
의 대신 이슬람주의를 내걸어 국민 다수의 지지를 확보하는 데 성
공하고, 2016년에는 군부의 쿠데타 시도를 좌절시키고, 사법부를

장악하여 반대파들을 대대적으로 감옥에 보냈으며, 언론의 자유를 심각하게 침해하고 있기 때문이다. 그는 터키의 의원내각제를 최근 대통령 중심제로 바꾸어 일인지배체제를 수립하였고, 이러한 개헌이 있기 전부터 언론기관을 철저하게 통제하고 있다. 그는 터키에서 가장 영향력이 컸던 도간 미디어 그룹(Dogan Media Group)이 집권세력의 부정과 비리를 파헤치고 정부에 비판적인 언론 본연의 자세를 보였을 때에는 이 회사의 뉴스와 논평을 모두 가짜 뉴스라고 공격하였다. 그는 이 언론기관이 이러한 공격에도 자세를 바꾸지 않자 이 회사를 세금포탈 혐의로 기소하고 그 소유주를 비리혐의로 조사하였으며, 결국에는 소유주가 이 그룹을 집권당의 추종자에게 매각할 수밖에 없게 만들었다.

헝가리, 폴란드, 터키는 현재 비자유주의적 민주주의국가(illiberal democracy)로 전락하고 있다. 이곳의 통치자들은 자유선거로 선출되었지만 민주주의의 자유주의적 구성요소인 법의 지배, 권력분립, 언론과 결사의 자유와 같은 국민들의 기본권을 존중하기보다는 이를 약화시키거나 무너뜨리는 노선을 채택함으로써 자유민주주의를 비자유주의적 민주주의로 전복시키고 있다.

(3) 베네수엘라

베네수엘라는 오랫동안 스페인의 식민지였다가 19세기 초에 공화국으로 독립하였고, 경제적으로는 세계에서 가장 많은 석유 매장량을 가지고 있는 나라이다. 이 나라는 1980년대 초까지 전 세계적으로 중간 정도의 소득수준을 가지고 라틴 아메리카의 국가

중에서는 가장 잘사는 민주주의 국가로 꼽혔었으나 현재는 가장 못사는 독재국가로 몰락하였다. 이 나라 사람들은 식료품과 의약품과 같은 기본 생활필수품이 부족하여 영양실조와 질병에 시달리고 있고 전기와 물도 부족해 커다란 불편을 겪고 있다. UN 조사 등에 의하면 현재 총 인구의 94%가 빈곤 속에 있고, 총 인구의 75%는 체중이 평균 8kg 감소하였으며, 총 인구의 10%가 넘는 340만 명이 베네수엘라를 떠나 콜롬비아와 브라질 등으로 이주하였다. 아랍권 신문인 알 자지라(Al Jazeera)는 이 나라 사람들은 현재 배급식품을 사기 위해 하루 종일 줄을 서서 기다려야 하고, 중산계층들조차 먹을 것을 찾아 쓰레기통을 뒤지기 시작했다고 보도한 바도 있다. 과거 우리나라보다 높거나 비슷한 소득수준을 가지고 있던 베네수엘라가 이처럼 처참하게 몰락하는 데에는 20년이 걸렸다. 육군 중령 출신으로 좌파포퓰리스트 운동을 이끌고 집권세력의 부패와 싸우던 우고 차베스(Hugo Chavez)가 1998년 대통령에 당선된 이래 퍼주기식 사회복지정책과 반시장적 경제정책으로 계속 2000년, 2006년, 2012년에 대통령에 당선되고, 그의 사후에는 부통령이었던 니콜라스 마두로(Nicolas Maduro)가 똑같은 노선으로 2013년에 대통령에 당선되어 베네수엘라를 오늘의 처참한 베네수엘라로 만든 것이다. 차베스가 1998년에 비교적 공정한 자유선거에서 대통령으로 당선될 수 있었던 것은 그 이전의 집권정당들이 극심한 경제적 불평등을 방치하는 등의 정책실패를 거듭했고 1990년대에는 경제를 바로 잡기 위해 긴축재정정책을 폈으나 이것이 서민들의 반발을 크게 샀다는 배경을 가지고 있

다. 그러나 우파정권의 실정으로 탄생한 차베스 좌파정권은 우파
정권보다 훨씬 더 큰 실정을 범하고 있다. 베네수엘라는 1958년
이후 1998년까지 40년간 정당 간의 정권교체가 일어나는 민주주
의를 유지하였으나 차베스가 집권한 이래 어마어마한 실정에도
불구하고 정당 간의 정권교체는 20년 이상 일어나지 않고 있고,
오늘날 이 나라는 민주국가가 아니라 독재국가로 분류되고 있다.
그리고 이와 같은 경제적, 정치적 참상의 배경에는 좌파포퓰리스
트 정책 이외에도 지속적인 반자유주의적 체제변혁이 있다.

　차베스는 집권하자마자 헌법개정을 추진하고 이에 성공하였다.
그는 헌법회의(constituent assembly)를 소집하여 새로운 헌법초안
을 만들고 이를 국민투표로 통과시켰다. 그는 이 헌법회의가 의
회와 사법부보다 우위의 권한을 보유한다고 주장하였다. 새「헌
법」은 참여민주주의, 혹은 직접민주주의를 강조하는「헌법」이나
당시 야당들의 의견도 반영하여 대의민주주의도 반영한「헌법」이
었다. 이「헌법」에 대해 야당들은 참여보다는 대의를 더 중요시하
고 국민 개개인의 자유와 권리를 강조하는 해석을 한 데 반해, 차
베스와 좌파들은 인민들의 정치참여와 직접민주주의를 중요시하
고 개개인의 권리보다는 인민전체의 집단적인 권리를 강조하는
해석을 하였다. 또한 차베스는 상층과 중산층의 이해관계를 무시
하고 다수의 서민에게 퍼주기 식으로 국가재정을 분배하는 여러
가지 법령을 인민 전체를 위한다는 미명하에 국회의 심의와 통과
없이 선포하고 시행하였다. 이로부터 여야 간의 충돌이 일어났고
야당은 차베스의 헌법위반을 규탄하고 그의 하야운동을 시작하

였다. 차베스는 야당과 그 지지자들을 인민의 적으로 몰았고 야
당은 차베스가 선거로 당선되었으나 그의 정통성을 인정하지 않
았다. 차베스는 그의 하야운동을 주도한 정치인들의 블랙리스트
를 만들고 그들을 법정에 세우고, 그에게 비우호적인 판사들이나
언론인들을 체포하고, 그를 비판하는 텔레비전 방송국을 폐쇄하
였다. 또한 그는 대통령의 임기제한을 철폐하여 영구집권의 발판
도 마련하였다. 이에 반발한 야당의 반차베스 운동도 더욱 거세
게 되었고, 이와 같은 좌우의 충돌은 정치인들뿐만 아니라 국민들
도 차베스 반대파와 지지파로 분열시켜서 서로가 상대방을 정치
적 경쟁상대가 아니라 패배시켜야 할 적으로 보게 만들었다.

 이와 같은 정치적 양극화는 차베스가 암으로 사망하고 마두로
가 2013년 49.12%를 득표한 보수야당 후보에 대해 50.61%를 득
표하여 대통령에 당선된 이래 더욱 악화되었다. 당선 직후 마두
로는 차베스가 실현하지 못한 목표인 코뮌국가(Communal State)
를 만들려고 시도하였으나 오일가격의 하락으로 인한 경제적 어
려움 때문에 이를 만드는 데는 실패하였다. 그러나 2015년 국회
의원 선거에서 야당이 과반수를 훨씬 상회하는 의석을 차지한 이
래 마두로는 차베스와 마찬가지로 의회의 심의와 통과 없이 법령
으로 통치하고 있다. 야당은 이에 항의하고 마두로 하야운동을
벌이고 있고 마두로 정권은 이를 탄압하고 있다. 마두로는 2017년
에는 헌법회의 의원선거를 실시하고 이 헌법회의가 의회의 헌
법상의 권한을 무력화시키도록 만들었다. 그는 대법원도 그의 지
지자들로 구성해서 의회를 무력화시키는 판결을 내리도록 만들

었다. 그는 같은 해에 이 헌법회의의 임기가 2021년까지 보장되어 있는 검찰총장을 그의 측근의 부정부패를 수사한다고 해서 해임하도록 만들었다. 마두로는 2018년 선거에서 67.8%의 득표로 대통령에 재선되었으나 야당은 이를 부정선거로 규탄하고 있고 미국, 독일, 프랑스, 아르헨티나, 브라질, 칠레 등의 여러 나라도 야당의 이러한 주장에 동의하고 있다. 현재 몇 년째 여야는 거리에 그들의 추종세력을 동원하여 대중동원 투쟁을 벌이고 있고 서방의 민주주의 국가들이 마두로 정권에 퇴진압력을 행사하고 있으나 이 좌파독재정권은 아직도 건재 중이다.

헝가리, 폴란드, 터키의 집권세력은 그들에게 유리하게 법을 제정하거나 「헌법」을 개정하고, 사법부를 편파적으로 만들고, 언론기관들을 장악하거나 탄압하는 방법으로 자유민주주의의 자유주의적 구성요소를 파괴하고 있다. 베네수엘라의 좌파독재세력은 이 세 나라의 경우보다 더욱 적나라하게 기존 「헌법」에 따라 구성된 의회를 완전히 무시하고 새로운 국가기관을 만들고, 대통령 임기제한을 철폐하고, 그들에게 비판적인 인사들을 탄압하는 방식으로 민주주의를 파괴하였다. 한마디로, 이들이 위반하고 파괴한 것은 법의 지배, 권력분립, 언론의 자유와 같은 기본권을 보장하고 있는 자유민주주의 「헌법」이다. 하버드 대학교의 정치학 교수들인 스티븐 레비츠키와 대니얼 지블랫은 이 「헌법」을 민주주의의 하드웨어(hardware)라고 부른다. 헝가리, 폴란드, 터키는 이 하드웨어를 정도의 차이는 있지만 약화시키거나 무력화시키는 방법으로, 베네수엘라는 이를 완전히 무시하고 부정하는 방법으로 민주주의를 전복시키려고 하거나 이미 전복하였다.

(4) 트럼프 시대의 미국

이들 네 나라와는 달리 트럼프 시대의 미국에서는 민주주의의 하드웨어인 「헌법」을 약화시키거나 무력화시키는 방식이 아니라 민주주의의 소프트웨어, 즉 성문화되지 않은 관행과 규범을 무시하는 방식으로 민주주의의 전복 징후가 나타났다. 민주주의의 운영은 이를 보장해 주는 성문헌법이라는 하드웨어뿐만 아니라 이 「헌법」을 원활하게 돌아가게 만드는 「헌법」에 성문화되지 않은 많은 관행과 규범, 즉 소프트웨어를 필요로 한다. 레비츠키와 지블랫은 민주주의의 규범, 즉 소프트웨어가 없이는 민주주의가 제대로 작동될 수 없다고 주장하고, 그 소프트웨어 중에서도 상호관용(mutual toleration)과 제도적 자제(institutional forbearance)라는 규범의 중요성을 강조하고 있다. 앞의 네 나라의 경우와 같이 미국도 건국 초기부터 오늘에 이르는 오랜 기간 동안에 여야의 정치세력들이 상대방을 적(enemy)으로 간주하고 죽기 살기로 싸운 적이 있었다. 그 대표적인 사례는 수십만 명의 인명살상이 있었던 남북전쟁이다. 그러나 미국의 정치인들은 상대방을 이와 같이 죽여야 할 적으로 보기보다는 경쟁 상대이고 국정의 파트너라고 보는 것이 그들 자신과 미국을 위하는 길이라는 것을 터득하고 상호관용의 규범을 확립하였다. 또 이러한 관용의 규범은 권력자가 그의 법적, 제도적 권한을 철저하게 행사하기보다는 이러한 권한행사를 자제하는 데서 나오기 때문에 제도적 자제의 규범도 수립할 수 있었다고 레비츠키와 지블랫은 강조하고 있다.

실로 오랜 기간 동안 민주주의의 모범국가였고 전 세계에 민주주의를 확산시키는 데 앞장서 온 미국의 민주주의가 신생 민주주의 국가들처럼 전복징후를 보였다는 것은 미국 민주주의의 소프트웨어가 트럼프 대통령의 규범파괴적인 언사와 행동 때문에 손상을 입었다는 것을 가리키는 것이다. 레비츠키와 지블랫은 미국 민주주의가 지난 200여 년 동안에 수립한 성문화되지 않은 여러 민주주의 규범, 즉 소프트웨어를 인종주의적 반이민정책으로 대통령에 당선된 트럼프가 파괴하고 있다고 경고하였다. 여기서 미국 민주주의의 여러 규범이 어떻게 수립되었고 트럼프가 이를 어떻게 파괴하였는지를 살펴볼 지면상의 여유는 없다. 몇 가지 사례를 통해서 이를 단편적으로 소개하면 다음과 같다.

첫째로 정치가들이 상대방을 죽여야 할 적으로 본다면 민주주의는 유지될 수 없다. 정치가들이 상대방을 적으로 본다면 종국적으로는 민주주의를 무너뜨리고서라도 적을 죽이려 할 것이고, 이와 같은 일은 바로 지적한 바와 같이 미국에서도 남북전쟁 때 일어난 일이나 미국의 공화당과 민주당은 남북전쟁이 끝난 후에도 흑인문제를 둘러싸고 격렬하게 대립하였다. 연방정부를 장악한 공화당 정권은 흑인 노예들을 해방시켰을 뿐만 아니라 선거권도 부여하였다. 이에 대해 미국 남부의 주들을 장악하고 있던 민주당 정치인들은 크게 반발하였다. 그들은 흑인들이 선거권을 행사한다면 남부의 주 정부 선거에서도 공화당에게 질 수 있기 때문이었다. 공화당 정권은 남부 흑인들의 선거권 행사를 보호하기 위해 연방정부의 강제력을 사용할 수 있는 법적, 제도적 권한을 가지고 있었으나 공화당 정권은 이의 행사를 자제하고, 남부의 민주당 정치인들이 흑인들의 선거권 행사를 막고 있는 것을 방치하였고 그 때문에 미국 남부에서는 오랫동안 민주당 일당지배체제가 유지되었다. 그리고 이러한 상태가 시정된 것은 이미 지적한 바와 같이 100년 후인 1960년대의 민권운동 이후였다. 미국의 흑인들이 노예해방 후에도 100년 동안 정치적 차별을 받는 대가를 치렀지만 공화당은 당시 민주당의 핵심이익을 보호함으로써, 다시 말해, 제도적 자제를 함으로써 민주당과 극단적인 적대관계에 빠져들지 않고 경쟁하지만 협조하는 관계를 유지할 수 있었다.

둘째로 여야의 정치인들은 선거를 통해서 권력을 획득할 수 있는 기회가 비슷하다고 믿어야 집권 시에 제도적 자제를 하고 상호 관용할 수 있다. 한번 선거에 승리한 대통령이 그의 현직 프리미엄을 이용하여 계속 집권을 하려고 한다면 여야 간의 이러한 관계는 깨지기 쉽다. 우리나라에서는 이승만 대통령, 박정희 대통령이 원래 있던 「헌법」의 임기제한 조항을 없애는 개헌을 함으로써 한국 민주주의는 순조롭게 발전하지 못하고 좌초당하고 말았다. 우리나라와 달리 미국 「헌법」에는 원래 대통령 임기제한 조항이 없었다. 초대 대통령인 워싱턴이 대동령을 두 번 하고 물러났고, 그 이후의 대통령들도 이러한 선례를 따랐다. 두 번 이상 대통령을 하고자 했던 대통령도 있었으나 그가 소속한 당의 정치인들이 압력을 가해 못하게 만들었다. 미국의 대통령과 정치인들이 스스로 대통령은 두 번만 할 수 있다는 전통을 세우고 이것이 규범이

된 것이다. 프랭클린 루스벨트 대통령이 이러한 전통과 규범을 어기고 대통령에 네 번 당선된 이후 이 전통과 규범은 미국「헌법」의 한 조항으로 들어가게 되었지만 건국 이래 170여 년 동안 미국 정치인들 모두가 자발적으로 지켜 온 전통이고 규범이었다.

셋째로 과거 미국의 대통령들도 오늘날의 헝가리, 폴란드, 터키, 베네수엘라의 집권자들과 마찬가지로 입법부를 무력화시키고 대법원을 장악할 수 있었고, 야당은 대통령에 대해 탄핵발의를 자주하거나 하야운동을 할 수 있었으나 이러한 일은 미국에서는 일어나지 않았다.미국 대통령은 의회를 무력화시키기 위해 행정명령을 남발하거나 대법원을 장악하기 위해 대법관 정원을 조정하지 않았다. 미국 민주당의 루스벨트 대통령은 그의 뉴딜 정책에 대한 대법원 판결에 불만을 품고 그의 지지자들을 대법관에 더 임명하기 위해 대법관 정원을 늘리려고 했으나 민주당의 다른 정치인들이 이를 막았다. 다른 한편, 야당도 입법부와 사법부를 장악했다고 해서 이를 이용해 대통령을 탄핵하거나 하야운동을 하지는 않았다. 250년에 가까운 미국 민주주의에서 야당이 대통령을 탄핵한 것은 트럼프 탄핵을 포함해 세 번 있었고 어느 누구도 탄핵재판으로 대통령직에서 쫓겨나지 않았다. 한국 민주주의는 지난 30년 동안 두 번의 탄핵이 있었고 한 사람은 대통령직에서 쫓겨났다.

넷째로 민주주의의 가장 중요한 절차인 대통령 선거에 있어서도 미국은 성문화되지 않았지만 정치인들이 지켜 온 여러 가지 선거운동 규범을 가지고 있다. 레비츠키와 지블랫은 그러한 규범들로 네 가지를 들고 있다. 첫째, 미국의 대통령 후보들은 선거절차의 정당성에 의문을 거의 제기하지 않았다. 미국 선거에서 부정선거 사례는 거의 없고, 선거는 주 정부가 관리하기 때문에 연방정부가 이를 조작할 가능성은 없기 때문이다. 그러나 설사 주 정부가 관리하는 선거 절차에 약간의 문제가 생겼다 해도 대통령 후보들은 그 결과에 모두 승복해 온 전통을 가지고 있다. 둘째, 그들은 상대방 후보의 정당성에 의문을 제기하지 않았다. 그들은 상대방을 범죄자라든가 매국노라고 비난하지 않고 국민을 대표하는 후보로서의 정당성을 상호 간 인정하였다. 셋째, 그들은 20세기의 전 기간을 통해 폭력 사용을 용인하지 않았다. 넷째, 그들은 비판자들의 기본권을 위협하지 않았다. 그들은 대통령에 선출되면 비판자들을 수사하거나 감옥에 넣겠다고 위협하지 않았다.

이와 같은 미국 민주주의의 전통과 규범에 비추어 볼 때 미국의 민주주의는 2016년 트럼프가 공화당 대통령 후보로 선출된 이후 커다란 도전에 직면하였다. 미국 국민들은 한국 국민들이 문재인 지지자들과 반대자들로 극렬하게 분열되어 있듯이 트럼프의 지지자들과 반대자들로 극렬하게 분열되어 있다. 공화당의 트럼프와 민주당은 코로나바이러스, 이민, 인종차별, 의료보험, 낙태, 동성결혼, 동맹국과의 관계, 대중관계, 대러관계, 대중동관계, 세계화, 기후변화 등의 여러 문제에 대해 서로 타협하기 어려운 다른 해결책을 제시하며 대립하였다. 그러나 이러한 정책적 대립의 기저에 깔려 있는 더 근본적인 대립은 미국의 정체성(identity)을 둘러싼 양측 지지자들 간의 대결이다. 공화당의 트럼프는 백인 위주의 미국 정체성을 옹호하고 있는 데 반해 민주당은 백인, 흑인, 라티노, 아시안 등으로 구성되는 다인종 정체성을 지지하고 있다. 현재 미국의 인구는 3억 3천만 명이고 그중 73%가 백인이나, 라티노계 백인들을 제외한 앵글로 아메리칸 백인들은 60.7%이다. 이 앵글로 아메리칸 백인들은 2045년에는 50% 이하로 떨어져서 그때에는 비백인들이 백인들보다 더 많게 될 것이다. 공화당의 트럼프 대통령은 인구의 이러한 변화 전망에 대해 커다란 우려를 표명하고 백인 위주의 정체성 유지를 위한 반이민정책을 강력하게 추진하였고 이를 열광적으로 지지하는 콘크리트 지지층을 가지고 있다. 미국 국민들은 백인종 정체성을 지키려는 트럼프 지지자들과 이에 반대하고 다인종 정체성을 수립하려는 민주당 지지자들로 분열되어 있다. 그런데 미국 국민들의 정체성을 둘러싼 분열은 계층적 분열과도 중복되어 극복하기 어려운 분열로 고착화되고 있다. 미국 국민 중 블루칼라 노동자들, 농민들, 대학교육을 받지 않은 층은 공화당의 백인종 정체성을 지지하고 있는 데 반해 화이트칼라 노동자들이나 하이테크 종사자들, 도시 거주자들, 대학교육을 받은 층은 민주당의 다인종 정체성을 지지하는 경향을 나타내고 있다. 미국의 블루칼라 노동자들은 원래 민주당 지지자들이 많았으나 최근 공화당 지지자들이 더 많게 되었다. 이와 아울러 전자의 미국 국민들은 미국이 여태까지 앞장서서 추진해 온 세계화 정책을 반대하고 후자의 미국 국민들은 이를 계속 지지하는 경향도 나타내고 있다. 미국의 정치가들은 과거 상호 간 남북전쟁에서 보는 바와 같은 폭력적 대결도 하였지만 대체로 분열을 타협시키고 봉합하는 데 공헌해 왔다. 그러나 트럼프는 이러한 분열을 타협시키고 봉합하는 노선이 아니라 이를 과장하고 조장하는 노선을 그의 정치전략으로 채택하였다.

트럼프는 레비츠키와 지블랫이 미국의 대통령 후보들이 한 세기 이상 대체로 지켜 왔다고 주장한 선거운동 규범들도 2016년의 대통령 선거 때부터 지키지 않았다. 첫째, 트럼프는 2016년 대선 당시 힐러리가 수백만 명의 불법이민자들과 사망한 사람들까지도 동원하여 선거를 조작하려고 하고 있다는 근거 없는 주장을 되풀이하였다. 그는 당선된 이후에도 수백만 표의 불법투표가 있었다고 아무 근거 없이 주장하였다. 둘째, 그는 대통령 후보가 되기 오래 전부터 오바마 대통령이 미국에서 태어나지 않았고 이스람교도라고 근거 없이 주장했고, 상대 후보인 힐러리를 국무장관 재직기간에 이메일을 부적절하게 관리했다고 해서 감옥에 잡아넣어야 한다고 주장하였다. 그는 대통령이 된 다음에도 힐러리를 수사해야 한다고 주장하였다. 상대방 후보를 이와 같이 위협한 사람은 트럼프 이외에는 없다. 셋째, 트럼프는 2016년 대선 당시 그의 지지자들의 폭력을 용인하였을 뿐만 아니라 이를 조장하는 행태를 보였다. 그는 그의 유세장에서 그를 반대하는 시위자들에게 폭력을 가한 그의 지지자들에게는 소송비용을 부담하겠다고 공언하였다. 그는 대통령이 된 이후에도 미국의 인종주의에 반대하는 시위대를 공격한 백인 우월주의자들을 비난하지 않고 오히려 비호하는 발언을 거듭하였다. 넷째, 트럼프는 그에 대해 비판적인 대부분의 언론기관에 대해 가짜 뉴스를 만들어 내고 있다고 비난하고 "언론은 국민의 적이다."라고 선언하였다. 독재자인 터키의 에르도안이나 베네수엘라의 마두로가 비판적인 언론을 공격하는 언사로 언론을 공격하고 이러한 언론을 고발하겠다고 위협하였다. 그는 대통령이 된 다음에 언론을 수사하지는 않았지만 같은 어조로 언론을 계속 공격하였다.

트럼프는 대통령이 된 이후 그의 권한행사에 있어 자제력을 발휘하기보다는 권력남용을 하였다는 비판을 받고 있다. 그는 우크라이나 대통령에게 미국의 군사원조의 대가로 지난번 11월 대통령 선거에서 그의 라이벌이 될 바이든 전 부통령의 아들을 우크라이나에서의 부패혐의로 조사하라고 요구하였다. 이것은 대통령 권한의 남용이고 탄핵사유이다. 이 때문에 민주당이 다수당인 하원은 그를 탄핵하였으나 공화당이 다수당인 상원은 이를 부결시켰다. 그는 대통령에 당선된 직후부터 그의 권한행사에 있어 자제력을 보이지 않았다. 그는 FBI가 러시아의 미국 대통령 선거개입문제를 수사하지 말아야 한다는 그의 희망을 무시하고 이에 대한 수사를 계속한 이 기관의 코미 국장을 10년의 임기를 가지고 있고 그가 임명한 사람이나 일방적으로 해임하였다. 미국 대통령은 그의 FBI 국장을 임기 만료 전에 해임할 수 있는 권한을 가지고 있으나 이렇게 일방적으로 해임한 것은 미국 역사상 처음 일어난 일이다. 그는 그의 측근의 자금 세탁 문제를 수사하고 있는 연방 검사도 이를 계속 수사한다고 해서 해임하였고, 그가 임명한 법무부 장관 제프 세션스도 러시아의 선거개입 수사에서 손을 떼고 중립을 지키고 있다고 해서 그를 비난하고 결국에는 해임하였다. 그는 미국 민주주의의 오랜 전통이고 규범인 제도적 자제의 규범을 깨뜨렸다.

지난 2020년 대통령 선거에서도 공화당 후보인 트럼프 대통령은 4년 전과 마찬가지로 레비츠키와 지블랫이 미국 선거운동의 관행으로 강조한 규범들을 계속 지키지 않았다. 지난번 대통령 선거에서 전국적으로 바이든은 8,000만 표를, 트럼프는 7,400만 표를 얻고 선거인단 수에 있어서도 바이든이 상당한 차이로 앞섰다. 그러나 트럼프는 미국의 언론이 예측한 바와 같은 행태를 보였다. 첫째, 그는 우편투표의 개표가 완료되기 전에 그가 승리하였다고 11월 4일 선언하였다. 둘째, 그는 우편투표의 개표가 상당히 진전되어 바이든의 당선이 거의 확실시된 그다음 날부터 대통령 선거가 부정선거였다고 주장하고 선거소송을 이어 갔다. 셋째, 그는 대통령 당선자인 바이든으로의 정권이양 절차를 3주 정도 지연시켰다. 트럼프는 아직도 선거결과에 승복하지 않고 있고 계속 부정선거라고 주장하고 있다. 그는 지난 124년간 지켜 온 승복의 관행을 깨뜨리고 미국 민주주의의 위신에 손상을 입히고 있다.

바이든 대통령 시대에 미국 민주주의는 트럼프 이전 시대와 같은 정상 시대로 돌아갈 것인가? 이것은 바이든의 정치적 리더십과 트럼프 이후 공화당의 정치적 리더십에 달려 있나. 미국 국민들은 앞서 지적한 바와 같이 남북전쟁 이후 어느 때보다도 심각하게 분열되어 있어 양당의 정치 지도자들은 이 분열을 봉합하기 위해 노력해야 할 것이다. 트럼프는 4년 전 미국 민주주의의 관행이었던 여러 행동규범을 지키지 않고 분열을 조장하는 리더십으로 정권을 획득하였고, 이와 같은 민주주의의 규범 무시와 분열의 리더십은 미국 민주주의를 벼랑 끝으로 몰고 갔었다. 미국은 이를 극복할 수 있는 통합의 리더십을 필요로 하고 있다. 바이든은 제1차 대선 토론 직후 남북전쟁 당시 격전지였고 링컨 대통령이 자유의 수호라는 미국의 목적을 위해 전사한 용사들을 추모한 펜실베이니아주 게티즈버그에서 국민들이 미국의 목적을 위해 단합할 것을 호소하였다.

5. 결어

민주주의는 역사상 세 번에 걸쳐서 전복되었다. 첫 번째로 1930년대에 바이마르의 민주주의가 히틀러가 이끄는 파쇼세력에 의해 전복되었다. 히틀러의 나치당은 1920년대에는 선거에서 3% 정도의 지지밖에 받지 못하는 정당이었으나 1930년대에 당시의 정당 중 가장 많은 득표를 하여 집권하였고, 집권한 다음에는 많은 악법을 제정하여 민주주의를 전복시켰다. 히틀러의 나치당은 민주적 절차에 따라 집권하였고 다수의 횡포를 부렸지만 법적 절차를 밟아 민주주의를 전복시켰다. 두 번째로 1960년대와 1970년대에는 선거 민주주의체제를 가지고 있던 아시아, 아프리카, 라틴 아메리카의 여러 나라에서 군부세력이 총칼로 선거 민주주의체제를 전복시켰다. 세 번째로 최근 헝가리, 폴란드, 터키, 베네수엘라에서는 포퓰리스트들이 민주적인 선거로 집권하여 민주주의를 후퇴시키거나 전복시키고 있고, 민주주의의 보루국인 미국에서 조차 트럼프 같은 포퓰리스트가 대통령에 당선되어 미국 민주주의를 훼손한 바 있다. 포퓰리스트들은 민주적 선거를 통해 집권하였으나 그들은 법치주의, 삼권분립, 기본권 보호와 같은 민주주의의 원칙을 무시하고, 제도적 권한 사용을 자제하기보다는 남용하고, 야당 세력을 국정의 파트너로 보기보다는 죽여야 되는 적대세력으로 보고 있다.

역사상 민주주의를 파괴하고 집권한 파쇼, 군부, 포퓰리스트 정치가들은 베버가 말한 소명 정치인들이 아니다. 그들은 열정, 책임감, 안목을 갖고 신념윤리와 책임윤리를 겸비한 정치인들이 아니라 권력욕과 자만심에 빠져 있던 정치가들이다. 이러한 사람들이 각각 집권한 것은 이들을 반대하고 민주주의를 옹호하는 세력과의 권력투쟁에서 이겼기 때문이다. 이들이 민주주의를 수호하는 반대세력과의 투쟁에서 패배했더라면 민주주의는 후퇴하거나 전복되지 않았을 것이다. 그렇다면 민주주의 파괴세력은 어떻게 해서 민주주의 옹호세력에게 이겼는가? 이에 대해서 이 글은 다루지 않았다. 파쇼, 군부, 포퓰리스트세력의 집권을 각각 가능케 한 요인들로는 매우 복잡한 국내적, 국제적 요인들이 있다. 이 글이 이러한 요인들을 다루지 않은 것은 지면상의 이유도 있지만 역사를 이미 잘못 만들었거나 현재 잘못 만들고 있는 파쇼, 군부, 포퓰리스트 정치가라는 사람들의 책임을 우선 강조하기 위해서이다.

최근 포퓰리스트 정치가들의 민주주의 훼손 현상에 대한 연구도 이러한 현상이 나타나고 있는 나라들의 사회경제적 상황과 국제환경을 강조하는 연구와 포퓰리스트 정치가들의 특성을 강조하는 연구의 두 가지가 있다. 전자의 연구는 세계화와 신자유주의의 부작용으로 나타난 경제적 불평등의 심화와 민주주의 보루국인 미국의 영향력 약화와 같은 요인을 강조하고, 후자의 연구는 헝가리의 오르반, 폴란드의 카친스키, 터키의 에르도안, 베네수엘라의 차베스와 마두로, 미국의 트럼프와 같은 정치가들의 포퓰리스트적 특성을 강조한다. 포퓰리즘이 사회경제적 발전단계가 다른 여러 나라에서 일어나고 있는 것을 보면 정치가들의 포퓰리스트적 특성이 민주주의 훼손에 커다란 역할을 하고 있다는 것을 알 수 있다.

참고문헌

American Behavioral Scientist (2018), 62(1), 3−145.

Annals (2019), 8−271.

Berman, S. (2019). *Democracy and dictatorship in Europe*. Oxford University Press.

Crick, B. (2002). *Democracy: A very short introduction*. Oxford University Press.

Fukuyama, F. (1992). *The end of history and the last man*. The Free Press.

Huntington, S. P. (1991). *The third wave: Democratization in the late twentieth century*. University of Oklahoma Press.

Levitsky, S., & Ziblatt, D. (2018). *How democracies die*. Crown.

Merriman, J. (2019). *A history of modern Europe* (4th ed.). W. W. Norton & Company.

Mounk, Y. (2018). *The people vs. democracy: Why our freedom is in danger & how to save it*. Harvard University Press.

Naim, M., & Toro, F. (2018). Venezuela's suicide: Lessons from a failed state. *Foreign Affairs, 97*(6), 127−138.

Weber, M. (1919). *Politics as a vocation*.

Zakaria, F. (1997). The rise of illiberal democracy. *Foreign Affairs, Nov/ Dec, 76*(6), 22−43.

● 이한구(Lee, Han Goo)

서울대학교에서 철학박사학위를 받고 성균관대학교 철학과 교수를 거쳐 현재 경희대학교 석좌교수로 재직 중이다. 뮌헨대학교, 도쿄여자대학, 브라운대학교 및 위스콘신매디슨대학교의 연구교수를 지냈으며, 열암학술상, 서우철학상, 대한민국학술원상, 3·1 문화상 및 수당상을 수상했다. 주요 저서로는 『역사학의 철학』(민음사, 2007), 『역사주의와 반역사주의』(철학과현실사, 2010), 『역사와 철학의 만남』(세창출판사, 2017), *The Objectivity of Historical Knowledge*(Edwin Mellen Press, 2018), 『문명의 융합』(철학과현실사, 2019) 등이 있다.

● 이돈희(Lee, Don Hee)

서울대학교에서 교육학 전공 문학사, 문학석사, 그리고 미국의 Wayne State University에서 철학 전공 MA, 교육철학 전공 Ph.D 학위를 취득하였으며, 서울대학교 교육학과 교수(1974~2003)로 재직하였다. 한국교육개발원장, 한국교육학회장, 교육부 장관, 민족사관고등학교장을 역임하였고, 대한민국학술원상(1997), 인촌상(교육 부문, 2019)을 수상한 바 있다. 현재 서울대학교 명예교수이며, 주요 저서로는 『교육철학개론』(교육과학사, 1983), 『교육정의론』(고려원, 1992, 개정판: 교육과학사, 1999), 『교육적 경험의 이해』(교육과학사, 1993), 『교육과 정치』(에듀팩토리, 2016), 『질성적 사고와 교육적 경험』(학지사, 2020) 등이 있다.

● 이지순(Lee, Ji Soon)

시카고대학교에서 경제학 박사학위를 받고 브라운대학교 조교수를 거쳐 서울대학교로 옮긴 후 그곳에서 정년을 맞기까지 연구하고 가르쳤다. 한국계량경제학회, 한국금융학회, 한국경제학회 학회장과 녹색성장위원회 민간위원장으로 봉사하였다. 저서로는 *Green Growth: Korean Initiatives for Green Civilization*(Random House Korea, 2010), 『국가경제의 흥망성쇠』(문우사, 2018), 『너와 나의 경제학』(김영사, 2021), 『인간해방의 경제학』(문우사, 2021) 등이 있다. 광릉숲 곁에서 스무 해 넘게 밭을 일구며 사는 게으른 농부이자 서울대학교 명예교수이다.

● 이병기(Lee, Byeong Gi)

미국 UCLA에서 박사학위를 받고 Granger Associates 회사와 AT&T 벨연구소에서 근무한 후 서울대학교 교수로 재직했으며, 지금은 서울대학교와 중국남경우전대학의 명예교수이다. 국가과학기술자문회의 위원, 방송통신위원회 초대 상임위원, 종합편성채널(종편방송) 심사위원장, 바른 과학기술사회 실현을 위한 국민연합(과실연) 초대 상임대표 등으로 봉사했으며, 한국통신학회 회장, 한국공학교육회 회장, 한국공학교육인증원 부원장, IEEE Communications Society President 등을 역임했다. 대한민국학술원상, 경암상, 정보통신대상 등을 수상했으며, 주요 저서로 *Broadband Telecommunications Technology*(Artech House, 1993), 『광대역 정보통신』(교학사, 1994), *Integrated Broadband Networks*(Artech House, 2002), *Wireless Communications Resource Management*(John Wiley, 2008) 등이 있다.

● **최병조**(Choe, Byoung Jo)

서독 괴팅겐대학교에서 법학박사학위를 받고 서울대학교 법과대학 및 법학전문대학원 교수를 역임
하였다. 현재 서울대학교 명예교수, 영산대학교 석좌교수이다. 현암법학저작상, 영산법률문화상 등
을 수상하였으며, 한국법사학회 및 한국서양고전학회 회장을 역임하였다. 주요 저술로는 *Culpa in
contrahendo bei Rudolph von Jhering*(Otto Schwartz & Co, 1988), 『비교법문화론』(민속원,
2018), 『로마법의 향연』(도서출판 길, 2019) 등이 있다. 주요 관심사는 로마법, 서양법제사, 동서양
법문화 비교, 민법 등이다. 법과대학생 시절부터 국내의 경우 불모지였던 로마법 연구에 뜻을 두어 이
에 전념해 왔고, 또한 그 바탕 위에서 동아시아 법문화의 특징을 비교법적으로 해명하는 직업에도 관
심을 기울이고 있다.

● **안병준**(Ahn, Byung Joon)

연세대학교 정치외교학과를 졸업했고 1972년에 미국 컬럼비아대학교에서 정치학박사학위(Ph.D)
를 받았다. Western Illinois University, 연세대학교 교수, University of Michigan, SAIS, Johns
Hopkins University, George Washington University, University of California, Berkley 교
환교수, 일본 국립정책연구대학원(GRIPS), KDI국제정책대학원 초빙교수를 역임하였으며, 저서로
는 *Chinese Politics and the Cultural Revolution*(1976), 『중국현대화의 정치경제학』(박영사,
1992), 『현대국제정치와 한반도는 어디로 가는가』(박영사, 2020) 등이 있다.

● **이정복**(Lee, Jung Bock)

서울대학교 문리과 대학 정치학과를 졸업하고 미국 시애틀 소재 워싱턴대학교에서 정치학 박사학
위를 받았다. 서울대학교 사회과학대학 정치학과 교수를 역임하고 현재는 명예교수로 있다. 미국 펜
실베이니아대학교 정치학과에서도 동아시아 정치론을 가르친 바 있다. 한국 정치의 발전목표는 우
선은 서구 민주주의 정도의 수준을 이룩하는 데 있다고 보고, 이러한 시각에서 쓴 주요 저서로는 『한
국의 정치적 과제』(서울대학교출판부, 1997), 『북핵문제의 해법과 전망』(중앙M&B, 2003), *The
Political Character of the Japanese Press*(서울대학교출판부, 2006), 『21세기 한국정치의 발전
방향』(서울대학교출판부, 2009), 『한국정치의 분석과 이해』(서울대학교출판문화원, 2017) 등이 있다.

민주주의란 무엇인가
What is Democracy?

2022년 2월 20일 1판 1쇄 인쇄
2022년 2월 25일 1판 1쇄 발행

지은이 • 이한구 · 이돈희 · 이지순 · 이병기 · 최병조 · 안병준 · 이정복
펴낸이 • 김진환
펴낸곳 • (주)**학지사**
　　　　04031 서울특별시 마포구 양화로 15길 20 마인드월드빌딩
대표전화 • 02)330-5114　　팩스 • 02)324-2345
등록번호 • 제313-2006-000265호

홈페이지 • http://www.hakjisa.co.kr
페이스북 • https://www.facebook.com/hakjisabook

ISBN 978-89-997-2619-4　03300

정가 15,000원

저자와의 협약으로 인지는 생략합니다.
파본은 구입처에서 교환해 드립니다.

이 책을 무단으로 전재하거나 복제할 경우 저작권법에 따라 처벌을 받게 됩니다.

출판 · 교육 · 미디어기업 **학지사**

간호보건의학출판 **학지사메디컬** www.hakjisamd.co.kr
심리검사연구소 **인싸이트** www.inpsyt.co.kr
학술논문서비스 **뉴논문** www.newnonmun.com
교육연수원 **카운피아** www.counpia.com